THE CURE

Belas Letras.

MÚSICA CULTURA POP CINEMA

LOL TOLHURST
COFUNDADOR DO THE CURE

CURED

A HISTÓRIA DE DOIS IMAGINARY BOYS

TRADUÇÃO: CANDICE SOLDATELLI

Belas Letras

Título original: *Cured – The Tale of Two Imaginary Boys*

Publisher
Gustavo Guertler
Coordenador editorial
Germano Weirich
Supervisora comercial
Jéssica Ribeiro
Gerente de marketing
Jociele Muller
Supervisora de operações logísticas
Daniele Rodrigues
Supervisora de operações financeiras
Jéssica Alves

Edição
Tatiana Vieira Allegro
Tradução
Candice Soldatelli
Preparação
Tanara de Araújo
Revisão
Mauricio Katayama
Capa e projeto gráfico
Celso Orlandin Jr.

Todas as fotos do caderno de imagens são cortesia do autor, exceto: página 2, imagem 3 (Barbara Rich); página 4, imagem 1 (Lydie Goubard); página 4, imagens 2, 3 (Richard Bellia); página 5, imagens 1, 2, 3 (Richard Bellia); página 6, imagens 1, 2 (Richard Bellia); página 6, imagem 3 (Andy Linden); página 7, imagens 1, 3 (Martin Judd); página 8, imagem 2 (Jane Granby)
Foto de capa: dpa picture alliance / Alamy Stock Photo, 1984

2025
Todos os direitos desta edição reservados à
Editora Belas Letras Ltda.
Rua Visconde de Mauá, 473/301 – Bairro São Pelegrino
CEP 95010-070 – Caxias do Sul – RS
www.belasletras.com.br

Dados Internacionais de Catalogação na Fonte (CIP)
Biblioteca Pública Municipal Dr. Demetrio Niederauer
Caxias do Sul, RS

T649c Tolhurst, Lol
Cured : a história de dois imaginary boys / Lol Tolhurst; tradutora: Candice Soldatelli. - Caxias do Sul, RS: Belas Letras, 2025.
320 p.

Título original: *Cured: the tale of two imaginary boys*
ISBN: 978-65-5537-465-0

1. Rock (Música). 2. The Cure (Conjunto musical). 3. Músicos de rock - Inglaterra – Biografia. I. Soldatelli, Candice. II. Título.

25/27 CDU 784.4(420)

Catalogação elaborada por Vanessa Pinent, CRB-10/1297

PARA CINDY E GRAY

SUMÁRIO

NOTA DO AUTOR

Há uma diferença entre um livro de memórias e uma autobiografia. Podem parecer a mesma coisa, mas são criaturas bem diferentes.

Talvez você tenha ouvido que alguns dos eventos descritos aqui ocorreram de outra forma. Bem, esta é a minha versão – como eu me lembro das coisas, a minha verdade.

As conversas estão o mais próximas possível do real e foram apresentadas de maneira honesta. Um ou outro nome foi alterado para proteger os inocentes.

Acima de tudo, este é um registro das coisas que me mantiveram acordado às quatro da manhã, preciosas flores do passado desabrochando nos cantos escuros da memória. Dei o meu melhor para capturar o que quer que essa luz tenha iluminado. Espero que isso traga clareza para você tanto quanto trouxe para mim.

Com carinho,
Lol
Los Angeles, Califórnia
Fevereiro de 2016

"SABEDORIA É ENTENDER QUE NÃO SOU NADA, AMOR É ENTENDER QUE SOU TUDO, E ENTRE OS DOIS MINHA VIDA SE MOVE."

— NISARGADATTA MAHARAJ

PARTE 1 (COMO ERA)

THE CURE

PRÓLOGO

OS PRIMEIROS PUNKS DE CRAWLEY

A maioria das pessoas não associa o The Cure ao punk, mas Robert e eu fomos os primeiros punks de Crawley.

Crawley fica a apenas 30 quilômetros de Londres, mas poderia muito bem ser outro planeta. É uma cidade sem centro e sem fim, apenas fileiras intermináveis de uma desolação suburbana que se mistura aos campos sombrios e úmidos. Crawley é um lugar onde sempre chove e no qual o céu cinza-ardósia paira sobre tudo. Foi ali que o The Cure nasceu e de onde sempre lutou para ir embora, um lugar que nunca conseguimos realmente deixar para trás.

Crawley foi uma das poucas "novas cidades" que surgiram ao redor de Londres após a Segunda Guerra Mundial. Um pântano suburbano construído em torno de lojas, escolas e fábricas: a Santíssima Trindade do "progresso" inglês no pós-guerra. Eram cidades sem futuro e sem esperança. O final dos anos 1970 foi uma época terrível para crescer na Inglaterra. Foi um período conturbado, marcado por uma economia em declínio, inflação galopante, agitação política e nenhuma razão para acreditar que as coisas pudessem melhorar em um curto espaço de tempo. Não havia trabalho, o que levava todo mundo a depender do seguro-desemprego. Até a eletricidade era racionada. Enquanto outros lugares ao redor do mundo prosperavam, nós estávamos presos na sombra da austeridade.

O tédio em nossa pequena cidade era palpável. Parecia que a maioria das pessoas que conhecíamos estava simplesmente estagnada e conformada com isso. Embora as coisas estivessem bem ruins, mudanças drásticas estavam surgindo no horizonte. Podíamos ouvir seu chamado vindo de Londres.

Foi uma época de protestos e de descontentamento que deu origem à música, à moda e à rebeldia punk. Robert e eu trocávamos detalhes preciosos sobre as últimas músicas punk que havíamos ouvido no programa de John Peel no rádio ou na loja de discos em Horley, onde passávamos as tardes de sábado. Não precisávamos ir a Londres para assistir a shows punk. O punk vinha até nós.

Robert e eu estudávamos no Colégio Técnico de Crawley, cujo campus maçante e sem imaginação parecia ter sido projetado por Joseph Stalin. Era um lugar onde você podia estudar literatura inglesa ou aprender a consertar carros. Uma mistura do elevado e do mundano. Uma escola técnica cheia de pretensões. Eu estava aprendendo a ser químico: uma combinação de interesses pessoais e profissionais. Robert, é claro, estudava literatura.

Muitas grandes bandas de Londres vieram a Crawley e tocaram no curioso "centro de lazer" ou em nossa pequena escola. Entre 1977 e 1978, isso incluía nomes como The Clash, The Jam e The Stranglers. Robert e eu íamos a todos os shows e prestávamos muita atenção não apenas na sonoridade dessas bandas, mas também na aparência delas. Nós nos sentíamos atraídos pelo espetáculo – muitas pessoas se sentiam –, mas o que mais nos impressionava era a atitude delas, o que rapidamente tratamos de imitar.

Naquela época, não era difícil se destacar em Crawley. A conformidade era a regra. Ser diferente era se declarar excepcional, o que era visto como um insulto às maneiras inglesas. Para os garotos de Sussex, que mais pareciam neandertais, qualquer coisa que eles não entendessem era uma perversão da normalidade. Para eles, éramos "boiolas".

Nós não nos importávamos. Não acreditávamos em estereótipos. Quando me disseram que um brinco na orelha direita significava declarar ao mundo que eu era gay – o que eu não era –, imediatamente fiz dois furos na orelha. Já tinha passado o tempo de ser um menino educado. Éramos questionadores porque precisávamos ser.

Em 3 de fevereiro de 1977, saí para comemorar meu aniversário de 18 anos com meus três melhores amigos – Robert, Michael Dempsey e Porl Thompson, todos músicos iniciantes. Tínhamos começado a deixar de lado o Malice, banda que criamos no colégio, para nos tornarmos o Easy Cure – um nome que inventei e do qual me orgulhava –, até chegarmos simplesmente a The Cure. Ainda estávamos encontrando nosso caminho em termos de sonoridade, descobrindo o que gostávamos e descartando o resto.

No meu aniversário, caprichei na composição do visual para a noite. Vesti uma jaqueta laranja tingida à mão com a frase NO CHANGE estampada nas costas. Fiz bottons com fotos recortadas de revistas pornográficas – apenas as cabeças extasiadas dos modelos, é claro, sem as partes comprometedoras do corpo. Bem subversivo. Vesti uma calça de corte reto e sapatos de bico fino *winklepicker* que comprei em Brighton. Para dar um toque final, prendi alguns alfinetes de segurança aqui e ali.

A roupa do Robert era mais discreta. Ele estava com sapatos de camurça com solado grosso de borracha *brothel creepers* e o sobretudo preto que vestia em praticamente todos os lugares naquela época. Só tirava o sobretudo para colocar a única jaqueta de couro que tínhamos e que cada membro da banda se revezava para usar.

Nosso destino naquela noite era o Rocket, ponto de encontro dos desajustados de Crawley. Esse grupo era formado por três tribos: hippies decadentes presos nos anos 1960, skinheads da classe operária e nós. Éramos como uma sociedade secreta, sem nos alinharmos completamente a nenhuma das facções. Tínhamos nossas próprias gírias, nossas próprias narrativas. Éramos nosso próprio culto, unidos por um desejo profundo por algo, qualquer coisa, diferente *daquilo*.

Embora Robert e eu tivéssemos praticamente a mesma idade, já frequentávamos o Rocket há um ano, o que não era incomum na Inglaterra dos anos 1970. Naquele tempo, a maioria do pessoal com mais de 16 anos podia beber nos pubs – uma manobra do governo para sedar os cidadãos naquele clima frio, cinzento e miserável. É mais fácil controlar o povo se todos estiverem bêbados, certo?

Como a maioria dos pubs ingleses da época, o Rocket era uma mistura desagradável de tons de marrom e bege, com um carpete multicolorido para disfarçar as queimaduras de cigarro e manchas de vômito. Fred, o quase sempre taciturno proprietário do Rocket, notou a grande quantidade de pedidos de bebida e quis saber o motivo da celebração.

– Meu aniversário – falei.

Fred, sabiamente, não perguntou quantos anos eu estava completando. Melhor nem saber. Menos de um ano depois, ele nos daria a oportunidade de fazermos nosso primeiro show de verdade como uma banda, o que nos empurraria de Crawley para palcos maiores e melhores. Mas não conseguíamos enxergar tão longe no futuro. Naquela noite em particular, estávamos satisfeitos em apenas beber e aproveitar a companhia uns dos outros. Éramos jovens, exuberantes e não ligávamos a mínima para o que os outros pensavam de nós.

Essa atitude, juntamente com nossas roupas extravagantes, acabou chamando a atenção dos skinheads no bar. Eles eram garotos carrancudos da classe operária que reproduziam a violência vivida na casa dos pais e expressavam sua intolerância ao se filiarem a grupos de extrema direita, como a Frente Nacional. Enquanto nós podíamos ouvir o som da revolução chegando, esses brutamontes tentavam abafá-la com discriminação, preconceito e ódio. Do mesmo modo que sentíamos a atração anárquica do punk, eles tentavam se agarrar aos seus antigos medos disfarçados de valores morais. E todos nós estávamos muito, muito bêbados.

Às 22h30, o pub anunciou a última rodada de bebidas. Trinta anos após a guerra, os pubs na Inglaterra ainda eram obrigados a fechar cedo, uma regra criada para garantir que os cidadãos não ficassem tão bêbados a ponto de a ressaca lhes impedir de ir para o trabalho nas fábricas de armas e bombas para o esforço de guerra no dia seguinte. No estacionamento atrás do pub, Robert sugeriu irmos para a casa dele e continuar a festa com uma dose da letal cerveja caseira de seu pai. Era uma quinta-feira à noite, e eu não tinha aula na sexta. Depois de dizer a Robert que topava, decidimos pegar um trem até a casa dele. Enquanto cruzávamos a velha passarela de madeira em direção à estação, ouvi alguém dizer atrás de nós:

– Malditos viados!

Assim que nos viramos, vimos três enormes skinheads com camisetas da Frente Nacional apenas 30 metros atrás de nós e se aproximando cada vez mais rápido.

Não era novidade. Desde que conheço Robert, as pessoas querem atacá-lo. No palco, nos pubs ou na rua, ele sempre era um alvo. Nunca vi Robert começar uma briga, mas há algo nele que provoca as pessoas.

De um lado, Robert é o tipo sombrio, criativo, melancólico e introspectivo. É óbvio, pela maneira como ele se porta, que sua cabeça está nas nuvens. Sempre fez parte de sua persona: o artista atormentado, o poeta visionário, o mensageiro que traz notícias do outro mundo. Mas ele também é bastante normal, alguém que gosta de tomar uma cerveja e assistir a uma partida de futebol. As pessoas percebem essa dicotomia nele e isso não faz sentido para elas. Ele é parte do mundo, mas também não é. Está aqui, mas não está. Matéria e antimatéria. As pessoas não gostam disso. Querem que você seja uma coisa ou outra. Se você não se molda numa caixinha, elas se incomodam. Logo começam a exigir respostas: "Quem você pensa que é?" e a esmurrar. Vi isso centenas de vezes.

Houve um tempo em que eu tinha fama de durão. E precisei cultivá-la, porque Robert estava sempre se metendo em brigas. Não tenho ideia de quantas vezes um copo de cerveja voou da plateia e acertou um de nós. Deixávamos os instrumentos de lado e então pulávamos na multidão para resolver a questão.

Isso provavelmente contrasta com a imagem que muita gente tem do The Cure, mas era assim que as coisas funcionavam. Tivemos de lutar para sermos ouvidos, para conquistar nosso espaço no palco, para sermos levados a sério. Não éramos rock barulhento nem punk acelerado.

Éramos outra coisa, algo novo, e as pessoas não sabiam o que fazer com a gente. Se não tivéssemos nos defendido naqueles primeiros dias, não teríamos sobrevivido às tempestades que viriam. E Robert quase sempre estava no olho do furacão.

Naquela noite, porém, não seria justo culpá-lo. Minha jaqueta laranja brilhante mais parecia um letreiro néon dizendo "Me dá um soco", e aqueles brutamontes da Frente Nacional, com suas cabeças raspadas e botinas Doctor Martens, estavam mais do que dispostos a atender ao apelo.

Olhei para Robert para ver o que ele pretendia fazer, mas ele já havia parado e se virado para encarar os skinheads. Foi então que notei um copo em sua mão. Um autêntico caneco de cerveja inglês, grosso e pesado. Ele já tinha antecipado a confusão. Num piscar de olhos, ele o lançou pela passarela. Vi o arco que o copo fez ao passar por mim sob a luz difusa da lua antes de explodir contra a estrutura de ferro, despedaçando-se em milhões de estrelas estilhaçadas aos pés dos skinheads. Eles ficaram tão atônitos quanto eu com o rumo dos acontecimentos, mas o choque logo deu lugar à raiva.

– Seus desgraçados! – gritaram. – Vamos matar vocês!

Como a cautela é a melhor parte da coragem, corremos pela passarela, descemos a rua, passamos pelas portas da estação e continuamos até nossa antiga escola primária, estranhamente iluminada naquela fria noite de fevereiro. Não haveria trem para nós. Estávamos por conta própria. Quando finalmente deixamos aqueles filhos da puta fascistas para trás, desabamos na grama à beira de um parque, rindo descontroladamente.

Eu tinha 18 anos. Estávamos criando nossas próprias regras. Sentia como se minha vida estivesse prestes a começar.

1

O DIA EM QUE A MÚSICA MORREU

Como tudo começou? Quero dizer, como *realmente* começou?

Eu cheguei a este mundo no dia em que a música morreu. Nasci em 3 de fevereiro de 1959, dia em que o avião de Buddy Holly caiu como um amontoado de metal retorcido em um campo frio e coberto de neve na Dakota do Sul. A música já havia morrido em Horley, a cidade onde nasci, muito antes disso. Horley é um posto avançado esquecido na periferia urbana de Londres, que lutava para encontrar sua identidade entre a capital, ao norte, e a nova e crescente cidade vizinha de Crawley, ao sul, ficando esquizofrenicamente entre não ser nem zona urbana nem zona rural.

Meus primeiros anos foram preenchidos por aquela monotonia cinzenta tão tediosamente familiar a qualquer pessoa que teve o infortúnio de crescer na Inglaterra nas décadas de 1960 e 1970. O céu cinza-ferro e a chuva incessante eram o pano de fundo da austeridade do pós-guerra que havia penetrado fundo no espírito britânico. Minha rotina diária, quando menino, girava em torno de três pilares: família, escola e igreja. Especialmente a igreja.

Minha mãe, uma devota convertida ao catolicismo, tinha feito amizade com uma nova família católica recém-chegada à cidade. Morando a algumas portas de distância da casa da minha avó, na Vicarage Lane, os Smith vinham do ainda mais sombrio e cinzento norte da Inglaterra e tinham vários filhos. Richard e Margaret eram da mesma idade que meus irmãos, enquanto o mais novo deles, Robert, estava na minha faixa etária.

A única escola primária católica da região ficava em Crawley, oito quilômetros ao sul. No final da década de 1950, conjuntos habitacionais foram apressadamente construídos em pequenas vilas esquecidas nos arredores da capital. Era uma tentativa do governo de realocar famílias do centro de Londres, que havia sido bombardeado após a Segunda Guerra Mundial. Esses conjuntos eram desolados e utilitários, apenas um pouco menos deprimentes do que os blocos de concreto da Europa Oriental. Uma combinação excêntrica de habitação popular com toques de vida campestre refinada. Tudo muito correto e muito inglês.

Em uma manhã úmida de setembro de 1964, minha mãe uniu Robert Smith e eu. Um ônibus havia sido providenciado para levar as crianças das áreas periféricas até a escola St. Francis of Assisi, em Crawley. Quando nos vimos pela primeira vez, Robert e eu estávamos com nossas mães no ponto de ônibus designado, na Hevers Avenue. Era nosso primeiro dia de aula. Tínhamos cinco anos.

Até então, meu mundo era microscopicamente pequeno e isolado. Fui um bebê temporão, nascido quando meus pais já estavam na casa dos 40 anos. Eles deveriam estar descansando, não cuidando de um bebê, afinal já haviam criado outros três filhos que nem moravam mais com eles. Curiosamente, meus pais não tinham fotos dos meus irmãos na casa. A única indicação de que outras crianças já haviam vivido ali era um armário na cozinha onde minha mãe guardava um estoque infinito de sapatos bem surrados que eu tinha de usar à medida que crescia.

Acredito que meus irmãos mais velhos saíram de casa para fugir do meu pai. William George Edward Tolhurst ingressou na marinha muito jovem e, aos 18 anos, já trabalhava como engenheiro em uma canhoneira naval britânica no rio Yangtzé, na China. Meu pai chegou na época do Massacre de Nanquim, tendo visto cabeças e outras partes de corpos flutuando no rio. Pelo que consta, ele voltou da Segunda Guerra Mundial um homem mudado e fez a única coisa logicamente inglesa que podia para bloquear as memórias horríveis: beber. Muito. Não era uma pessoa fácil de conviver. Às vezes era um quase recluso que mal falava comigo, às vezes um alcoólatra furioso, propenso a surtos barulhentos e agressivos.

Embora meu pai fosse um homem difícil de conhecer ou entender, ainda mais de amar, ele transmitiu os genes musicais da família. Quando bebia, tocava canções de marinheiro no piano vertical da nossa sala de estar de um jeito que faria Tom Waits ficar com inveja. Ele era rude, cheio de segredos obscuros e emoções selvagens mantidas sob sete chaves, mas, quando tocava piano, um pouco da luz daquele cômodo fechado escapava por debaixo da porta. Gosto de pensar que essa luz também está em mim.

Meu pai e eu não tínhamos nada em comum. O talento para música foi o único presente que ele me deu. Ele não me conhecia e eu não queria estar perto dele. Estávamos ligados unicamente pelo sangue e pela obrigação, sem possibilidade de romper a barreira entre nós, criada pelo fato de ele viver preso em seu próprio mundo silencioso.

NÃO ERA APENAS A INGLATERRA da década de 1970 que era austera; minha vida inteira era sombria, especialmente ao redor do meu pai.

Algo na Segunda Guerra Mundial parece ter destruído qualquer ambição que ele tivesse. Lembro quando encontrei o diário naval dele no fundo de um armário escuro numa tarde chuvosa em que não fui à escola porque estava doente. Li aquelas páginas avidamente, pois estavam cheias de coisas emocionantes que ele havia visto e lugares por onde esteve. Aquilo tudo contrastava tremendamente com a versão do homem que eu conhecia como meu pai. Para ser honesto, nem parecia que eu tinha um pai.

Ele raramente compartilhava conosco algo além de sua pequena casa e seu temperamento difícil. Nunca nos levava a lugar nenhum. Na verdade, só me recordo de uma única viagem em família.

Eu tinha uns oito ou nove anos, acho. Ficamos hospedados numa cabana de madeira em alguma praia esquecida em Hayling Island, na costa sul da Inglaterra. Tenho uma lembrança tênue de cheiro de alcatrão misturado ao odor acre de um banheiro químico. Era como um esconderijo de contrabandistas à beira-mar. Olhando para as paredes, era possível ver pequenas rachaduras translúcidas entre as tábuas, apressadamente cobertas com feltro.

Minha mãe estava lá, parecendo mais ou menos exausta, assim como minha tia Molly, com seu vestido floral de verão, e minha avó, conhecida por mim como "Nanny".

Era algo bem raro de acontecer. Meus parentes quase nunca ficavam juntos no mesmo ambiente, a menos que fosse inevitável. Casamentos ou funerais eram as exceções. Nada de grandes reuniões familiares elaboradas para os Tolhurst. Apenas conseguiam tolerar uns aos outros em encontros individuais. Só assim eram cordiais entre si. Não éramos como outras famílias. Lembro que, à medida que crescia e passava mais tempo na casa dos meus amigos, ficava perplexo com a leveza e o amor que os pais demonstravam pelos filhos, não apenas em ocasiões especiais, mas no dia a dia.

Os Smith eram assim. Quando eu ia à casa deles, o pai de Robert, Alex, parecia estar sempre brincando e rindo. Claro, havia alguns momentos mais tensos, como os que eu vivia em casa. Nunca me esqueço do dia em que o senhor Smith deu um tapa na cabeça de Robert porque ele disse um palavrão na frente da mãe. Mas eram ocorrências raras, diferentes das tribulações diárias com as quais eu estava acostumado.

A principal diferença, com certeza, era meu pai. Ele nunca fazia parte da vida familiar, pois seu temperamento provavelmente causaria algum incômodo. Dependendo de como a bebida afetasse seu estado psicológico naquele dia, ele podia entrar no modo falante ou grotesco. Como isso era algo que a maioria da família preferia evitar, todos, por instinto, limitavam o contato com o "Marinheiro Bill" (como os companheiros do pub que ele frequentava, o Chequers, o chamavam).

A cabana era pintada de branco fosco e quase se fundia ao céu cinza-azulado que se passava por verão na Inglaterra. O ruído constante do mar e das pedras sendo perpetuamente engolidas pela costa era interrompido apenas pelos gritos ocasionais de uma gaivota.

O que me impressiona, ao me lembrar desse cenário agora, é que ele parece um sonho saído de uma pintura ou foto favorita. A paisagem está lá, mas as pessoas, de alguma forma, estão ausentes na imagem, como se alguém as tivesse roubado do primeiro plano, deixando apenas o fundo. Não consigo me lembrar de nenhum dos meus irmãos ou irmãs mais velhos; tenho certeza de que minha irmãzinha estava lá, mas ela é quase uma sombra fantasmagórica de algo irreal. Ouço na minha cabeça os sons de minha mãe, tia e avó conversando. Coisas de família, na maior parte, mas ocasionalmente percebia o inconfundível tom de amor de uma mãe entrar na conversa.

Sem que eu soubesse, minha mãe, Daphne, estava desenvolvendo um câncer de pulmão em estágio avançado. Naqueles dias, porém, sua voz suave e ligeiramente ofegante era o único consolo na minha vida de menino.

– Laurence, não vá longe e, por favor, tome cuidado com o alcatrão na praia. Não suje suas novas roupas de verão agora!

– Tá bom, mãe! Não se preocupe, vou tomar muito, muito cuidado – eu dizia com aquela mistura de irritação infantil e admiração amorosa que reservava para ela.

À medida que fui crescendo, ela se tornou mais tridimensional para mim, mas, naquele verão em Hayling Island, meu amor por ela era inequívoco.

Não me lembro de risadas durante nossa viagem, apenas das figuras das mulheres se movendo pela cabana apertada. Não tenho memórias de onde dormi ou de como era a vista através das janelas. Mal me recordo da presença do meu pai na ocasião.

Se ele realmente esteve lá, o que duvido, é bem provável que não tenha falado muito comigo. Não consigo me lembrar de uma única caminhada com ele pela areia ou de um jogo de bola na praia. Nenhuma conexão amorosa entre pai e filho para nos unir.

Não me recordo de outras crianças brincando na praia tomada pelo vento, somente de mim, arrastando os pés pela areia de pedrinhas com minhas sandálias marrons de verão com solas brancas de borracha texturizada, meias brancas curtas, shorts de algodão azul-marinho e uma camiseta de flanela listrada em azul e branco.

Com minha lupa sempre à mão, um presente por ter participado da festa de casamento do meu primo, eu examinava tudo o que encontrava na praia, tentando discernir o que havia por trás de cada item. Mesmo nesse mundo vazio, eu ainda tinha a curiosidade natural de uma criança. Ficava empolgado com as coisas de um jeito que só um garotinho poderia ficar. Tenho certeza de que encontrei um pedaço ou dois de madeira à deriva e imaginei que fossem espadas ou telescópios que poderiam ser usados para explorar e defender o litoral.

Depois de limpar as garrafas de cerveja vazias, latas enferrujadas e roupas deixadas por andarilhos, tomei posse de um antigo posto de guarda da Segunda Guerra Mundial em formato de hexágono, já em ruínas, perto do campo de golfe, e o transformei em um forte. De lá, vigiava a praia e olhava para o mar cinzento, tentando entender o que estava faltando.

Enquanto caminhava pela praia, os grãos de areia batiam no meu rosto ao serem soprados pelo vento que vinha de Selsey Bill ou de Portsea Island, do outro lado. Tenho certeza de que imaginei que existiam tesouros de piratas a serem encontrados, se ao menos eu tivesse um mapa

– uma aventura que poderia compartilhar com outro menino, caso ele estivesse ali. Mas essas coisas nunca se materializaram. Nenhum pedaço de lona rasgado de uma vela com um "X" marcando o local. Nenhuma escapada a ser vivida. Eu ansiava por emoção, no entanto, à medida que nossas férias chegavam ao fim, percebi que, se queria uma aventura, teria de buscá-la por conta própria.

Quase como se fosse algo arquitetado, eu era um menino solitário.

Quando eu tinha sete ou oito anos, a família de Robert se mudou para Crawley, onde seu pai, Alex, havia conseguido um emprego como chefe da Upjohn Pharmaceutical. Isso significava que dali em diante eu pegaria o ônibus de Horley para Crawley sozinho. Não conhecia muito bem as crianças locais em Horley e raramente via meus amigos de Crawley fora da escola. Robert e eu tínhamos pouco contato além das festas de aniversário ocasionais. Os longos dias das férias escolares eram os piores. Minha mãe trazia livros para casa, que seriam meus companheiros mais próximos até que eu tivesse idade suficiente para ir até a biblioteca local por conta própria.

No verão de 1970, encontrei as chaves para destrancar a prisão do meu tédio perpétuo. A biblioteca permitia que os membros pegassem livros e discos emprestados. Assim, eu levava para casa até nove LPs por semana. Passei o verão ouvindo blues, música folk, qualquer coisa que estivesse ao meu alcance. Minha curiosidade havia sido despertada, e, quando esgotei a discoteca da biblioteca, comecei a explorar a única rua de comércio de Horley, onde, por algum motivo bizarro, a tabacaria local tinha uma caixa de discos em promoção por dez xelins cada.

O primeiro disco que escolhi foi *It Crawled into My Hand, Honest*, da banda The Fugs. Canções com títulos como "Johnny Pissoff Meets the Red Angel" ["Johnny enfezadinho encontra o anjo vermelho"] e "We're Both Dead Now, Alice" ["Nós dois estamos mortos agora, Alice"] se conectavam à minha imaginação pré-adolescente. Corri para casa, segurando o disco num saco de papel pardo, como se fosse algum tipo de contrabando. Adorei The Fugs. E o espírito anárquico dessas músicas proto-punk me inspirou a buscar mais artistas dos Estados Unidos, como Steppenwolf e The Jimi Hendrix Experience. Quase 50 anos depois, ainda me lembro de todas as letras de todas as faixas de *Axis: Bold as Love*.

Naquele outono, fui para uma nova escola, o colégio católico experimental Notre Dame, criado por um reformador social chamado Lord Longford. Os alunos de todas as escolas primárias católicas da região acabaram indo para lá, onde fiz amizade com um garoto de nome Michael Dempsey. Naquela época, meu cabelo estava quase tão comprido quanto o dos meus ídolos do rock, o que fazia Michael pensar que qualquer pessoa com cabelo tão longo quanto o meu só podia ser alguém legal. Com minha "bandeira de esquisitice" hasteada, nos conectamos por causa de nosso amor pela música.

O Notre Dame era tudo o que o St. Francis não era: liberal e progressista. Os alunos tinham mais liberdade e as aulas eram apresentadas de maneira radicalmente diferente. As matérias ficavam agrupadas em "estudos integrados", e, em vez de professores explicando a matéria diante de uma lousa, nós trabalhávamos juntos em grupos em diversos projetos. Eles nos davam uma quantidade extraordinária de autonomia, sendo que os estudantes que se mostravam mais promissores podiam até fazer suas coisas por conta própria. Eu geralmente ficava na biblioteca com Michael e Robert. Esta é a verdade: nós três éramos excelentes alunos.

Certo dia, Robert me abordou na biblioteca e sussurrou:

– Você gosta de Jimi Hendrix?

– Hendrix? Eu amo Jimi Hendrix! Tenho um pôster enorme dele na minha parede!

Então lhe contei que era membro do fã-clube oficial dele no Reino Unido.

Os olhos de Robert brilharam.

– Eu também!

– Sabe, aposto que ninguém mais nesta escola sequer ouviu falar dele! – falei.

– Bem, meu irmão mais velho tem algumas coisas do Hendrix. *Are You Experienced?* é fantástico, na verdade! – disse Robert com entusiasmo.

– É? Eu comprei *Axis: Bold as Love* por uma libra na Radio Rentals!

E, com isso, nossa amizade foi reacendida.

Na hora do almoço, nós podíamos usar a sala de artes para tocar discos na velha vitrola que havia lá, e eu me tornei o DJ não oficial. Tocava os LPs que as pessoas traziam para a escola, mas, claro, tinha meus favoritos. Meu velho amigo Robert e meu novo amigo Michael estavam geralmente por perto para ouvir e sugerir suas escolhas. Logo ficou claro que Robert e Michael não apenas ouviam músicas legais, mas também estavam tentando aprendê-las. Uma vez por semana, eles tinham permissão para usar a sala de música e os instrumentos disponíveis. Também havia um sistema de som, onde Robert ligava sua guitarra elétrica para tocar pelos alto-falantes.

– Você toca alguma coisa, Lol? – perguntou Robert.

– Sim – menti. – Bateria?

– Então que tal se juntar a nós na próxima vez que Michael e eu formos à sala de música? – perguntou Robert. – Acho que tem uma bateria. Tenho quase certeza de que a vi no fundo de um armário da última vez em que estivemos lá.

– Ah, tudo bem. Eu vou!

Naquele dia, corri para a biblioteca e peguei emprestado um livro de Buddy Rich sobre rudimentos de caixa. Em casa, no meu quarto, catei as baquetas que meu irmão mais velho havia me deixado antes de emigrar para a Austrália. Li o livro e pratiquei batendo no travesseiro. No dia seguinte, fomos juntos à sala de música, onde desenterrei a velha bateria da escola. Era um começo.

Sempre que me perguntam quando o The Cure começou, geralmente aponto para aquele dia em 1972, no Colégio Notre Dame, quando Robert, Michael e eu fizemos uma jam pela primeira vez – a mesma formação que gravou nosso primeiro single, "Killing an Arab". Na verdade, o prato que usei naquela música foi roubado do velho kit da escola!

Mas, na minha mente, o The Cure nasceu muito antes disso, num dia chuvoso e sombrio de 1964, com a névoa rodopiando ao redor. Começou no instante em que o ônibus escolar parou no ponto no alto da Hevers Avenue e as portas se abriram com um chiado. Eu não queria entrar naquele ônibus, nem Robert. Não queríamos deixar nossas mães e ir para uma escola estranha em outra cidade, onde não conheceríamos ninguém. Provavelmente eu teria começado a chorar se Robert não estivesse lá. Posso ouvir a voz da minha mãe até hoje, me encorajando gentilmente.

"Dê a mão para o Robert e cuidem um do outro."

Robert pegou minha mão e me guiou para dentro do ônibus. Foi a primeira de muitas jornadas juntos. Nem que seja apenas na minha imaginação, ainda somos aqueles meninos.

2

TREZE

Fiz 13 anos no inverno de 1972. Quem sabe das coisas aos 13? Eu certamente não sabia. Tudo o que notava eram meus hormônios à flor da pele e a ausência de qualquer saída decente para eles. Passava longas tardes e noites no meu quarto, que eu havia pintado de laranja vibrante com portas brancas e iluminado com uma única lâmpada vermelha – uma espécie de refúgio psicodélico, ou o que imaginava ser um. Ouvir meus discos era o ápice de cada dia. Analisava minuciosamente as capas, lendo todas as notas do encarte e procurando pistas que pudessem me ajudar a sair deste mundo, escapar da minha existência monótona.

O irmão mais velho do Robert, Richard, ou "O Guru", como passou a ser conhecido por nós devido à sua aparência contracultural, tinha uma vasta coleção de discos e conhecimento sobre música. Ele cresceu nos anos 1960 e estudou com meu irmão mais velho, John, então nos conhecíamos razoavelmente bem. Em uma primavera, o Notre Dame pediu voluntários para ajudar a cavar a nova piscina que o colégio queria instalar. Aparentemente, os católicos não tinham problemas com trabalho infantil. Meu irmão Roger me levou de carona em seu Fusca e me deixou lá para um dia de escavação no grande buraco que surgia no terreno da escola. Por ser mais velho e responsável, o Guru foi designado para supervisionar os infelizes escavadores. Trabalhamos sob chuva e lama. Durante as escavações, enquanto conversávamos, eu explorava a sabedoria musical do Guru em busca de dicas sobre o que comprar para começar minha coleção.

– Dois álbuns que você deve ter – ele disse –, *The Age of Atlantic* e *Nice Enough to Eat*. Ambos são compilações, uma do selo Atlantic e a outra da Island Records.

– Compilações? – perguntei.

– Sim, *Nice Enough to Eat* traz uma amostra de músicas de artistas ingleses pela metade do preço de um álbum normal. Tem faixas de Nick Drake e King Crimson, entre outros. São bem boas, sabe?

– Ah – falei, sem entender nada.

O Guru continuou:

– *The Age of Atlantic* é uma compilação de preço similar, com artistas underground dos Estados Unidos, como MC5 e Vanilla Fudge. Então, por algumas libras, Lol, você pode ouvir boa música de ambos os lados do Atlântico. – O Guru ficou pensativo por um momento enquanto acariciava a barba. – Sim, são só duas libras por muita música boa – disse ele, olhando para o vazio. – Música de primeira.

Uma coisa era certa: o Guru sabia do que estava falando. Pedi ambos na Radio Rentals na semana seguinte.

Para financiar minha crescente coleção de discos, eu trabalhava meio período na banca local, entregando os jornais com minha velha bicicleta azul e vermelha, fizesse chuva ou sol. No entanto, a verdadeira *crème de la crème* das tarefas era organizar os jornais na banca. Isso significava que eu podia ficar fora da chuva na loja aquecida e ter acesso às revistas e outros jornais, especialmente os de música, que na época eram três: *New Musical Express*, *Sounds* e *Melody Maker*.

Eu lia todos avidamente enquanto marcava a primeira página com os endereços, deixando as pilhas prontas para serem recolhidas pelos meninos e meninas que faziam as entregas matinais. Essas publicações me davam a visão de um mundo diferente que eu mal podia imaginar. Após ler os semanários musicais, eu falava sobre as matérias com meus amigos, especialmente Michael e Robert. Eles pareciam os mais interessados em música, nos artistas e no que entendíamos ser o mundo glamouroso deles. Compartilhavam minha fascinação pelos acontecimentos daquela existência estranha que parecia tão remota para nós na época. Lembre-se de que a cena musical predominante no início dos anos 1970 era a disco ou um rock progressivo terrivelmente exagerado. Para três garotos brancos do subúrbio ao sul de Londres, nenhum desses gêneros fazia sentido.

Em qualquer período, sempre há artistas que se destacam por não fazerem parte do mainstream – e eram justamente esses músicos que nos atraíam. Como David Bowie, que no verão de 1972 causou um profundo impacto em mim e influenciou toda a minha psique. Tenho quase certeza de que ele provocou o mesmo efeito em Robert.

A performance de Bowie tocando "Starman" no programa *Top of the Pops*, da BBC, naquele mês de julho, mudou tudo para mim. Era como se, de repente, um ser de outro mundo tivesse aterrissado na emissora de televisão. Bowie e sua banda, The Spiders from Mars, tinham uma aparência e um som completamente diferentes dos outros artistas que víamos. Toda a postura dele gritava que ali estava alguém em quem podíamos confiar para nos mostrar um novo caminho para fora daquele mundo monótono que habitávamos.

Ele tinha uma sexualidade andrógina e uma estranheza que me cativaram de imediato. Se você assistir agora, tantos anos depois, ao clipe daquela apresentação, é impressionante como Bowie era totalmente fora do comum.

Olhando para o fundo do palco do *TOTP* (como o programa era conhecido por todos), você consegue vislumbrar um membro da plateia com o típico visual adolescente da época: um colete de malha e uma camisa com colarinho curto. Então percebe de cara que aquele homem no palco estava realmente fazendo algo muito incomum.

Lembro estar sentado no sofá de casa com minha mãe, Daphne, assistindo ao desenrolar desse espetáculo. No momento em que Bowie cantou "I had to phone someone so I picked on you" ["Eu precisava ligar para alguém, então escolhi você"], ele apontou diretamente para a câmera. Foi quando eu soube que ele estava cantando aquilo para mim e para todos como eu. Foi um chamado que me colocou no caminho que logo eu seguiria.

Fui à escola no dia seguinte explodindo de um entusiasmo que queria dividir com os meus amigos.

– Vocês viram?

– O quê?

– O Bowie no *Top of the Pops*, é claro.

– Ah, sim – disse Robert. – Ele foi *mau*!

Muito antes de Michael Jackson apropriar-se da expressão, nós usávamos "mau" (ou "bad") para descrever algo que era realmente incrível. Combinava com nossa visão de mundo, observando tudo pela outra extremidade do telescópio.

Naquele verão, tentei entender o máximo que pude sobre como as coisas funcionavam nesse estranho novo mundo. Passei muito tempo lendo sobre todos os tipos de pessoas ligadas à música, mas fiquei perplexo com algumas referências. Afinal, sexo, drogas e rock'n'roll estavam longe do meu radar naquela época, sobretudo as drogas e o álcool, com os quais eu não tinha nenhuma experiência pessoal.

Isso estava prestes a mudar.

– Lol, quer trabalhar de DJ na festa?

O convite veio do meu irmão Roger. Ele queria que eu levasse minha coleção de discos, agora bem maior do que a dele, para a festa que estava organizando para meu outro irmão, John, que estava indo para a Austrália.

– Claro, adoraria tocar meus discos! Posso tocar mais alto do que a mamãe deixa, certo? – perguntei.

– Com certeza! Aumenta o volume, irmão! – respondeu Roger, se divertindo ao ver minha empolgação.

Era a primeira festa de adultos para a qual me convidavam e, ainda por cima, sem a supervisão da minha mãe. No entanto, eu não tinha uma experiência real com adultos e com o que eles gostavam de fazer em festas. Não fazia muito tempo que as festas que eu frequentava tinham gelatina e sorvete, como aquela do aniversário de sete anos do Robert, celebrada na casa nova da sua família, em Crawley.

Minha despreocupada juventude estava mudando, logo eu seria apresentado ao mundo real. Talvez um pouco cedo demais, mas ele vinha na minha direção como um trem de carga, e não havia como evitar as circunstâncias que estavam prestes a se desenrolar.

Sempre vi o consumo de álcool como algo que meu pai fazia e que o tornava ou muito feliz ou muito insuportável. Não me parecia um negócio muito atraente. No entanto, quando minha mãe me mandava até o Chequers buscar meu pai, eu sentia um aroma de camaradagem e alegria que parecia emanar por detrás das portas de carvalho do pub. Até os cidadãos normalmente sisudos pareciam mais felizes dentro do Chequers.

Então, apesar das minhas dúvidas, parecia algo que valia a pena conferir algum dia. Eu, claro, não fazia ideia de que seria na festa de despedida do meu irmão que aconteceria a minha introdução ao "demônio do álcool".

Meu irmão Roger chegou no final da tarde para me levar à sua casa em Crawley e organizar minhas coisas para as festividades da noite. Levei minha camisa de cetim roxa, que havia comprado na pequena loja de roupas Whitworth's, no topo da minha rua. Adorava entrar lá sem saber qual segredo de estilo o senhor Whitworth poderia me revelar.

– Homens de pernas curtas devem usar calças Oxford largas para parecerem mais imponentes – foi um dos conselhos que nunca esqueci.

A campainha na porta tocou quando entrei na loja empoeirada.

– Ah, jovem senhor Tolhurst, o que procura hoje?

– Vi aquela camisa roxa na vitrine – respondi.

A verdadeira razão de eu entrar na loja era encontrar um ou dois itens modernos que se destacassem na monótona seção masculina. Ele costumava precificar esses itens para vender a adolescentes com orçamento limitado. Ou seja, eu.

– Ah, sim, aquela com gola *moderna*.

O senhor Whitworth parecia sentir dor nos lábios ao pronunciar a palavra "moderna".

– Sim, aquela mesma. A com a gola gota.

Ele tirou a camisa da vitrine e a entregou a mim.

A etiqueta dizia cinco libras, muito mais do que eu podia pagar. Ele viu minha expressão desapontada ao notar o preço.

– Quanto você tem, senhor Tolhurst?

– Uma libra? – respondi esperançoso.

O senhor Whitworth olhou por cima dos óculos e puxou a fita métrica que sempre carregava no pescoço.

– Tudo bem, uma libra. Mas não conte a ninguém que dei esse desconto, senão todos vão querer. Você promete?

– Sim, claro! Obrigado, senhor Whitworth!

Voltei para casa segurando a camisa, grato pela generosidade do velho alfaiate.

Assim, aos 13 anos, morando em uma pequena cidade nos arredores da metrópole, eu já era uma espécie de influenciador de moda. Para a festa, combinei a camisa de cetim roxa com uma calça Lybro Sea Dogs – ou jeans, para simplificar.

Montei meu toca-discos num canto e comecei a preparar uma playlist improvisada para a noite. Naquela altura, alguns amigos do meu irmão já haviam chegado. Foi então que, pelo canto do olho, vi algo na cozinha: garrafas de vinho. Nunca tinha passado pela minha cabeça que alguém bebesse em casa. Para mim, beber era algo que se fazia exclusivamente no pub, à noite. Minha vida, até então, havia girado em torno de poucas atividades fora de casa, basicamente igreja e escola. Aquilo era uma experiência totalmente nova para mim e, portanto, bastante emocionante.

Roger apareceu na porta:

– Quer uma bebida, Lol?

Nunca pensei que participaria desse ritual. Esse era meu nível de ingenuidade.

– Claro – respondi, minha voz um pouco mais forte que o grunhido pubescente que havia surgido junto ao crescimento de pelos em lugares estranhos e desconhecidos.

Peguei o copo de líquido vermelho e tomei o que supus parecer um gole confiante. A primeira coisa que reparei foi quanto aquilo ardia na garganta. A segunda sensação, porém, foi a que realmente chamou minha atenção, tanto que ainda consigo recordá-la, 43 anos depois. Era um sentimento sutil, mas definitivo, ao mesmo tempo misterioso e malévolo em igual medida. Algo "ruim" misturado com "bom". E parecia absolutamente maravilhoso!

Embora hoje eu tenha uma compreensão melhor de tudo, essa sensação e o desejo instantâneo ainda me intrigam.

Entrei na sala ao lado; ainda era cedo, então estava vazia. Fiquei maravilhado com quanto me sentia livre e incrível! Como um poeta, conseguia invocar com facilidade palavras que meu eu adolescente, geralmente tímido, jamais conseguiria expressar. Nunca havia experimentado algo assim. As tonalidades e cores da sala pareciam diferentes, mas ainda familiares, talvez um pouco mais vibrantes e bonitas, ou talvez fosse só minha imaginação. Para ser honesto, naquele instante isso não parecia importar. Eu tinha uma forte sensação de que tudo estava bem, e, de repente, o peso de ser *eu mesmo* pareceu evaporar. Era como se o tempo, o espaço e a normalidade tivessem sido deslocados alguns graus para a esquerda, ganhando uma dose extra de entusiasmo como bônus.

A adição dessa nova substância ao meu sistema também tornou a música mais empolgante para mim. Eu parecia compreendê-la melhor e apreciar o que os músicos tentavam transmitir com seus sons e ritmos.

Eu tinha uma vaga noção de que talvez fosse isso o que as pessoas buscavam ao ficarem "chapadas" ou "doidonas", mas nunca havia sentido isso antes, então não tinha nada para embasar minhas suposições. Agora eu tinha.

No ano anterior, Michael e eu havíamos ido ao nosso primeiro show "de verdade" com a irmã dele e o namorado dela. Eles nos levaram ao Hyde Park para assistir a uma apresentação gratuita. Em certo momento, estávamos parados perto de um vendedor de refrigerantes na margem do parque quando uma jovem muito desleixada veio em nossa direção, cambaleando.

– Você tem horas? – perguntou ela.

– São 14h45 – respondi, olhando meu relógio. Ela sacudiu a cabeça furiosamente.

– Não. Quero saber se você tem as horas, se você tem o tempo, cara. Quero dizer, você *realmente* tem as horas?

Olhei para Michael sem entender nada. Afinal, tínhamos só 12 anos e estávamos extremamente confusos.

O vendedor de refrigerantes, que era grego, disse:

– Ela está chapada, garotos – como um tipo de explicação ao perceber nossas caras confusas. Esse era o único indício que eu tinha até então.

Seria isso? Eu estava chapado? Tanto faz. O fato de me sentir bem era tudo o que eu sabia ou precisava saber.

Procurei meu irmão mais velho e perguntei se podia beber mais. Achei que, se uma dose era boa, mais seria melhor. Depois que ele encheu meu copo, voltei para a vitrola e os meus discos. Naquele momento, a festa estava no auge, com todo mundo conversando e começando a dançar.

Meu irmão John logo apareceu ao meu lado.

– Quer tomar um ar fresco, Lol?

Eu topei e o segui para o lado de fora, abrindo caminho entre os convidados até o ar noturno. Fazia um frio cortante enquanto caminhávamos a passos rápidos pela rua escura.

– Pensei em te dar um presente antes de ir para a Austrália. Há algo que você gostaria? – perguntou ele.

Pensei por um momento, enquanto o ar gelado me reanimava um pouco e meus pensamentos ficavam menos grandiosos.

– Acho que gostaria de algo relacionado à bateria – respondi. Eu estava ouvindo músicas com mais clareza agora e começava a distinguir seus elementos. Conseguia identificar o baixo, a guitarra e os vocais, mas o que mais me intrigava (além das letras) era a batida rítmica da bateria. Parecia que era isso que criava o impulso dinâmico das músicas, dando-lhes emoção e poder. Era o que dava vontade de me mexer, dançar, celebrar! E eu acreditava que poderia fazer alguma coisa com aquilo. Sentia como se algo estivesse me atraindo para a bateria e sua força. Já naquela fase, eu me via dividido entre o profano e o sagrado. Adorava a fisicalidade da bateria, mas também achava as palavras e o que elas podiam expressar, com uma frase hábil ou um verso bem colocado, fascinantes e atraentes. Queria combinar os dois lados de alguma forma. A bateria parecia difícil, mas com meu novo amigo, o álcool, sentia que poderia fazer qualquer coisa.

Naquele momento, o chão desapareceu sob meus pés, ou pelo menos foi o que senti, enquanto eu caía dentro de uma enorme vala escavada na rua e iluminada por um sinal de advertência muito fraco.

– Ah, droga! – gritei enquanto caía em uma poça com lama no fundo. Então vi o rosto de John espiando para dentro da vala, me observando. Ele riu um pouco, depois se lembrou de ficar preocupado com seu irmãozinho bêbado.

– Aqui, me dá sua mão – disse ele de maneira mais séria, estendendo a mão direita para eu me segurar e sair do fundo lamacento da valeta.

– Não vi essa vala – respondi. Parecia que minha boca estava cheia de algodão. Quando tentei dizer outra frase, ela saiu tão embolada quanto a primeira. Isso foi demais para John; ele mal conseguia conter o riso.

– Você está bêbado, Lol!

Caminhamos de volta para a casa do meu outro irmão. Eu olhava atentamente para o chão, tentando não atrair outros buracos para meus pés desajeitados, enquanto me esforçava para me manter firme. Aquilo já não parecia tão maravilhoso quanto os primeiros minutos da bebedeira, mas presumi que passaria. Achei que provavelmente precisava beber mais para voltar àquele estado inicial.

Cheguei à porta do que pensei ser a casa de Roger. Toquei a campainha e comecei a gritar para que ele viesse atender. Não era a casa dele. John então me arrastou pela rua até a porta certa. A essa altura, minha cabeça já não estava nada bem, mas entrei na cozinha, peguei mais um copo de vinho tinto e o virei de uma vez. Surpreendentemente, pelo menos para mim, isso não parecia melhorar as coisas. Logo minha cabeça estava girando.

Quanto ao restante da festa, lembro o seguinte: um banheiro branco e a superfície brilhante da privada enquanto eu me ajoelhava sobre ela e vomitava. O rosto preocupado da minha cunhada enquanto ela tentava me impedir de cair da escada. As expressões ansiosas à medida que eu me virava e despencava novamente pelos degraus, terminando em uma posição fetal no chão.

Isso é tudo o que consegui lembrar.

No dia seguinte, acordei com a boca seca e aquele gosto horrível que se tornaria parte da minha vida pelos 17 anos seguintes, ou mais. Minha língua estava colada ao céu da boca. Levantei a cabeça e imediatamente me arrependi, pois a dor surda e pulsante da minha primeira ressaca veio com força total. Deitei novamente no travesseiro e me perguntei como havia chegado ali, já que não conseguia me lembrar muito da última parte da noite. Esse padrão se tornaria uma constante na minha vida nos anos seguintes.

Blackout é como os médicos se referem a isso. Quando você não consegue se lembrar do que aconteceu na noite anterior ou, às vezes, até de dias inteiros. Demorei muitos anos para entender que as pessoas normais não se sentiam assim ao beber. Elas podiam ocasionalmente ter uma lembrança meio embaçada, mas, no geral, ficavam um pouco alegres, recuavam e iam dormir sem esquecer o que havia acontecido. Elas não perdiam o controle.

Esse não era o meu caso. Desde o começo, eu bebia e apagava. Quando não tinha dinheiro suficiente para beber até ficar satisfeito, tomava algumas cervejas, ia para casa, dormia e me lembrava de tudo do dia anterior. Porém, daquele dia em diante, se eu tinha dinheiro, bebia para ficar bêbado e, quando isso acontecia, apagava.

Eu apagava com bastante frequência.

3

A PONTE

Foi então que abracei o rock'n'roll de verdade, logo seguido pelo componente do sexo e das drogas.

Como a maioria dos garotos adolescentes, eu não reparava muito nas garotas até juntar os fatos básicos e os imperativos biológicos. Enquanto estudava no Notre Dame, tive um desentendimento com um jovem italiano que decidiu dar um chute bem direcionado no meu abdômen, o que resultou em alguns dias no hospital para costurar uma hérnia. A ala adolescente da enfermaria era um verdadeiro tesouro de informações sobre o que acontecia quando garotos e garotas "faziam aquilo". Claro que eu descobriria depois que quase tudo aquilo era completamente equivocado.

Era uma caminhada curta da minha casa até a rua principal de Horley, onde recebi grande parte da minha educação sobre rock. Eu costumava ir ver quais discos a tabacaria tinha no cesto de ofertas naquela semana ou ouvia o que estava disponível na biblioteca.

Essa área central de Horley combinava negócios familiares, como o açougue do Bunkell, com redes nacionais, como a farmácia Boots e a velha loja de armarinhos Woolworths, onde Michael e eu trabalhamos durante nossa adolescência. Ela ficava ao lado da loja de departamentos Collingwood's, em frente à Radio Rentals. Nessa última, Ric, o irmão de Simon Gallup, trabalhava na pequena seção de discos nos fundos do estabelecimento, o que era um verdadeiro paraíso para nós.

Esse foi nosso território por vários anos, onde conhecíamos todos os caminhos escondidos e pontos estratégicos. Podíamos atravessar a cidade praticamente invisíveis para qualquer adulto que pudesse conhecer nossos pais e contar sobre nosso paradeiro.

O antigo cinema de uma sala só ainda não havia sido convertido em boate, então visitas ocasionais eram planejadas – sessões de sábado de manhã com um filme B antes do principal e uma varanda de dois níveis onde você podia fumar, o que sempre fazíamos.

Havia um prédio em Horley com tijolos vermelhos em estilo gótico e arcos de pedra branca lisa que sugeriam um ar de sacralidade. No entanto, lá dentro acontecia um tipo bem diferente de experiência extática daquela que os fundadores da Igreja Metodista de Horley provavelmente imaginariam. Não lembro quem foi que nos deu a informação vital sobre o que acontecia no salão da igreja nas noites de sábado, mas, quem quer que tenha sido, preparou o cenário para nossa vida adulta sem nem perceber.

E foi assim que, numa noite de primavera, Michael, Robert e eu nos alinhamos ao redor dos bem cuidados canteiros de rosas que cercavam o salão da igreja metodista. A água acumulada em gotas nas folhas verde-escuras das roseiras, após uma chuva no final da tarde, refletia nossos rostos jovens como colheres à luz do crepúsculo. Acima da porta lateral do salão, o brilho de uma única lâmpada iluminava a entrada. Sem que soubéssemos, ali estava o caminho para o nirvana adolescente.

Com 15 anos, já começávamos a mudar nosso estilo para nos distinguirmos dos outros adolescentes. Na verdade, bem antes de nos tornarmos famosos pelo uso de roupas pretas, usávamos tudo branco! Michael e eu tínhamos calças de cintura baixa chamadas *loons* combinadas com camisas brancas. Complementávamos o visual com tênis brancos gastos, o que nos dava um ar menos angelical. Robert vestia calças semelhantes, talvez mais escuras, com cordões amarrados na barra que sua mãe costurou a pedido dele. (Ele também tinha uma calça branca de cintura alta que adorava.) Isso certamente nos fazia parecer diferentes. Por cima, Robert usava um longo casaco de pele e um cachecol enrolado no pescoço. Parecíamos uma seita estranha, com Michael e eu como acólitos vestidos de branco ao lado do nosso líder, com sua franja caída no rosto e casaco de pele.

De fato, nos comportávamos como uma seita, com nossa própria linguagem e modo de ser que excluíam os demais. Havia outros membros no nosso grupo, incluindo o primeiro guitarrista do Malice, Marc Ceccagno, mas o trio formado por mim, Robert e Michael era o núcleo.

LÁ DENTRO, as coisas começavam a esquentar. Ao redor do salão, estavam as garotas: criaturas estranhas que nunca tínhamos considerado antes, mas que agora nos atraíam de forma inescapável. Elas nos fascinavam de uma maneira que não sabíamos explicar, nos deixando desconfortáveis de um jeito que, na verdade, gostávamos bastante.

Os garotos se agrupavam em pequenos bandos junto à parede, como se houvesse algum tipo de abismo sem fundo no meio do salão que precisássemos evitar, um vórtice giratório que poderia nos arrastar para as profundezas do inferno se cruzássemos o centro. Ainda não íamos até lá conversar com as garotas, mas queríamos. A música tornou-se a língua franca, uma ponte para a interação que secretamente desejávamos.

T. Rex, The Sweet e Slade eram as bandas em alta na época, e os metodistas, atenciosamente, haviam providenciado duas vitrolas para tocar essas músicas num volume razoável e respeitoso. Se você trouxesse um disco, um dos garotos mais velhos o colocava para rodar. Se fosse uma balada triste, como "Seasons in the Sun", de Terry Jacks, talvez você convidasse uma garota para dançar. Ou talvez não, caso algum de vocês achasse isso um pouco ousado demais!

Era escuro nos cantos do salão, o que significava que talvez fosse possível roubar um beijo – ou até algo mais – de uma das garotas mais desinibidas. O ambiente se enchia com o cheiro de desejo adolescente e perfume barato, intoxicando a todos nós. Como abelhas ao mel, éramos atraídos. Mas, de repente, as luzes do salão de madeira se acenderam. Nossos olhos piscavam tentando focar e olharam com desconfiança para o sacerdote no meio do salão.

– Ah, meninos e meninas, agora chegamos à melhor parte da noite... o momento da oração!

Ficamos atônitos – oração? Depois de o sacerdote entoar algumas frases e nós respondermos murmurando o chamado e a resposta, felizmente as luzes se apagaram e voltamos às nossas investidas furtivas pelos cantos do salão.

Lá fora, no estacionamento da igreja, mais descobertas nos aguardavam.

– Eu tenho uma garrafa da cerveja que meu pai faz em casa – disse Robert.

Assim que ele tirou de dentro do volumoso casaco de pele uma garrafa de vidro com tampa de rosca, fomos até um canto atrás do clube juvenil para olhar o líquido fermentado marrom.

– Qual é o gosto disso? – perguntei.

– Maravilhoso! – respondeu Robert com um grande sorriso, antes de me oferecer um gole. Dei um trago e senti novamente aquela sensação incrível que havia experimentado pela primeira vez na casa do meu irmão. Ainda gostava daquilo.

Decidimos, então, caminhar pela rua em direção ao centro de Horley, que, depois de as lojas fecharem, tornava-se praticamente uma cidade fantasma. Restavam abertos apenas alguns restaurantes: um indiano e um chinês de comida para viagem. Anos depois, me perguntei como os proprietários desses lugares não acabaram presos, tendo de lidar com os jovens bêbados de Horley após o fechamento dos pubs. A paciência deles deve ter sido posta à prova inúmeras vezes.

O brilho suave do cinema nos atraía a distância, sua luz filtrada e duplicada pelo efeito do álcool e da garoa constante que caía. Cambaleamos até a entrada do cinema e conferimos que filme estava passando. Decidimos não entrar e voltamos ao clube juvenil. A noite já estava terminando. Do lado de fora, um grupo de meninos e meninas (além de alguns pais) nos olhava com cautela enquanto oscilávamos um pouco na frente da porta. Ao longe, ouvi pela primeira vez "I'm Not in Love", do 10cc, e meu coração se partiu. Robert já havia conhecido Mary Poole, o grande amor da sua vida, mas, para mim, esse caminho sentimental seria muito mais tortuoso.

O NOME DELA ERA SARAH, e nos conhecemos no salão metodista.

Eu a havia notado em um sábado à noite, com seus cabelos longos e compleição pequena, e começamos a conversar. Ela morava no campo, a cerca de cinco quilômetros da minha casa, com a mãe, o padrasto e o irmão mais novo.

Sarah estudava em Horley com Simon Gallup, um garoto que eu conhecia de vista. Anos mais tarde, Simon me contou que, depois que começamos a namorar, ela havia exagerado minha reputação de "durão" na escola dele. Não à toa, quando me via na cidade, ele atravessava para o outro lado da rua! Fiquei surpreso de eu não ter me metido em mais brigas por causa disso.

Estávamos saindo há algumas semanas quando seus pais me viram com ela na frente do salão metodista ao irem buscá-la num sábado. Baseando-se apenas na minha aparência, decidiram que eu obviamente não era a pessoa certa para estar com sua jovem filha. Eles também notaram minhas companhias – o garoto estranho de casaco de pele longo e seu amigo de moto e cabelos compridos. Éramos, claramente, má influência.

No dia seguinte, liguei para a casa dela. O padrasto atendeu o telefone e, assim que me identifiquei, ele avisou, de forma bem direta, que eu deveria ficar longe dela. Percebi que seria difícil vê-la novamente. Mas isso, claro, não nos impediu. O amor adolescente nunca é interrompido por muito tempo.

MICHAEL TINHA UMA PEQUENA MOTOCICLETA, uma Fantic Caballero, uma estranha moto italiana que parecia mais poderosa do que seu motor de 50cc sugeria. Não importava. Serviria.

Elaboramos um plano ousado: Michael me levaria até a casa de Sarah e, sob o manto da escuridão, me deixaria lá. Eu me esconderia nos arbustos até surgir o momento certo, quando me esgueiraria até a janela do quarto dela no térreo e bateria suavemente no vidro, momento em que ela se daria conta da minha presença. Ela então deixaria a casa dos pais e nós ficaríamos unidos pelo amor.

Claro, mesmo com os melhores e mais bem-intencionados planos, as coisas às vezes não saem exatamente como o esperado.

Na primeira vez que Michael me deixou lá, a silhueta da mãe dela surgiu na porta da frente da casa, enquanto a luz do corredor brilhava, iluminando o imenso gramado à frente. Ao lado dela, um grande pastor alemão farejava o ar suspeitosamente na minha direção. Aquilo bastou para eu adiar minha aventura amorosa naquela noite.

Alguns dias depois, Michael me deixou na casa de Sarah novamente. Dessa vez, concluí que o caminho estava livre, pois estava tudo às escuras. Deitei no gramado e me arrastei até a moldura da janela, batendo furtivamente no vidro decorado. Nada de Sarah, nenhum som, nenhum movimento. Alguns minutos depois, tentei novamente, dessa vez mais insistente, mas ainda sem resposta.

Na luz pálida do luar que iluminava a cena, enxerguei a solução: a janela do banheiro superior estava ligeiramente aberta e havia um telhado plano logo abaixo. Eu poderia saltar para o telhado, rastejar pela janela e, uma vez no banheiro, encontrar o caminho até o quarto da minha amada. Perfeito!

Foi apenas quando estava com a metade do corpo atravessando a pequena janela do banheiro que me ocorreu que coisas bastante desagradáveis poderiam acontecer: o pai dela – ou pior, o grande pastor alemão – poderia me interceptar. Nenhuma das opções parecia ser uma maneira particularmente maravilhosa de terminar o dia.

De algum modo, consegui passar pela pequena fresta e entrar no banheiro, com uma perna no vaso sanitário e a outra no tapete felpudo rosa-claro. Tirei o pé da água e sacudi as gotas. No escuro, mal conseguia distinguir a porta que dava para o corredor. Saí na ponta dos pés e desci cuidadosamente a escada. O luar entrava pelas janelas, projetando uma sombra assustadora minha nas paredes.

Ao chegar ao final da escada, congelei. O grande cachorro preto estava bem na minha frente. Eu me preparei para a mordida e os latidos inevitáveis, mas nada aconteceu. Olhei para o grande vulto negro e notei o rabo abanando. Graças a Deus! Dei um tapinha na cabeça dele e continuei, agora acompanhado pelo meu parceiro canino. Empurrei a porta do quarto de Sarah e entrei. Eu a sacudi suavemente para acordá-la, e ela deu um pequeno grito ao me ver ao lado de sua cama.

– O que está fazendo aqui, Lol?

– Pensei em convidá-la para um passeio à luz do luar! – falei, tentando disfarçar meu crime com um toque de bravata romântica.

– Claro, por que não? – ela respondeu, sorrindo. Parecia disposta a uma aventura.

Sarah se levantou, se vestiu rapidamente e então saímos pela janela do quarto dela. Caminhamos pelo grande gramado em frente à casa sob a luz amarelada da lua até uma estrada de terra no final. Cruzamos alguns campos e entramos no bosque até chegar ao nosso destino: uma *pillbox*[1] na borda da floresta. Lá dentro, estávamos pro-

1. *Pillbox* é uma espécie de pequena fortificação militar, geralmente feita de concreto, usada como posto de observação ou defesa, sobretudo na Segunda Guerra Mundial. O nome *pillbox* vem do seu formato, que lembra uma caixa de remédios, a literal *pillbox* (ou "caixa de pílula"). [N. P.]

tegidos do vento e da curiosidade alheia. O local era isolado, pouco visível da estrada e aparentemente intocado, sem sinais de animais ou outros aventureiros noturnos.

E foi assim, numa fresca noite de outubro, sobre um colchão de folhas secas numa *pillbox*, que Sarah e eu finalmente fizemos o que todos os jovens apaixonados acabam fazendo. Caso esteja se perguntando, foi daí que surgiu o título da música "Pillbox Tales".

EMBORA O ROCKET, em Crawley, fosse o pub onde plantamos as sementes que se tornariam o The Cure, havia outro pub que frequentávamos antes disso: o Cambridge, em Horley.

O Cambridge personificava a rebeldia adolescente do final dos anos 1970 mais do que qualquer ideia que tivéssemos em nossas cabeças. Eu ainda o vejo como o lugar onde me tornei adulto.

Deixamos para trás o clube de jovens da Igreja Metodista quando começamos a pensar seriamente em bebida, música e garotas. Sexo, drogas e rock'n'roll combinavam muito mais com pubs do que com bailinhos na igreja. O pub era pouco mais do que o anexo de um hotel de aparência decadente na periferia de Horley, mas foi lá que comecei a descobrir o lado mais sombrio e secreto do mundo.

Por dentro, o Cambridge lembrava um daqueles terríveis bares espanhóis/britânicos na Costa Brava: cheio de ferraduras decorativas e burros de pelúcia com sombreros. "Brega" nem dá para começar a descrever, mas o mais importante era que nenhum adulto ousava ir lá, especialmente nossos pais ou os amigos dos nossos pais. Para eles, era um local a ser evitado a qualquer custo. De vez em quando, algum forasteiro a caminho de Brighton, vindo de Londres, cometia o erro de achar que era um pub normal, porém, ao entrar, percebia a confusão e saía às pressas. Aqueles que ficavam geralmente tinham intenções duvidosas, procurando menores de idade ou algo do tipo.

Só percebi muito tempo depois que existia uma divisão bem clara dentro do pub, semelhante aos grupos encontrados nas escolas dos Estados Unidos. Você só sentava na mesa que representava seu subgrupo. Entre eles estavam os *smoothies* ou *casuals*, cujo equivalente nos Estados Unidos seriam os *jocks*: pessoas que vestiam marcas de grife, mas eram pouco inteligentes, barulhentas e propensas a vomitar em suas namoradas de aparência superficial. Acredito que no Reino Unido essas pessoas hoje sejam chamadas de *chavs*. Na época, ainda não tinham esse nome, mas a postura era a mesma. Eles geralmente não falavam ou interagiam conosco, o que, na verdade, parecia agradar a todos. Nós nos sentávamos na nossa mesa, com aqueles que eu chamaria de "os *outsiders*".

O Cambridge tinha uma máquina de fliperama e, ocasionalmente, um DJ entre suas atrações, mas o que nos atraía mesmo era a cerveja e as garotas. Michael chegava em sua motocicleta, e Robert às vezes ia até lá em seu primeiro carro, um Mini cinza – ele já tinha sido de outra cor, se bem me lembro, porém, por impulso, Robert decidiu pintá-lo de cinza. Infelizmente, a tinta não secou antes de ele sair para exibi-lo a Mary, sua namorada do ensino médio por quem era apaixonado desde os 14 anos. Como era outono, as folhas das árvores sopradas pelo vento grudaram na tinta ainda molhada. Em pouco tempo, parecia que ele estava dirigindo um pequeno arbusto pela estrada.

Foi no Cambridge que a misteriosa jaqueta de couro que todos nós usamos nas primeiras fotos do The Cure apareceu pela primeira vez. Ela pertencia a um motoqueiro meio problemático chamado Arthur, que se sentia confortável o suficiente para se sentar à nossa mesa. Um dia, ele me deu a tal jaqueta de couro (por razões que não lembro), a qual tínhamos plena noção de que não era apenas uma jaqueta, era uma bandeira. Não à toa, Robert e eu nos revezávamos para usá-la. Sabíamos o poder que ela carregava.

A privação e os distúrbios na Inglaterra, típicos do final dos anos 1970, inspiravam um clima de tensão no pub. Com os hormônios e o álcool adicionados à mistura, brigas começavam com frequência, transformando o Cambridge num caldeirão de dor. Na maioria das vezes, esses confrontos aconteciam do lado de fora, diante das janelas de vidro falso, com rostos pressionados contra a vidraça, ansiosos para que o resultado fosse favorável ao seu grupo.

Esses eventos sempre terminavam do mesmo jeito: com os combatentes fugindo assim que ouviam a sirene do carro da polícia vindo da estrada. Eles geralmente corriam para o estacionamento de trailers atrás do pub e, de lá, para a liberdade. Ou assim pensavam. Muitos cometiam o erro de voltar algum tempo depois, achando que o perigo havia passado. Alguns até tentavam se disfarçar, trocando as camisas ensanguentadas. Só que a polícia ficava escondida entre as árvores, esperando os culpados retornarem. Era quase tão divertido assistir a essa cena se desenrolar quanto qualquer outra coisa.

No entanto, ainda havia a sensação esmagadora de que nada realmente mudaria, a menos que estivéssemos dispostos a mudar por conta própria.

Michael, Robert e outro garoto que eu conhecia, Marc, estavam tocando música no salão da igreja de St. Edward havia algumas semanas e me convidaram para ver uma de suas apresentações certa noite. Não havia público. Eles estavam apenas improvisando e vendo o que conseguiam criar. Já tinham um baterista. O nome dele era Graham e parecia ser um cara legal e um baterista razoável, na minha opinião. Ainda assim, eu sabia que tinha de ser eu. Aqueles eram os meus amigos, crescemos juntos e passávamos o tempo juntos. *Eu* deveria ser o baterista da banda. Felizmente, Robert e Michael sentiam o mesmo. Graham era tão tranquilo que não fez objeção alguma quando perguntei se poderia me sentar à bateria.

Eu tinha "pegado emprestado" um tambor de caixa da escola e fazia os exercícios do livro de Buddy Rich no meu quarto. Também estava frequentando aulas de bateria aos sábados, ministradas por um sujeito chamado Andy, que tocava em bandas de navios cruzeiros, como o Queen Elizabeth 2. Eu já conseguia tocar alguns ritmos simples.

Eu então me sentei e toquei com Robert, Michael e Marc. Nós nos entrosamos desde o começo. Eu tocava bateria de forma simples e direta, mas com paixão. Já Marc queria algo mais complexo, como seus heróis do jazz-rock, então acho que meu estilo não era a praia dele. Logo ele formaria a própria banda, chamada Amulet.

Restaram Robert, Michael e eu. Nós três nos conectamos de uma maneira que não havia sido óbvia nas formações que tentamos na sala de música do Notre Dame ou nas nossas outras investidas na sala da banda da St. Wilfrid's, nossa escola secundária. Sentíamos que agora finalmente tínhamos algo especial e então começamos a trabalhar seriamente no que se tornaria o The Cure.

Consegui convencer minha mãe a me acompanhar até a loja de música local, a Down Under, que ficava num porão, para comprar minha primeira bateria. Seu acabamento era horrível, um marrom dourado brilhante. Um kit básico de quatro peças com suportes muito finos, que tinham o péssimo hábito de desabar quando eu batia nos pratos. Mas naquele momento dava pro gasto. Como o kit era caro demais, minha mãe precisou ser minha fiadora, mas eu não me importei. Teria gasto tudo o que tinha para conseguir a bateria que amava na época.

Estabelecemos uma rotina de praticar nossos instrumentos na casa dos pais do Robert, três noites por semana. Quando eles recebiam visitas, nos mudávamos para o salão da igreja de St. Eddie. "Perdoe-me, Padre, pois pequei, e estes são meus pecados." Enquanto ensaiávamos no salão da igreja, notamos que havia um bar. Infelizmente, ele estava trancado, com uma tela cobrindo as garrafas de bebidas destiladas suspensas de cabeça para baixo, com bicos que precisavam ser pressionados para liberar uma dose.

Sendo adolescentes, uma solução engenhosa nos ocorreu. Pegamos um bastão longo para posicionar um dos copos debaixo do bico, que pressionamos através da tela. Depois, usando um canudo comprido feito de vários canudos interligados, conseguimos beber de graça. Gostávamos de ensaiar na St. Eddie.

4

OS GAROTOS PERDIDOS DO SUBÚRBIO

A CASA DOS SMITH, em Crawley, ficava escondida no final de uma rua sem saída arborizada que exalava a essência suburbana. Eles haviam se mudado da rua da minha avó, em Horley, alguns anos antes e agora moravam em uma das áreas mais agradáveis de Crawley. Isso parece um paradoxo, mas eles conseguiram encontrar um refúgio agradável em meio à monotonia geral da nova cidade.

A casa deles ficava em um terreno amplo atrás de uma cortina de árvores altas. Isso significava, para nossa sorte, que eles poderiam ampliá-la, caso quisessem, o que de fato fizeram no final dos anos 1970. Parecia que tínhamos chegado à maioridade no momento exato para aproveitar o espaço extra que estava sendo adicionado à residência dos Smith. Ainda acredito que os pais de Robert, Rita e Alex, planejaram isso com antecedência, percebendo o que estava por vir, e, de certa forma prevendo o futuro, nos deram nosso lugar: um galpão que nos permitiu virarmos uma banda de verdade.

O verão de 1976 foi extremamente quente. Muito antes de se pensar em aquecimento global, tivemos o verão mais escaldante do século 20 em Londres e no Reino Unido.

Quase uma década depois dos hippies, tivemos nosso próprio "verão do amor". Aprendemos a amar o que fazíamos e a formular um plano para escapar do tédio. Durante a maior parte daquele verão absurdo, eu andava na garupa da nova motocicleta Honda de Michael, grato pela brisa refrescante enquanto cruzávamos estradas estreitas rumo a um dos muitos pubs interioranos nos arredores de Horley e Crawley. Olhando em retrospecto, percebo que esses eram lugares cheios de amargura e ressentimento. De qualquer forma, passávamos a maior parte do tempo na casa dos Smith, planejando nosso próximo passo.

Se você olhasse bem para o quarto do Robert adolescente, veria, entre os objetos habituais, sinais de um futuro grandioso.

Um diminuto amplificador de guitarra Watkins Electric Music de 30 watts, preto, ficava ao lado de sua cama, servindo também como mesa de cabeceira. Era bem pequeno e discreto, mas exatamente o que ele precisava para aprender a tocar a guitarra Woolworths Top 20 que havia comprado com as 20 libras economizadas ao longo do tempo.

Os itens mais reveladores no quarto estavam alinhados em uma prateleira acima da cama. Ao lado dos livros existenciais de Camus e Sartre, ele havia montado uma coleção incomum de todos os tipos de latas que você poderia imaginar. O que parecia banal e comum na loja da esquina havia sido limpo, esvaziado e elevado à arte punk na estante do quarto de Robert. Uma exibição minimalista do cotidiano que personificava nosso anseio por escapar do subúrbio, onde itens comuns representavam simbolicamente nossa angústia adolescente e serviam como uma espécie de contraponto ilógico à violência inata e inexplicável que nos aguardava em cada esquina de Crawley. A vida ali era, por padrão, desprovida de significado, e o jovem Robert sabia disso instintivamente.

Praticávamos nossas músicas e covers na casa da família Smith e tentávamos criar composições novas três vezes por semana. Rita e Alex eram incrivelmente pacientes, pois devia parecer que moravam ao lado de uma garotinha aprendendo a tocar violino. Com a diferença de que o som era muito mais alto, especialmente depois que Robert se tornou o orgulhoso dono de um amplificador Marshall preto!

Foi um período estranho para nós. Eu havia deixado a escola aos 16 anos para trabalhar na Hellermann Deutsch (conhecida localmente como Hellermann's), em East Grinstead. Estava supostamente sendo treinado como químico para o laboratório deles, o que me permitiu estudar na Crawley College. Descobri tempos depois que eles eram muito mais do que uma empresa de eletrônicos: fabricavam peças para mísseis. Quem dera eu soubesse disso na época.

Tanto Robert quanto Michael decidiram continuar na escola até os 18 anos, tendo, mais tarde, se juntado a mim na Crawley College. Não estávamos a caminho de carreiras estabelecidas, mas vivendo uma espécie de transição entre a adolescência e a vida adulta. Dessa peculiar terra de ninguém nasceu o The Cure.

Naquele longo e quente verão, ajudei Porl e Michael a conseguirem trabalho na Hellermann's. Achei que seria melhor se estivéssemos todos juntos. Havia conhecido Porl por meio da irmã dele, Carol, com quem namorei. Eu me lembro bem da nossa primeira conversa, na casa dele, enquanto visitava Carol e tentava desesperadamente me enturmar com o irmão mais velho dela:

Eu:

– Quer uma xícara de chá? Estou fazendo um pouco.

Porl:

– Não, pois deve ser tão ruim quanto seu gosto para camisas, meu chapa!

Claro que nos tornamos amigos imediatamente. Ficávamos tão absortos falando sobre música que, não muito tempo depois, Carol terminou comigo. Afinal, eu dava pouquíssima atenção a ela e muita ao Porl! Logo descobri que ele era um ótimo guitarrista e bolei um plano para incluí-lo na banda.

Como sempre, Robert estava um passo à frente. Ele já conhecia Porl, pois o vira na única loja de discos decente de Crawley – a Cloake's, perto da Queen's Square, um calçadão banal dos anos 1950 no centro de Crawley. Anos depois, tocaríamos no pequeno coreto no meio da Queen's Square, já praticamente em fuga rápida da cidade.

Porl e Robert haviam se conectado por causa de uma gravação de sons de baleias, entre outras coisas, e pela admiração mútua pela The Sensational Alex Harvey Band (lembra do guitarrista Zal Cleminson com sua cara de palhaço maluco em "Delilah"?). Não demorou para que Porl passasse a frequentar a casa dos Smith e tocássemos juntos.

E havia outro motivo que atraía Porl: a irmã mais nova de Robert, Janet, de quem ele logo se tornou namorado. As coisas estavam se interligando rapidamente...

Para Porl, Michael e eu, o pub Felbridge, ao lado da Hellermann's, era um refúgio e conforto contra o calor na fábrica sem ar-condicionado. Lá, éramos atendidos pela linda irmã mais velha do nosso amigo Quincy, que trabalhava no pub. Sentávamos admirados a seus pés, observando-a servir canecas de cerveja com a espuma transbordando de consolo. O pub era escuro, com tons de marrom, e havia rumores de que era administrado pelos cientologistas, cuja sede ficava não muito longe, em Saint Hill. As melancólicas mas encantadoras garotas da fábrica às vezes nos distraíam, mas éramos jovens e esquisitos demais para elas, então geralmente não nos davam a mínima.

Depois de um típico inverno inglês de chuva e frio, era libertador desfrutar do sol quase constante do verão totalmente incomum de 1976. Tendo crescido sob a chuva perpétua e o clima sombrio, sempre adorei o sol. E acredito que aquele ano específico nos deu a energia necessária para criar e ser livres de uma maneira que talvez não tivesse acontecido em um verão inglês típico. Havia mais do que calor no ar.

Embora o clima político fosse terrível e nossas chances contra um futuro predestinado fossem mínimas, essa dose extra de força vital nos energizou. Foi o que nos levou a acreditar que podíamos sonhar e, se podíamos sonhar, também podíamos escapar. Qualquer coisa era possível. Um dos propósitos centrais para nós era não ter de levar uma vida normal nem ter um emprego comum. Estávamos determinados a não ser "escravos do salário". Queríamos criar nosso próprio futuro. Robert, em especial, era totalmente contra qualquer coisa que o colocasse no caminho de uma vida entediante.

Quando o orientador vocacional da nossa escola secundária, a St. Wilfrid's, perguntou que profissão ele pensava em seguir, Robert teve a ousadia de responder "pop star". E eu sabia que ele estava falando sério e que o sorriso debochado do orientador um dia desapareceria. Michael também queria estudar para ser escritor e ouviu: "Há poucas oportunidades no jornalismo. Tente administração". Em outras palavras: esqueça seus sonhos. Isso não vai acontecer para você e seu bando, os garotos perdidos do subúrbio.

De volta ao Felbridge, eu estava sentado no bar com meu jeans Levi's rasgado que antigamente era boca de sino, mas que agora, graças à habilidade da minha mãe com agulha e linha, tinha virado uma calça punk justa. Eu batia os pés distraidamente na barra de apoio do banco com meus novos sapatos *brothel creepers* pretos quando ouvi um som vindo do salão nos fundos do pub. Parecia bastante familiar, mas, ao mesmo tempo, estranhamente diferente. Era uma música como a que fazíamos na casa dos Smith, porém mais encorpada e refinada, de um jeito que eu nunca tinha ouvido antes. Claro, aos domingos, éramos frequentadores assíduos do Greyhound Ballroom, no sul de Londres, assistindo a bandas tão diversas como Thin Lizzy, Can e Stray, mas eu nunca tinha escutado algo assim tão de perto. O grupo, fosse lá quem fosse, estava ensaiando, pois parava e recomeçava para melhorar trechos da música. No meio do pub, numa tarde de semana, lá estava eu ouvindo música moderna sendo desconstruída de um jeito que nunca tinha experimentado pessoalmente antes.

A bateria, em particular, chamou minha atenção. O baterista fazia solos de vez em quando, e, entre as músicas, eu o ouvia criar viradas e batidas que só havia escutado antes em conjunto com os esforços de outros músicos. O mistério de fazer rock estava sendo desvendado diante dos meus ouvidos.

Bebia goles da cerveja gelada enquanto ouvia atentamente os tons graves que vinham de trás do balcão, até que, finalmente, o som parou e a porta se abriu, revelando os responsáveis por aquele som maravilhoso. Quando os caras entraram no bar, reconheci um deles na hora: Woody Woodmansey! Seriam então os Spiders from Mars, a famosa banda de David Bowie? Os Spiders estavam ensaiando no nosso pub? Será que o próprio Bowie também estava ali?

Descobri que, na verdade, quem estava ensaiando era a nova banda de Woody, a U-boat. Mesmo assim, senti como se tivesse sido abençoado pela realeza do rock, ganhando um passe de bastidores para ouvir como as coisas eram realmente feitas.

Uma espécie de passagem de bastão, por assim dizer, embora ele nunca tenha dito uma palavra para o grupo de adolescentes atônitos sentados no Felbridge naquela tarde ensolarada. Woody parecia majestoso em seu casaco de pele longo e vários acessórios glam enquanto cruzava a porta do pub.

– Cacete, Porl. Você viu quem era? – perguntei, de olhos arregalados.

Porl sorriu de volta para mim.

– Woody, o maldito Woodmansey, eu acho, Lol!

Por mais improvável que parecesse, interpretamos a presença de Woody entre nós como um sinal de que estávamos no caminho certo. Aquilo tinha de significar algo. Era um sinal dos deuses, sem dúvida.

Longos períodos ensolarados na Inglaterra são tão raros quanto chuva frequente no Saara. E o verão de 1976 foi exatamente assim, uma anomalia. Éramos adolescentes começando a pensar na vida adulta. Foi um verão que eu jamais esqueceria. O primeiro motivo é que finalmente tínhamos nosso próprio espaço para ensaiar, apesar das inúmeras tentativas dos vizinhos dos Smith de nos expulsarem de lá.

Certa vez, a campainha tocou e lá estava um homem de meia-idade, rechonchudo e com o rosto avermelhado.

– É o seu filho e os amigos dele fazendo barulho, não é?

– Se você se refere ao ensaio da banda, sim, são eles – respondeu a mãe de Robert.

– Bem, seja lá como chamam isso, tem de parar. Eles estão perturbando a comunidade. Não consigo nem pensar com esse maldito barulho!

Rita ponderou por cerca de um milissegundo.

– Bom, eu direi a eles para pararem de tocar quando você disser ao seu cachorro para deixar de fazer cocô no meu gramado!

E, com isso, Rita encerrou o assunto fechando a porta com firmeza, tornando-se assim a primeira defensora do The Cure. Claro, o vizinho tinha razão: estávamos de fato perturbando a vizinhança, mas essa era justamente a nossa intenção desde o princípio.

No meio daquele verão escaldante, Alex e Rita Smith decidiram sair de férias, deixando Robert no comando da casa e de tudo mais. Uma decisão meio imprudente, se pensarmos bem.

Eufóricos com as circunstâncias, nós não demoramos a entrar em ação. Sabíamos exatamente o que faríamos em seguida: acampamento da banda!

Com a faculdade em recesso e eu tendo acumulado alguns dias de folga na Hellermann's, bastaria um planejamento cuidadoso para podermos passar ao menos uma semana ensaiando. Uma semana ou mais de pura felicidade para nós.

Do lado de fora, o termômetro chegava perto dos 32°C – uma temperatura inédita na Inglaterra. Abandonamos o anexo abafado para nos instalar na sala de jantar dos Smith, onde havia uma brisa mínima que atravessava a casa e refrescava os ensaios. Muitos cabos serpenteavam pelo chão da sala, enquanto conectávamos tudo que possuíamos para fazer o máximo de barulho possível. Ligar todos os instrumentos levava tempo, mas o resultado era, sem dúvida, gratificante. Havíamos comprado um pedal verde da Roland, pelo qual passávamos todos os vocais para dar ao som um toque que achávamos bem profissional.

Como o calor era intenso, eu ficava só de shorts e camiseta para tocar bateria. Descobrimos também que aquela temperatura exigia que consumíssemos uma quantidade enorme de líquidos para nos mantermos hidratados. Isso obviamente significava que tínhamos de fazer incursões frequentes ao pub local durante as pausas nos ensaios.

O pub Grey Fox tinha aquela atmosfera familiar a qualquer habitante da Inglaterra do final dos anos 1970. Só o fato de termos a ousadia de entrar no pub já era suficiente para enfurecer um dos bêbados locais. Eles eram, na maioria, homens de meia-idade com olhos turvos, cuja luz estava extinta há anos, e que agora buscavam intimidar e agredir aqueles que cruzassem seu caminho. Ou seja, qualquer indivíduo que eles não conhecessem. Eram caras que não tinham muitos amigos.

Um homem alto de rosto vermelho, tocando gaita de boca de forma desastrosa, afastou o instrumento dos lábios assim que entramos. Ele virou a cabeça e, com um olho semicerrado, procurou alguém que pudesse se ofender com sua inaptidão musical.

– O que vocês estão olhando, porra? – rosnou.

Se alguém fizesse contato visual, ele arremessava violentamente seu copo no chão ou, de modo mais espetaculoso, na parte espelhada atrás do bar, começando a brigar com qualquer um ao alcance. Nós ficávamos bem longe. Ele era como um macaco enjaulado, entretendo uma plateia que existia apenas em sua cabeça. Sim, havia muitos exemplos das pessoas que definitivamente não queríamos ser nos pubs de Crawley no verão de 1976.

Atravessei o salão acarpetado e saí para o pátio lá fora. Fazia tanto calor havia tanto tempo que quase tínhamos esquecido como era a Inglaterra em seus dias normais.

Esse era um país lamentavelmente despreparado para um verão como o de 1976. Não havia sistemas de ar-condicionado dignos de nota, da mesma forma que instalações para fazer gelo eram raríssimas. Nós suávamos noite após noite, dia após dia.

O asfalto nas ruas parecia um rio negro derretido. Crianças furtavam ovos da geladeira para jogá-los no chão e assistir enquanto fritavam ao sol.

Éramos adolescentes desajeitados, começando a nos acostumar com nosso corpo e nossa mente ainda não completamente adultos. E, como muitos jovens, estávamos tentando encontrar nosso caminho em meio à confusão de informações conflitantes.

Passamos muitos dias daquele verão no pátio dos Smith, olhando para as galinhas do Guru, que cacarejavam no fundo do jardim. Na maior parte do tempo, tocávamos discos da coleção dele ao ar livre num pequeno aparelho portátil, de onde extraíamos diversas verdades sobre a história do rock'n'roll e experimentávamos diferentes estilos. Foi nessas circunstâncias que certos elementos do que viria a se tornar a sonoridade característica do The Cure começaram a surgir. E alguns deles certamente surpreenderiam as pessoas. Por exemplo, um dos LPs que a gente tocava constantemente naquele verão era o segundo álbum do Mahavishnu Orchestra, *Birds of Fire*. Também havia *Cry Tough*, de Nils Lofgren, e os tradicionais pilares do rock britânico, como Pink Floyd, The Beatles e The Rolling Stones. Todos nós tínhamos nossos favoritos. Lembro que Robert gostava particularmente de *Trout Mask Replica*, do Captain Beefheart. Éramos devotos de grande parte do que viera antes de nós, saqueando o precioso catálogo histórico de rock do Guru.

Mais do que tudo, compartilhávamos uma aversão geral pelas músicas pomposas que se disfarçavam de "progressivas" e que pareciam completamente distantes da nossa formação em Crawley. Não conseguia imaginar os Moody Blues enfrentando batalhas com os skinheads racistas nas ruas de sua cidade natal. Por outro lado, os caras eram de Birmingham, então vai saber...

À MEDIDA QUE AS FÉRIAS DOS SMITH avançavam, passávamos cada vez mais tempo aperfeiçoando nosso som na sala de jantar deles. Eu tinha minha bateria Pearl Maxwin, a primeira, e a adorava. Além do Marshall mencionado anteriormente, Robert havia adquirido uma guitarra Gibson Explorer marrom – uma cópia, é claro, já que nenhum de nós podia comprar o modelo original naquela época. Amplificação britânica e guitarra estadunidense: o setup clássico do rock'n'roll. Michael completava o arsenal com um baixo Guild marrom, enquanto Porl tinha a réplica de uma Les Paul preta. Estávamos prontos para fazer muito barulho. E fizemos. Entre as músicas, bebíamos a cerveja artesanal caseira dos Smith e, às vezes, fumávamos Gitanes que vinham naquela bela embalagem azul. Quando a fome batia, comíamos *fish and chips* na banca local.

Era uma época maravilhosa, sem artifícios nem pretensões. Estávamos descobrindo nossa arte. A vida era muito simples e pura.

Robert e eu nos preparávamos para os ensaios invadindo o quarto do Guru, quando ele não estava por perto, e ouvindo algumas músicas.

Ele estava conferindo os discos na prateleira quando me perguntou se eu já tinha ouvido "Hit the Road Jack", de Ray Charles.

– Não, acho que não.

Robert então colocou a música no toca-discos caro do Guru. Ouvimos atentamente por alguns minutos.

– Muito incrível, não é? – disse ele com um sorriso.

– É brilhante! – concordei.

Ficamos embasbacados com o poder daquele riff de piano. Gênio total.

Você precisa lembrar que, no final dos anos 1970, não havia Internet para nos ensinar a formar uma banda. Também não existiam programas de TV úteis para nos mostrar o caminho. Não crescemos em uma cidade grande onde pudéssemos seguir o exemplo de outros. Estávamos por nossa conta, o que acabou se provando uma bênção. Foi possível desabrocharmos sozinhos, com menos influências externas do que a maioria das bandas da nossa era. Se estivéssemos no centro de Londres, por exemplo, tenho certeza de que nosso som teria saído de uma forma muito diferente.

O lugar onde crescemos foi tão importante quanto qualquer outro elemento que tenha influenciado a sonoridade do The Cure. Para começar, havia a natureza uniformemente monótona das novas cidades pós-Segunda Guerra Mundial, que reuniam o excedente populacional de uma Londres destruída pelas bombas com os moradores das zonas rurais de Surrey e Sussex. E também havia os manicômios.

Vários hospitais psiquiátricos operavam na nossa região, principalmente porque estávamos próximos a uma grande população que necessitava de seus serviços. Essas instituições ficavam escondidas no agradável interior do sul da Inglaterra, onde havia mais espaço para elas.

Embora existissem instalações de alta segurança, como Cane Hill (onde o meio-irmão de David Bowie foi paciente por um tempo antes de escapar e cometer suicídio), também havia lugares mais aprazíveis, como Netherne. Em 1948, Eleanor Roosevelt visitou Netherne e declarou:

– Os Estados Unidos têm muito a aprender com um hospital como Netherne.

Foi a primeira instituição a oferecer terapia artística para seus pacientes, o que significava uma abordagem radical para a época, acostumada a oferecer apenas sedação pesada ou lobotomia para tratar problemas mentais extremos.

Aos sábados, alguns dos pacientes menos perturbados podiam pegar um ônibus e vir à nossa cidade, onde os encontrávamos vez ou outra. Eram pessoas estranhas, com um olhar perdido. Na maioria, homens que usavam os casacos sobre a cabeça, como se quisessem se proteger do mundo exterior. Eles vagavam pelas ruas como fantasmas ou passavam a tarde toda curvados sobre uma xícara fria em uma casa de chá local. Suspeito que muitos fossem o que hoje chamaríamos de vítimas de transtorno de estresse pós-traumático da Segunda Guerra Mundial, mas, naquele período, não havia tratamento real além da institucionalização permanente. Nossa conexão com esse mundo insólito acabou ficando mais forte quando Michael conseguiu um emprego como porteiro em Netherne.

Embora tivéssemos idade suficiente para ir a Londres sozinhos e explorar as ruas da capital, a viagem de 70 quilômetros ainda era difícil sem uma autoestrada. O trajeto levava duas horas ou mais, passando por várias cidades pequenas na A23, sempre congestionada e lenta por causa da lama. Às vezes, íamos de trem, mas quase sempre eu pegava carona na garupa da moto de Michael. Isso significava que, geralmente, ficávamos pela nossa área local, nos contentando com os pubs habituais antes de voltar para o santuário da casa dos Smith e nossas descobertas musicais.

Uma noite, decidimos ir até os gramados verdejantes de Netherne para uma festa. Prometia ser um desvio interessante da nossa rotina de sábado à noite no Cambridge. Todos nós nos amontoamos no novo carro de Robert, um pequeno Vauxhall Chevette azul, que talvez tivesse o mesmo nome do carro estadunidense, mas pouco se parecia com ele. Era um hatchback de motor pequeno, no qual mal cabiam quatro pessoas.

Robert teve acesso a vários carros na adolescência, muito por conta do trabalho do pai. Sempre havia veículos encostados da frota de representantes da Upjohn. Costumavam ser bem desgastados, tendo percorrido o país várias vezes nas mãos dos representantes farmacêuticos, mas, para adolescentes, eram o meio perfeito para nos tirar da monotonia da nossa cidade.

A festa seria realizada em uma das residências dos enfermeiros, dentro da propriedade do hospital. Em circunstâncias normais, parecia um pouco intimidador, mas a promessa de emoção e uma mudança na rotina nos atraíram para o local.

Dirigimos cerca de 30 quilômetros ao norte até o Hospital Netherne. Como ficava mais próximo de Londres, naturalmente o associávamos à excitação e à ação, como fazíamos com quase tudo que vinha da capital. Éramos garotos suburbanos de classe média para quem a cidade representava um novo mundo a ser explorado. Até mesmo um antigo hospital gótico na periferia daria para o gasto.

A festa foi sem graça e nada memorável. Um evento monótono, com muita bebida e pouca conversa. Além de não conhecermos ninguém, nossas roupas punk destoavam dos trajes dos outros convidados. Enquanto eles ainda estavam presos à cultura disco, nós usávamos calças estranhas compradas em brechós e suéteres de lã felpuda que convencemos nossas mães a tricotar. Eu estava vestido com um blusão preto cheio de buracos grandes e as já mencionadas calças de brechó. Os moradores locais nos olhavam com uma espécie de raiva apática, e evitaram falar com a gente na maior parte da noite. Digo "na maior parte da noite" porque às vezes tentavam interagir, mas não eram simpáticos.

– Que roupa é essa? – gritou um dos valentões debochados arrancando risos de seus amigos. – Parece um saco de trapos! Vocês são viados ou o quê?

Normalmente evitávamos responder a provocações desagradáveis. Não porque não quiséssemos mandar todo mundo à merda, entenda, mas sabíamos instintivamente que isso quase sempre levaria a uma briga.

E também, sendo minoria, não teríamos vantagem alguma. Então mordíamos a língua e ignorávamos os insultos.

– Vocês só podem estar drogados para se vestir assim! – foi o argumento final deles. Para esses caras, se você não se parecesse com eles, só podia ser homossexual, drogado ou ambas as coisas. Babacas estúpidos.

Curiosamente, mal sabíamos o que eram drogas ou o que elas representavam. Éramos, na verdade, apenas crianças. Todos na festa ficaram muito bêbados, inclusive nós. Dizem que cerca de 80 por cento da população da Inglaterra bebe – e posso atestar essa estatística com base naquela noite.

Robert, Michael e eu cambaleamos até o Chevette azul-claro. Em meio à névoa do pensamento ébrio, lembro que a conversa foi mais ou menos assim:

– Acho que não devo dirigir agora. Estou mais do que bêbado!

Michael disse que também não tinha condições de dirigir. Eu não sabia dirigir e só aprenderia muitos anos depois. Com os dois únicos motoristas habilitados fora de ação, ficamos um tanto perdidos sobre como voltar para casa naquela noite. Como eu ainda não havia tirado a carteira, não me deixariam dirigir mesmo que eu soubesse. E nós éramos ainda (no fundo de nossos corações) bons meninos de classe média, cumpridores da lei.

– E se dormirmos aqui na grama? – sugeri.

Então alguém propôs dormirmos no carro até passar a bebedeira. Olhando para o pequeno espaço do Chevette, parecia um pouco desconfortável, mas não tínhamos muita escolha. Sem dinheiro para táxi ou hotel, nossa única alternativa era esperar até ficarmos sóbrios. Já havíamos tido nossa cota de encontros com a polícia, pois morávamos ao lado do segundo aeroporto de Londres, o Gatwick. Em função disso, existiam bem mais policiais nas ruas locais do que o habitual para uma cidade suburbana como a nossa. E, como eles não tinham muito o que fazer, passavam bastante tempo importunando os jovens da região, ou pelo menos era o que nos parecia.

Então Michael teve uma ideia. Como ele trabalhava no hospital, conhecia um lugar seguro para a gente se esconder até ficarmos sóbrios.

– A ala do hospital que fica no meio do campo! – disse. – É bem tranquila e ninguém vai lá à noite. Dá para estacionar perto da plantação de feijão até podermos ir pra casa.

Fiquei um pouco receoso de passar a noite num hospital psiquiátrico.

– Hum, todo mundo fica trancado à noite, né?

Michael me garantiu que ficaríamos bem. Robert e eu então pegamos mais umas cervejas que tinham sobrado da festa e discretamente dirigimos até a ala do hospital ao lado do que era basicamente uma grande horta onde os internos do hospital podiam ajudar a cultivar parte dos alimentos necessários para os pacientes e a equipe.

Nós nos acomodamos ao lado das couves-de-bruxelas, conversando e bebendo um pouco mais, até que rastejamos para os assentos do carro, com a pálida luz da lua reluzindo levemente através das nuvens no para-brisa empoeirado. Tentamos nos acomodar no espaço apertado do Chevette. Era um pouco como aqueles velhos concursos em que 30 pessoas entram em um Fusca, mas, neste caso, eram apenas *three imaginary boys*, três garotos imaginários, bêbados. Finalmente, pegamos no sono, ou melhor, aconteceu uma espécie de sedação causada pelo álcool.

Acho que meu pé foi o primeiro a adormecer, pois estava preso sob o banco da frente e pressionado por uma barra de metal. Tive aquela sensação de formigamento insuportável, então o movi de leve para aliviar o incômodo. É a última coisa de que me lembro.

O INTERIOR DO CARRO TINHA AQUELE BRILHO pálido da manhã, familiar para qualquer pessoa que já tenha passado a noite dormindo fora. Aquele momento em que você não tem certeza se a manhã está realmente chegando, mas, na verdade, não consegue é acreditar que ela já chegou. As janelas estavam embaçadas pela nossa respiração, então limpei um pequeno pedaço no vidro e notei que estávamos sob os galhos pendentes de uma árvore, que gotejava com o sereno da madrugada.

Um novo dia. Comecei a sentir meus braços e pernas no interior frio do carro à medida que eu tentava me esticar um pouco mais. Robert estava esparramado nos bancos da frente com uma expressão quase beatífica no rosto adormecido, enquanto Michael estava encolhido em seu casaco do outro lado. O ambiente tinha o cheiro característico de mil manhãs de domingo na adolescência – uma mistura de cerveja velha e tabaco – pairando no ar dentro do carro velho conforme todos íamos despertando aos poucos.

A princípio, achei que um galho pendente da árvore tivesse nos atingido. O som foi alto e assustador. Olhando para cima, vi que, na verdade, era uma mão grande e achatada pressionada contra o vidro. Logo depois, outra mão e mais outra e outra. De repente, umas seis mãos diferentes estavam batendo contra o carro. Ao limpar o vidro embaçado, olhamos para fora na penumbra da manhã. Rostos! E então um som gutural baixo enquanto as mãos continuavam a bater nos vidros.

Era o primeiro turno de internos, que tinham notado as marcas de pneus que levavam diretamente até a árvore. Sim, fomos discretos ao chegar na noite anterior ao local, mas não percebemos as condições lamacentas do solo. O que parecia é que simplesmente havíamos derrapado na entrada do hospital e batido na árvore ao lado das fileiras reviradas de repolhos e couves-de-bruxelas.

Rapidamente limpamos parte dos vidros embaçados para ver melhor. Isso permitiu que os pacientes reparassem que havia pessoas dentro do carro, o que os aturdiu e os deixou inquietos. Para eles, aquilo era algo diferente e perturbador. Então um deles pegou um repolho grande e o atirou na direção do Chevette.

Nesse momento, a voz rouca de Robert finalmente se fez ouvir:

– Merda! Vamos cair fora daqui!

Ele deslizou para o banco do motorista e girou a chave do Chevette. O carro pegou, o que me surpreendeu, considerando quão velho era.

Essa movimentação acabou assustando os internos, que começaram a se afastar do veículo. Percebendo que nossas chances de escapar eram limitadas, Robert acelerou.

– Droga! – gritou. – As rodas estão patinando na lama!

Parecia que ficaríamos presos ali, com os internos do hospital psiquiátrico prestes a nos matar de tanto atirar repolhos por termos perturbado o equilíbrio delicado da manhã deles. Então finalmente as rodas ganharam tração, nos levando rumo à liberdade. Com o carro encontrando mais aderência no solo encharcado, logo estávamos sacolejando pela trilha irregular até o portão da ala, saindo enfim da horta. Seguramos a respiração até passarmos pela guarita na entrada principal e chegarmos à A23, de volta à civilização.

– Então não havia perigo real lá atrás? – perguntei a Michael após percorrermos alguns quilômetros naquele começo de manhã, já longe do hospital no campo.

– Não, eles não são como o pessoal de Cane Hill, Lol. São apenas deprimidos ou confusos, enviados para cá para se recuperar no bucólico campo inglês.

Suspirei aliviado e me recostei no banco de trás do Chevette. Pelo retrovisor, vi o rosto sorridente de Robert e começamos a rir.

– Caramba, você não conseguiria escrever uma história dessas! – exclamei. Então o carro se encheu com nossa risada adolescente e empolgação juvenil que, de alguma forma, conseguíamos encontrar naquele lugar tão monótono e tedioso em que vivíamos.

Já fazia algumas semanas que os pais do Robert estavam fora quando nos demos conta de que eles poderiam voltar para casa a qualquer momento. Então decidimos fazer uma pequena festa, imaginando que poderíamos arrumar tudo no dia seguinte. Por alguma razão que ainda não entendo, decidi dormir nu sob o tapete persa na sala dos Smith.

Fazia muito calor. Eu estava bêbado. As ideias mais absurdas sempre parecem boas quando você é um adolescente com muito álcool na cabeça.

A luz do sol começava a atravessar as cortinas da sala de estar e, como era verão, havia um tom quente na iluminação. Foi uma estação que superou todas as expectativas, deixando muitos braços e pernas antes tão pálidos quanto porcelana gradualmente bronzeados com aquele sol e calor tão incomuns. Shorts e camisetas eram o traje do momento – exceto quando eu resolvia dormir sob um tapete, aparentemente. Enquanto eu começava a recobrar os sentidos e a refletir sobre minha posição no chão, ouvi:

– Esta casa está com cheiro de banheiro sujo!

Era a voz inconfundível de Rita Smith, que atravessava a porta e me atingia na cabeça com sua repulsa. Não acho que eu tenha me movido tão rápido antes ou depois daquele flagrante.

Eu me levantei do chão e vesti a bermuda num piscar de olhos, chegando em poucos passos até as portas francesas semiabertas da sala de jantar. Corri para o quintal e me escondi atrás das galinhas do Guru, que cacarejavam e ciscavam alegremente sob a suave luz matinal.

Naquele momento, percebi que estava sem camiseta e sapatos – que deveriam estar jogados no sofá ou debaixo do tapete, improvisados como travesseiro. Meu Deus, Rita vai vê-los e ligar os pontos, com certeza! Não tinha mais para onde fugir, preso na extremidade da propriedade. Eu me sentei ali recuperando o fôlego e ouvi sons de... risos!

Da minha posição atrás do galinheiro, espiei com cuidado e vi Robert segurando minha camiseta e meus sapatos nas mãos, perto das portas francesas. Ele gesticulou para mim e eu peguei as roupas com gratidão.

– O que falaram? – sussurrei.

– É melhor não ensaiarmos hoje, mas acho que vai passar – respondeu ele.

Os Smith nunca deixaram de me surpreender como pais. Se os meus tivessem encontrado a bagunça que deixamos, o caos teria sido total, mas Alex e Rita não eram meus pais. E Robert tinha razão: o incidente nunca foi mencionado novamente.

O verão transformador de 1976 continuou até o outono começar a dar seus primeiros sinais. Em breve, seríamos forçados a voltar à rotina de normalidade da qual tanto tentávamos escapar. Porl e eu retornaríamos ao trabalho, Michael e Robert à faculdade. E isso definitivamente não nos agradava muito.

– Quero dizer, não é o que quero fazer da minha vida, sabe? – disse Robert.

Estávamos sentados nos Milton Mount Gardens, um pequeno parque perto da casa dos Smith. Só nós dois. Era tarde da noite. Tínhamos decidido, por impulso, ir até lá com algumas garrafas de cerveja artesanal do pai dele – a mistura totalmente inebriante que Alex Smith tinha aperfeiçoado ao longo de muitos anos de experimentação. Só queríamos aproveitar aqueles últimos dias de verão enquanto podíamos, antes que a horrível realidade nos interrompesse mais uma vez.

– Parece mesmo inútil trabalhar como escravo em algum emprego pelo resto da vida e, então, simplesmente morrer – comentei.

Eu tinha visto isso acontecer com meu pai. Para mim, ele não parecia estar vivo, era apenas uma máquina de comer e dormir que não tinha muito propósito na vida além de trabalhar e ir ao pub. Não era o futuro que eu queria para mim. Parecia que ele não estava vivendo, apenas existindo.

Ainda fazia calor. Os jardins escuros do parque estavam completamente vazios, exceto por nós dois e pelos pássaros que viviam entre os juncos do pequeno lago. Cientes de nossa presença, eles faziam sons de alerta para nos afastar.

Tínhamos levado um violão e um par de bongôs, então nos sentamos na grama com as pernas cruzadas. Robert com o violão acústico no colo e eu com os bongôs à minha frente. Tipo T. Rex ao vivo na BBC. Ou algo do gênero.

Após nós dois tomarmos longos goles da cerveja artesanal, Robert começou a dedilhar suavemente as cordas de náilon. Eu escutava com atenção a cadência dos acordes que ele tocava, peguei o ritmo e comecei a acompanhá-lo. Juntos, criamos uma espécie de mantra musical rudimentar ali no parque, tarde da noite. Eu estava enfeitiçado pela música; e o calor e a bebida ajudavam. Senti como se pudéssemos ficar ali para sempre tocando na brisa morna da noite. Robert começou a cantar baixinho, palavras ou talvez apenas sons que pareciam palavras enquanto curtíamos o momento no parque escuro. Não parecia grande coisa. Depois de um tempo, paramos e deitamos na terra macia olhando para o céu estrelado acima das copas escuras das árvores. Não me lembro de termos dito nada. Não precisava. Sabíamos o que queríamos.

5

THE ROCKET

CONSIDERO QUE O PRIMEIRO SHOW que fizemos como a banda que se tornaria o The Cure aconteceu em 20 de dezembro de 1976. Uma apresentação do Malice na nossa antiga escola secundária, a St. Wilfrid's. É verdade que já tínhamos feito algo parecido alguns dias antes na galeria de menestréis da Abadia de Worth para a festa de Natal da Upjohn e uma performance meio estranha em 1973 como The Obelisk, mas esse foi *realmente* nosso primeiro show.

Havíamos escolhido uma figura bem improvável, chamada Martin Creasy, como vocalista. Ele trabalhava num jornal local, então achamos que ele poderia conseguir uma resenha para nós. Não sei se ele conseguiu. O que lembro é que ele fazia uma ótima imitação de David Cassidy.

Consegui convencer minha mãe a comprar um macacão preto com tachas para eu usar naquela noite. Eu tinha visto fotos de bateristas vestindo algo assim, então parecia adequado. Planejava completar o visual com uma maquiagem preta ao estilo de Alice Cooper. Eu adorava o Alice.

Sentado no espaço pequeno do camarim da escola, trajando meu macacão, eu segurava um lápis de olho preto na mão, mas, por mais que tentasse, não conseguia o resultado que desejava. Essa coisa de rock era mais difícil do que parecia.

A namorada de Robert, Mary, estava lá. Eu a conhecia bem, já que estávamos todos na mesma turma no colégio, então pedi que ela me ajudasse a aplicar as linhas pretas, o que ela fez. Tenho certeza de que ficou maravilhoso e exatamente como eu queria, mas ainda bem que não existem fotos daquele dia.

O show teve início com nossos amigos Steve Forrester e Peter Doherty (não confundir com Pete Doherty) abrindo lentamente as cortinas e acendendo as luzes do palco. Começamos com "Jailbreak", do Thin Lizzy, e então Martin Creasy apareceu ao lado do palco vestindo um terno marrom de três peças! Nada rock'n'roll. Ele não durou muito como nosso vocalista. Era um cara legal, mas não combinava com a gente.

Foi um show adequadamente tenebroso para a nossa primeira apresentação séria. Tínhamos algumas "músicas triplas". Na época, gostávamos de compor músicas como trípticos por algum motivo. E até cantei minha música de festa, "Wild Thing". Foi um desastre, na verdade, e eu pensei: "Bem, é isso, então!". Mas não foi.

Certa noite daquele inverno, durante um ensaio da banda, Michael, Robert e eu estávamos sentados à mesa da cozinha. Porl estava no quarto da Janet.

Eu folheava casualmente o *Melody Maker* enquanto tomava uma xícara do melhor chá de Rita Smith. ("Sem açúcar, Laurence, isso faz mal para você.")

Tínhamos chegado a um tipo de impasse com nossas músicas. Nós não sabíamos bem para onde ir com elas, mas estávamos abertos a explorar as novidades do punk. Vivíamos um clima de inquietude. Vi então um anúncio de um show dos Stranglers num clube perto de nós, o Red Deer, em Croydon, sul de Londres.

– Por que não vamos ver isso? – perguntei.

Robert ergueu os olhos do livro que estava lendo.

– Ver o quê, Lol?

– Os Stranglers vão tocar hoje à noite. No Red Deer. Deveríamos ir. Melhor do que ficar aqui sentado. Eu consigo os ingressos se alguém dirigir.

Eu tinha um emprego, podia comprar os ingressos.

– Tudo bem, mas só se eu dirigir na ida e o Michael na volta – disse Robert, de repente se animando um pouco com a ideia de tomar uns tragos e assistir aos Stranglers. Michael concordou em ser o motorista da volta. Ele não gostava tanto de beber durante a semana como Robert e eu.

Acho que aquela apresentação no Red Deer foi o primeiro show punk que fomos juntos. Mary também foi conosco. Já Porl recusou, preferindo ficar na casa dos Smiths com Janet. Punk não era muito o estilo do Porl.

Quando chegamos lá, o lugar estava repleto de todos aqueles punks londrinos dos quais tínhamos ouvido falar e visto na TV e nos jornais, mas nunca ao vivo. Cabelos espetados e alfinetes de segurança por toda parte!

Robert e eu abrimos caminho entre os vários tipos de punks até a frente do palco. Dançamos o show inteiro. Michael, muito sensato, ficou longe do bar. Ele iria dirigir, então não podia ficar tão alegremente bêbado e alucinado como Robert e eu.

Vi a expressão de admiração no rosto de Robert.

– Isso, sim, é legal! – gritei sobre a música alta. Tínhamos encontrado um ponto de partida. Podíamos ver uma maneira de sair dos arredores monótonos de Crawley e fazer música de verdade, empolgante e viva, bem aqui e agora.

Mais ou menos um mês depois, os Stranglers tocaram na nossa faculdade. Nessa ocasião, subi ao palco e dancei com J.J. Burnel, o baixista do grupo. Como resultado do porre que tomei, cheguei em casa sem um sapato. Eu tinha uma nova fonte de álcool (quase puro) do laboratório do trabalho. Levava uma garrafinha comigo aos shows e despejava num copo de cerveja, que ficava com teor alcoólico semelhante ao de um copo de uísque. As pessoas ficavam chocadas com o quanto eu ficava bêbado após uma cerveja. Se ao menos soubessem. Mas, mesmo sem beber, eu ficaria enlouquecido de entusiasmo. Estava apaixonado pela energia e pela euforia em estado puro do novo som punk. Aquilo me incendiava por dentro, pois era óbvia a minha identificação com o que eles cantavam sobre alienação e desejo de mudança. Algo tinha de mudar! Isso eu entendia. O punk falava comigo de maneira tão eloquente quanto qualquer coisa que eu já tivesse lido. De algum modo, eu simplesmente sabia que era o que me impulsionaria para longe daquele lugar. Tinha plena noção de que seria a chave para uma vida mais emocionante e com algum significado. Não tinha nada a perder ao seguir esse caminho. Ficar em Crawley significaria morrer lá, provavelmente mais cedo do que tarde. E minha vida tinha de ser algo mais do que isso, não é?

Comecei a comprar os singles que Ric Gallup trazia de Londres para sua loja em Horley e pegava os novos discos punk que saíam toda semana. Mudei minhas roupas para me ajustar à cena. Calças retas de brechó e botas pontudas. Queria que o mundo soubesse que eu tinha encontrado o caminho, que era um verdadeiro convertido.

Depois de algumas tentativas frustradas de encontrar um vocalista adequado (Gary X, alguém?), acabamos cooptando nosso amigo Peter O'Toole (não, não *aquele* Peter O'Toole) para os vocais. Ele era fã de Bowie e um ótimo jogador de futebol. Ambas eram qualificações pertinentes para ser nosso cantor.

Robert havia visto um anúncio no *Melody Maker* da Hansa, uma gravadora alemã que estava procurando bandas inglesas. Depois de enviarmos uma fita e uma foto, eles nos convidaram para uma audição no Morgan Studios, em Londres.

Quando chegamos ao estúdio, disseram:

– Apenas fiquem perto dos instrumentos e toquem suas músicas, rapazes. Vamos filmar vocês agora, tudo bem?

Aquilo nos pareceu meio estranho – eles não queriam gravar nossas músicas também? Não importava, fizemos o que pediram e tocamos duas ou três faixas enquanto eles capturavam todas as imagens que queriam. Não sabíamos muito bem o que esperar, mas era empolgante pensar que talvez tivéssemos a chance de gravar um disco.

Do fundo escuro do estúdio, uma voz com sotaque estadunidense disse:

– Muito bem, rapazes, isso foi ótimo. Só mais algumas tomadas sob essas luzes aqui, por favor.

Era Steve Rowland, responsável por encontrar novos artistas para a Hansa. Voltamos para casa meio intrigados com todo o processo, mas, como completos novatos, não tínhamos motivo para pensar que aquele não fosse o método normal para "conseguir um contrato com uma gravadora".

Alguns dias depois, recebemos uma ligação:

– Parabéns! Decidimos contratar vocês para nosso selo!

Foi uma surpresa! Não esperávamos que fosse acontecer tão rápido. Aparentemente, nós, junto à banda Japan, de David Sylvian, tínhamos sido os escolhidos no teste. Ficamos maravilhados.

Se a audição fora estranha, as coisas logo ficaram ainda mais esquisitas. Eles nos enviaram várias músicas antigas para regravar, como "The Great Airplane Strike" e "I Fought the Law", e depois nos reservaram um estúdio com um produtor renomado. Não fazia sentido para nós gravar músicas de outras pessoas. Enviamos fitas cassete com nossas próprias composições, que eles ignoraram. Isso também nos pareceu estranho. Eles não gostavam da nossa música? Era um sinal de alerta, como descobriríamos em breve.

Finalmente conseguimos um show no Rocket, em maio de 1977.

Como agora todos nós tínhamos 18 anos, Fred, o dono do Rocket, não infringiria as leis de trabalho infantil ou algo do tipo. Ele era um cara esperto.

Na verdade, ele não nos chamou diretamente. A banda do nosso amigo e ex-guitarrista do Malice, Marc Ceccagno, a Amulet, não poderia fazer o show que havia marcado no Rocket. Então, percebendo uma oportunidade de nos apresentar para um público real, liguei para o Fred.

– Hã, oi... é do Rocket Public House?

O telefone foi atendido pelo próprio Fred, com uma voz que presumi ser a que ele costumava usar para os cobradores.

– Fred? Ouvi dizer que o Amulet não pode tocar no pub esta semana. Eles estão bastante resfriados e pediram que a gente substituísse a banda.

Fred parecia um pouco desconfiado.

– E como é o nome da banda de vocês?

– Easy Cure.

Nós literalmente tiramos o novo nome da banda de uma cartola. Após nosso desastre no St. Wilfrid's, parecia uma boa ideia mudar de nome, mas não conseguíamos entrar num acordo. Até que Robert encontrou uma solução. Ele tinha visto algo sobre Bowie ou William Burroughs cortando frases de seus escritos em tiras e reorganizando-as para criar novos textos ou letras de músicas. Então recortamos partes de nossas próprias letras e as colocamos dentro de um chapéu. O primeiro fragmento que puxássemos seria o nome da banda. Parecia democrático e punk ao mesmo tempo.

Nós nos sentamos no pequeno corredor da casa dos Smith, perto do harmônio que às vezes usávamos para os sons trípticos que estávamos compondo.

– O primeiro pedaço de letra que tirarmos será o novo nome da banda, certo? – perguntou Robert.

– Pra mim, tá ok – respondi.

Robert colocou a mão no chapéu e puxou um pedaço amassado de papel branco.

– O que está escrito? – Michael e eu perguntamos.

– Easy Cure – respondeu Robert, meio desapontado por um de seus fragmentos não ter sido o escolhido. "Easy Cure" vinha de uma letra inacabada de minha autoria.

– De qualquer forma, o que é justo é justo, então vai ser Easy Cure! – pensei alto.

No entanto, mais tarde, Robert conseguiria o que queria, pois mudaríamos para The Cure, que ele achava mais punk e mais *moderno* do que Easy Cure, que soava meio hippie.

Eu não pude discordar. Queria que fôssemos mais punk de qualquer maneira.

– Então, que tipo de música o Easy Cure toca? – questionou Fred.

Entrei em pânico. Não tinha pensado nisso. Apenas escrevíamos músicas baseadas em nossas experiências e reflexões. Não pensávamos muito sobre rótulos, embora certamente fôssemos influenciados pelos grupos punk que víamos sempre que possível. Fora os Stranglers no Red Deer e na faculdade de Crawley, vimos Buzzcocks no Lyceum.

– Bem, temos algumas músicas autorais e alguns covers populares – arrisquei.

– Eles gostam de ouvir algo que conheçam, então toquem algo que conheçam – disse Fred, insistindo nesse ponto. – Estejam aqui às seis horas da tarde, comecem a tocar entre 18h30 e sete horas. Vocês tocam dois sets e têm de terminar antes da última rodada, às 22h30.

Até hoje não faço ideia de quanto nos pagaram. Provavelmente nem prestei atenção. Estava feliz demais por conseguir nosso primeiro show remunerado de verdade!

E assim começou. Ganhamos experiência no Rocket tocando no início para os frequentadores regulares e, gradualmente ao longo de mais ou menos um ano, para públicos mais variados da região, conforme a novidade se espalhava.

É claro que tivemos de tocar alguns covers, como Fred havia previsto. "Locomotive Breath", do Jethro Tull, transformada completamente em uma versão punk, ao deixarmos de lado a longa introdução de piano e a flauta (!), foi uma das que lembro que os frequentadores mais velhos do Rocket particularmente gostavam.

Aos poucos, refinamos nosso repertório para incluir mais músicas autorais, apertados naquele pequeno palco no canto do pub. Foi ali que aprendemos o que toda banda deve aprender se quiser se estabelecer como uma banda de verdade.

Aprimoramos os sinais sutis entre nós para garantir que as músicas tivessem o som certo e que o show mantivesse intensidade e energia. Aprendemos a ter presença de palco naquele espaço minúsculo ao longo do ano, entre os momentos em que assistíamos a algumas das melhores bandas da revolução punk.

Tocamos cerca de 13 vezes no Rocket. Parecia que estávamos lá com tanta frequência que éramos praticamente a banda residente. A cada show, mais pessoas apareciam, e fomos ganhando confiança à medida que ajustávamos nosso som.

No outono de 1977, Peter deixou a banda. Havíamos tocado no Rocket no dia 11 de setembro, e, após o show, ele nos comunicou que aquele seria seu último.

– Ei, pessoal, tenho uma nova missão. Estou indo para um kibutz em Israel.

– Sério? – perguntei, incrédulo. – É isso que você quer fazer?

– Sim, Lol, esse é o plano.

Fiquei um pouco atordoado. Afinal, estávamos apenas no início da jornada. Mas, em retrospecto, era óbvio que, nos últimos meses, tocar com a gente não era mais um interesse dele. Desejamos sorte a Peter e fomos procurar outro vocalista. Foi uma frustração, para dizer o mínimo. Estávamos começando a expressar nossas próprias ideias, encontrando nossa razão de ser, e agora precisávamos desesperadamente de um bom frontman para transmitir isso ao público que não nos conhecia.

Foi então que Robert fez algo que realmente mudou o curso do The Cure. Até aquele momento, não creio que ele tivesse pensado em ser o guitarrista e o vocalista. Porém, quando Peter nos deixou, Robert percebeu que, se quisesse fazer a diferença no mundo, se quisesse transmitir o que tinha a dizer, teria de assumir a liderança. Ele teria de encarar essa responsabilidade.

Tenho uma teoria. Chega um dia em que cada um de nós se depara com o abismo. Às vezes, é um rompimento doloroso. Outras vezes, é a perda de alguém amado. Alguns enfrentam isso cedo, outros mais tarde, mas todos nós temos aquele momento em que olhamos para baixo e não há porra nenhuma lá. As pessoas querem que seus ícones do rock se aprofundem mais no limite e fiquem ali por um tempo, dando uma boa olhada nesse abismo, e depois transmitam o que encontraram lá por meio de sua arte.

Ian Curtis fez isso. Kurt Cobain fez isso. E Robert Smith fez isso, só que ele não apenas olhou para o abismo, ele o conhecia intimamente. Robert tinha coisas a dizer sobre os aspectos mais sombrios da experiência humana, o que fazia as pessoas se sentirem atraídas ou terem repulsa. Ele sempre foi assim, desde que o conheço. Mesmo no começo, Robert já tinha algo que precisava expressar. E ele tentou lutar contra isso. Acho inclusive que esse foi o motivo que o fez tocar guitarra, para colocar alguma coisa entre ele e o abismo. Ele tentou se esconder atrás do instrumento, sendo apenas o guitarrista. Quando Peter saiu, e a banda não estava dando muito certo e a música que tocávamos não correspondia à visão que ele tinha, Robert assumiu o papel de vocalista. Ainda éramos adolescentes, mas mesmo assim ele sabia o que aquilo significava, o que deveria enfrentar. Foi uma das coisas mais corajosas que já vi alguém fazer na vida.

Foi no Rocket que Robert aprendeu a liderar uma banda, a estar no olho do furacão e a amar manter-se naquele exato lugar.

Naquele espaço pequeno e deprimente no interior de Sussex, um futuro inteiramente novo estava começando.

NAQUELA ÉPOCA, PARECIA UMA BOA IDEIA. Depois de passar a maior parte de 1977 tentando nos estabelecer como Easy Cure, estávamos buscando expandir nossa atuação um pouco além de Crawley e arredores. Apesar de termos feito alguns shows além do Rocket, nenhum foi muito empolgante. Quero dizer, onde raios ficava Effingham Park?

O cunhado de Michael, Richard, recém-casado com sua irmã mais velha e, sem dúvida, querendo se entrosar com a família Dempsey, elaborou um plano apressado para conseguir shows para nós em outras localidades.

Um dia, ele apareceu no ensaio com Michael e nos encurralou.

– Toda banda tem um empresário, certo?

– Hum, sim, achamos que sim – respondemos.

– Então, olhem isso! – E, triunfante, tirou do bolso um maço de cartões de visita.

Ao examiná-los, vimos seu nome e, em letras grandes, "Empresário do Easy Cure".

No entanto, para nosso desgosto, em letras ainda maiores estava escrito: "Disponível para casamentos, festas e o que mais precisar em entretenimento".

Ele ficou olhando ansioso, esperando uma reação.

– E aí, o que acham, rapazes?

– São cartões para negócios – respondeu Robert de maneira diplomática. Eu sabia o que ele queria dizer; não estávamos realmente "no negócio" de nada naquele momento.

– Ah, e já consegui nosso primeiro compromisso – disse ele, radiante. – No Hospital Geral de Orpington!

Naquele instante, quase caímos para trás. Não conseguia imaginar um lugar menos rock'n'roll do que um hospital.

– Sim, o baile anual dos funcionários do hospital na véspera de Ano-Novo!

Aquilo parecia sinistro.

– Tocar para um monte de porteiros de hospital bêbados!

– É tranquilo – rebateu Michael. – Eu disse que vocês tocam algumas músicas autorais e fazem covers de sucessos populares.

Essa última parte foi um baque.

É verdade que sabíamos tocar alguns covers, pois fazíamos isso com uma certa regularidade no Rocket. Mas eu duvidava que tivéssemos o suficiente para um baile de hospital, ou se algum deles seria adequado. Então ele soltou o argumento decisivo.

– Vão pagar 100 libras! E vocês podem tomar toda a cerveja que quiserem!

Dinheiro era um conceito muito abstrato para nós, mas cerveja grátis era extremamente tentador.

– Tá, quanto tempo precisamos tocar?

– Só dois sets de uma hora cada.

Humm. Seria sorte se conseguíssemos tocar 45 minutos, imagina duas vezes isso. Será que daria para trocar um pouco as músicas e fazer uma combinação para que o público não percebesse que estávamos repetindo as mesmas canções?

No dia do show, fomos na van da Woolworths do Michael para o Hospital Geral de Orpington, na região sudeste da Grande Londres. A instituição tinha sido originalmente construída pelo governo canadense no início do século 20. Foi um hospital bastante usado durante a Primeira Guerra Mundial, tratando tropas canadenses e aliadas e, depois desse período, se tornou um local importante na vida da cidade.

Àquela altura, muitos dos prédios vitorianos originais haviam sido substituídos pela arquitetura sem graça dos anos 1970, muito comum no sul da Inglaterra: tijolos e vidro nas combinações mais insípidas possíveis. Um minimalismo sem charme ou critério. Apenas tedioso. Não é de admirar que quiséssemos escapar de lá. Mas, mesmo tendo crescido nessa área, a pequena porção de Surrey/Sussex que habitávamos tinha muitos aspectos mais intrigantes do aquela região, bem negligenciada. Existia quase nada de progresso real. Estava mais para uma espécie de remendo temporário que impedia tudo de cair em ruínas, mantendo os locais mais preocupados em preservar suas vidas do que começar uma revolução. E nós tínhamos ideias muito diferentes disso.

Richard nos encontrou na entrada. Ele queria garantir que o segurança na guarita realmente nos deixasse adentrar o local sem chamar a polícia.

Estava um pouco mais arrumado para a ocasião, usando o que achava ser o visual de um empresário de rock: uma jaqueta bomber de seda e um medalhão pendurado de forma desconexa sobre um suéter – tricotado pela mãe, talvez? Uma combinação bizarra.

– Certo, rapazes. Vocês *definitivamente* precisam tocar algumas músicas que eles conheçam para manter todo mundo feliz.

De repente, percebemos que aquilo talvez não saísse como o planejado.

Tiramos o equipamento da van e entramos no refeitório vazio onde tocaríamos em algumas horas. As mesas estavam dispostas para o jantar, mas nos asseguraram que seriam removidas "para a dança" mais tarde. Dança? Não tínhamos nada no repertório que acomodasse dança. Um pogo desajeitado ou talvez uma cambaleada para a esquerda ou direita, mas dança de verdade? Não, definitivamente não.

Eu estava montando meu kit Maxwin (com um lindo acabamento Naugahyde brilhoso) e começando a afinação quando vi Richard correndo pelo salão, com o medalhão chacoalhando.

– Ei, Lol! Você vai ter de baixar o volume. Está incomodando alguns dos... clientes, quer dizer... pacientes!

Meu Deus. Como achavam que tocaríamos mais tarde?

Richard leu meus pensamentos.

– Em algumas horas, todos terão tomado seus remédios e estarão fora de combate, então não será problema. Mas agora alguns podem ficar um pouco agitados, se é que vocês me entendem!

Um estranho no ninho me veio à mente. Imaginei o Chefe correndo pelo salão e jogando um bebedouro na minha preciosa bateria Maxwin.

Terminamos a montagem do equipamento em silêncio e nos recolhemos à pequena sala lateral que haviam reservado para usarmos como camarim.

– Eu fiz um setlist básico – disse Robert.

Ele sempre escreveu à mão os setlists do The Cure desde que me lembro. Robert costuma encontrar um método que gosta para fazer as coisas e o mantém. Isso faz parte de seu ethos punk autossuficiente. Mesmo hoje.

O setlist provavelmente estava escrito com sua caligrafia infantil. As pessoas me perguntam se ele sempre escreveu desse jeito, e posso afirmar que, mesmo quando redigiu o que considero sua primeira letra, lá no colégio Notre Dame (uma ode ao jogador de futebol Rodney Marsh), sua caligrafia já era assim. Não há artifícios com Robert. O que você vê é o que ele é. Alguns acham isso perturbador, mas eu sempre achei reconfortante.

Dei uma olhada – alguns covers, mas, em sua maioria, nosso material do começo da carreira. "Killing an Arab" e "10:15 Saturday Night". Nada realmente apropriado para um jantar dançante.

Eu me perguntei como o público reagiria a nós. Ele era formado por enfermeiras, porteiros, alguns funcionários administrativos e uma variedade de homens calvos de meia-idade. Definitivamente, eles não pareciam o tipo de jovens punks que apreciariam nosso barulho peculiar.

E eu estava certo.

Descobrimos, no fim das contas, que não apenas deveríamos tocar dois sets, mas também começar com alguma "música instrumental leve" para acompanhar o jantar.

Peguei então minhas baquetas de feltro, enquanto Robert, Porl e Michael improvisaram suavemente algo que pensamos ser uma aproximação de "música instrumental leve para o jantar". Quando olhei para a plateia, vi expressões que imagino terem sido semelhantes às que receberam John Cage na estreia de *4'33"*, sua peça de piano silenciosa e vanguardista, apresentada no Maverick Concert Hall, em Woodstock, em 1952. Aquilo deveria ter sido nossa primeira pista. Um descrédito zombeteiro que no fim se manifestaria como raiva.

Com o jantar encerrado, voltamos nossa atenção para performar "adequadamente" e tocar "músicas para dançar". Cerca de 15 minutos depois do início do set, percebi que algo não estava certo e que a noite talvez não fosse o dinheiro fácil que havíamos imaginado.

O cunhado de Michael estava parado ao lado do palco, se mexendo de forma estranha. A princípio, achei que fosse uma espécie de pogo discreto, do tipo que um jovem gerente descolado poderia fazer ao lado do palco, talvez no Madison Square Garden ou no CBGB. Mas não. Era o jeito dele de tentar chamar nossa atenção sem ser muito óbvio, o que, claro, o fazia parecer simplesmente insano.

Porl foi até a lateral do palco para entender o que Richard queria, balançando a cabeça enquanto o ouvia. Não parecia bom. Não estava acontecendo muita dança na pista improvisada após a retirada das mesas do jantar, com muitos casais preferindo se sentar ao redor do salão, em suas roupas de festa e afins, tentando ignorar o barulho que vinha do palco. Felizmente, chegou a hora do intervalo.

– Bem, senhoras e senhores – interrompeu Richard. – O Easy Cure precisa fazer uma pausa agora.

Eu me virei e vi Richard segurando um microfone com uma mão e gesticulando freneticamente com a outra para que saíssemos do palco.

– Eles voltarão em breve com mais grandes sucessos para vocês dançarem a noite toda – disse ele, com uma esperança desesperada na voz.

Nós nos reunimos em uma pequena sala lateral e, assim que ele fechou a porta atrás, nos sentamos num sofá pequeno, enquanto Richard se acomodava numa cadeira dobrável de metal bamba.

– Bem, achei que eles poderiam ser um pouco mais receptivos a vocês, rapazes, mas o consenso geral é que eles querem algo mais no estilo de Tony Orlando e Dawn, sabem, "Tie a Yellow Ribbon"?

Nós nos entreolhamos, confusos. Conhecíamos vagamente a música, mas acho que nenhum de nós sabia como tocar. Um problemaço. Até que Porl se manifestou.

– Humm, sim, bem, eu costumava tocar essa no meu tempo de cabaré.

Eu não sabia que Porl tinha tido um tempo de cabaré!

– Enfim, vocês têm 15 minutos antes do próximo set, então deem um jeito de agradar ao público, ok? – implorou Richard.

Todos os olhos se voltaram para Porl. Robert foi o primeiro a falar.

– Então ensina "Tie a Yellow Ribbon" pra gente, Porl.

O que se seguiu foi o aprendizado mais rápido da história da música. O único problema era que Porl não conseguia lembrar uma parte dela, provavelmente uma das mais importantes: o segundo verso! Inabaláveis, voltamos ao palco, cercados por rostos ligeiramente irritados.

– Certo, agora vamos tocar uma canção que todos vocês conhecem e adoram.

Começamos a música liderados pelos gestos de Porl para mudar os acordes aqui e ali. Então aconteceu o pior. Justamente quando as pessoas estavam começando a gostar um pouco de nós. Eu conseguia vê-las mexendo os lábios, cantando baixinho enquanto dançavam, mas o refrão apenas continuava sem parar, sem o segundo verso. Parecia um momento de coito interrompido de grandes proporções. Eu via os rostos nervosos na plateia, sem saber ao certo se havia algo errado com o que estavam ouvindo. Devia parecer um disco de vinil com a agulha pulando no mesmo trecho, o refrão em looping.

No fim das contas, tivemos de admitir a derrota e parar de tocar. Olhamos uns para os outros com expressões incertas e apenas seguimos com o restante do set. Dava para ouvir as reclamações por cima do som de nossos instrumentos.

– Chamam essa porcaria de música?

– Para mim, parece só barulho!

A noite seria longa. Finalmente terminamos nosso segundo e último set. Acho que alguém atirou uma garrafa em nós. Recolhemos nosso equipamento. Robert tinha vindo atrás da van com Mary, no Mini Cooper. Quando se dirigiu com ela ao estacionamento logo após o show, foi seguido por vários clientes descontentes. Eles os perseguiram até o carro e provocaram uma briga com Robert. Nenhuma novidade.

Acho que nem fomos pegar o dinheiro. Simplesmente saímos de lá o mais rápido possível. Não foi um começo muito auspicioso para as esperanças de Richard de nos transformar na nova sensação de cabaré da costa sul da Inglaterra.

6

FICTION RECORDS

Steve Rowland, com quem deveríamos "interagir", nos telefonou.

– Venham até meu escritório em Londres, rapazes. Precisamos conversar.

Fomos vê-lo em um lugar chique em Mayfair. Ao entrarmos em seu escritório, ele se virou em uma daquelas grandes cadeiras executivas de couro marrom com seu nome escrito em letras douradas na parte de cima do encosto.

Ele já estava a par da nossa última sessão frustrada com um "produtor renomado". Aquela em que fui atingido na cabeça por um ônibus londrino a caminho do estúdio e depois fomos a um pub tomar um conhaque para me recuperar do choque e um simpático senhor rastafári me deu um curativo para o ferimento na cabeça. Aquela sessão não começou nada bem. Além do sangramento, ainda tivemos de lidar com o "humor espirituoso" do tal produtor.

Sendo um baterista jovem e inexperiente, eu ainda tinha dificuldade com a chamada "independência dos quatro membros". Basicamente, é uma habilidade difícil de dominar, já que, para a maioria dos bateristas, a mão e o pé que comandam estão do mesmo lado do corpo. Tocar padrões diferentes entre eles é o primeiro grande obstáculo que os bateristas iniciantes costumam enfrentar.

Robert passava horas intermináveis ensaiando comigo na casa dele, enquanto eu aprendia a tocar padrões diferentes com o pé e a mão direita ao mesmo tempo. Uma boa música para praticar isso – e outro motivo pelo qual Charlie Watts é um baterista divino – é "Honky Tonk Women". Quando você consegue tocá-la corretamente, está no caminho certo. Especialmente porque, na versão de estúdio, há duas pessoas tocando: Jimmie Miller no cowbell e Charlie Watts na bateria.

Durante essa sessão específica, eu ainda estava com dificuldades na técnica. O produtor renomado colocou a fita para rodar várias vezes e não resistiu em dar seu pitaco da sala de controle:

– Lol?

– Sim, senhor Produtor Renomado?

– Você acha que consegue tocar um padrão direto no bumbo enquanto faz algo diferente no chimbal? Talvez oitavas ou algo assim? No momento, você está tocando o mesmo padrão nos dois, meu chapa!

– Sim, estou tendo um pouco de dificuldade hoje, mas estou pegando o jeito, não se preocupe!

– Lol?

– Sim?

– Então, quando você se masturba, o pé também sobe e desce acompanhando a mão, parceiro?

Ouvi risadinhas abafadas nos meus fones e, quando olhei para cima, vi o produtor e o engenheiro de som com aqueles bigodes dos anos 1970 rachando de rir atrás da mesa de mixagem na sala de controle do estúdio. Ha, ha, ha. Idiotas! Isso não ficaria assim.

– Então – disse Steve Rowland, me chamando de volta a seu escritório enquanto eu saía daquela "hilária" memória do estúdio –, parece que Trudy e Peter Mitsel, os donos da gravadora, ouviram suas últimas tentativas no estúdio e não estão felizes por vocês terem gravado algumas músicas próprias além das que eles queriam. As palavras exatas deles foram "*Nem mesmo presidiários gostariam dessas músicas!*".

Não sabíamos muito bem o que responder. Richard não tinha marcado nenhum show em prisões – pelo menos, nenhum que soubéssemos.

– Sabem – continuou ele –, eu estava torcendo por vocês, mas acho que não consigo mais ajudar nessa.

Tínhamos gravado "Killing an Arab", e eles, em sua sabedoria, decidiram que não podiam lançar. Era material para presidiários.

A jogada de Robert em seguida foi brilhante.

– Ok, cancelem o contrato, se quiserem – afirmou ele –, mas podemos ficar com os direitos das músicas que assinamos para vocês? Aquelas que vocês não gostaram?

O cara pareceu um pouco surpreso. Acho que ele esperava que nós fôssemos nos render e implorar para gravar mais músicas que odiávamos, só para manter o contrato.

– Hum, bem, vou ver o que eles dizem. Certo, rapazes?

No final, concordaram em nos ceder nossas "músicas de presidiário". Suspeito que hoje gostariam de não ter feito aquilo.

Passamos algum tempo tentando nos recompor após nosso primeiro contato com o lado horrível da indústria musical. Não que estivéssemos tristes por deixar a Hansa – na verdade, era o contrário. Nossa sensação era de liberdade. Como a maioria dos jovens, tínhamos um pouco de arrogância, mas não muita certeza sobre o que fazer a seguir. E acho que teríamos nos sentido melhor se tivesse partido de nós o pedido para romper o contrato, e não o contrário.

Sabíamos que uma mudança era necessária – e ela veio com a saída de Porl da banda. Agora seriam apenas Robert, Michael e eu.

Na estufa atrás da casa dos Smith, onde o Guru costumava cultivar verduras e legumes orgânicos, Robert, Michael e eu nos reunimos em uma tarde escaldante após o ensaio. A decisão de Porl foi particularmente difícil para Robert, já que Porl e Janet, a irmã de Robert, haviam começado a namorar. Isso significava que boa parte do tempo de Porl na casa dos Smith era passada no quarto de Janet.

Existe uma espécie de código não escrito na maioria das bandas: ela vem em primeiro lugar quando se trata de seus assuntos específicos.

Basta pensar em John e Yoko. Robert geralmente evitava confrontos diretos, a menos que fosse necessário. Na estufa, discutimos as razões pelas quais Porl não se encaixava na versão atual do grupo.

– Não quero ser chato, mas acho que o estilo do Porl não combina com as novas músicas – disse Robert. – Ele vai para a faculdade de arte em Worthing em breve, o que significa que ele não poderá mais tocar com a gente de qualquer forma.

A música estava ficando mais minimalista, portanto, o estilo extravagante de Porl começava a destoar. Acho que também incomodava Robert o fato de algumas pessoas em Crawley conhecerem Porl como o *guitar hero* local, o que fazia com que qualquer banda em que ele estivesse fosse automaticamente considerada "a banda do Porl". Esse tipo de pensamento roqueiro antiquado precisava acabar! Nós não éramos assim. Pelo menos por enquanto, estávamos mais para um coletivo democrático.

Não me lembro de Robert ter ficado especialmente chateado com Porl ou guardado alguma mágoa. Ele não é assim. Não guarda rancores. No geral, ele consegue pensar nas coisas de maneira lógica – ainda que com a lógica dele.

Continuávamos indo à loja de discos em Horley, onde o irmão de Simon, Ric, trabalhava aos sábados. Ric Gallup era tão excêntrico quanto possível, embora provavelmente sentisse arrepios ao ouvir isso. Ele tinha meio bigode de um lado do rosto, meio cavanhaque do outro lado e uma costeleta. Era como olhar para uma pintura cubista viva. Suas roupas também costumavam ser bastante incomuns, incluindo vestidos fluorescentes combinados com botas coloridas. Nós o adorávamos, é claro. Ric realmente compreendia o que estávamos tentando fazer e nos ajudou a sair do marasmo em que vivíamos.

– Por que vocês não gravam uma demo das suas músicas por conta própria? Eu dou 50 libras para alugar um estúdio. Melhor do que ficarem por aí deprimidos, né?

Isso nos animou.

– Sério, Ric? – perguntei. – Você faria isso por nós?

– Sim, apenas façam algo, sabe?

Ele estava absolutamente certo. Precisávamos fazer algo.

Reservamos o Chestnut Studios, em Haslemere, West Sussex. Em pouco tempo, tínhamos uma fita demo de "Boys Don't Cry", "It's Not You", "10:15 Saturday Night" e "Fire in Cairo". Fizemos várias cópias em cassete e escrevemos uma breve carta de apresentação anexada a uma foto tirada pelo cunhado de Robert, John Taw. Colocamos tudo em envelopes e enviamos para todas as gravadoras que conseguimos pensar.

Esperamos. E depois esperamos mais um pouco.

As cartas de rejeição começaram a chegar, uma por uma. Todas as gravadoras nos recusaram. Até que recebemos uma carta de Chris Parry, responsável por encontrar novos artistas para a Polydor. Ele gostou do que ouviu e queria nos conhecer!

Marcamos de encontrá-lo em Londres, no escritório da Polydor em Stratford Place, perto da Oxford Street. No início, o segurança pareceu bastante desconfiado quando aparecemos no endereço imponente.

– Como vou saber que vocês têm mesmo uma reunião com o senhor Parry, rapazes?

Então vimos Parry passar apressado, e ele logo nos reconheceu pela foto.

– Está tudo bem, Chas – disse. – Eles estão comigo. – E, virando-se para nós, perguntou: – Topam tomar uma cerveja?

Gostamos dele imediatamente. Fomos para o Lamb and Flag, na esquina da St. Christopher's Place com a James Street.

Descobrimos que Parry realmente gostava da nossa música e estava interessado em nos contratar para sua própria gravadora, já que ele estava saindo da Polydor. Ficamos um pouco desapontados com isso. Ainda acreditávamos que, quanto maior a gravadora, melhor. Mas não importava. Era a única oferta que tínhamos naquele momento, então topamos. Ele queria nos ver tocar.

– Vocês têm algum show marcado em Londres por esses dias? – perguntou.

– Não no momento, mas que tal nos ver tocar no Laker's, em Redhill? – sugeriu Robert.

– Tocamos lá com frequência – acrescentei.

Redhill ficava a alguns quilômetros ao norte de Crawley, em direção a Londres. Conseguimos um show lá por conta própria. O lugar era administrado por velhos hippies que sempre chamavam sua banda favorita, The Hotpoints, para tocar. De vez em quando, arrumávamos um show com outros grupos promissores, como The Vapors, que estavam na esteira dos favoritos locais, The Jam. Era quase, mas só quase, um local badalado.

– Sim, talvez eu devesse ver vocês em seu próprio ambiente – ponderou Parry distraído, enquanto derramava cerveja Directors Best Bitter nos seus mocassins italianos, que ele costumava usar sem meias.

– Seria o melhor jeito de nos ver – disse Robert.

Robert sempre foi muito meticuloso quanto ao modo como o The Cure deveria ser apresentado. Então era importante que, na primeira vez que Parry nos visse, fosse diante do nosso próprio público, no nosso território.

Parry apareceu em Redhill alguns meses antes do Natal de 1978. Não era um evento elaborado. Não havia palco, então tocamos no chão mesmo, mas era onde nos sentíamos à vontade, o que nos ajudou a dar sequência ao repertório.

Depois fomos para o Home Cottage, um pub com cervejas absurdamente fortes, onde ficamos bêbados com Parry enquanto ele explicava sua visão do que viria a ser a Fiction Records. Àquela altura, já havíamos decidido que era mais provável ficarmos felizes em uma gravadora independente do que em uma grande corporação. Afinal, tínhamos passado por uma experiência muito difícil e desmoralizante com a Hansa. Agora queríamos ter voz ativa quanto ao tipo de música que gravaríamos. E foi assim que conhecemos Chris Parry e nossa vida profissional começou pra valer – tomando decisões que mudariam tudo enquanto bebíamos cerveja encorpada!

Nos meses seguintes, Parry, que agora atendia pelo apelido de Bill (longa história!) e tinha assumido algumas funções gerenciais, decidiu que precisávamos "nos fortalecer" tocando em alguns shows por Londres.

Um dos primeiros que ele conseguiu para nós foi como banda de abertura do Wire no refeitório do campus da Universidade de Kent. Decidimos que precisaríamos de um veículo melhor para chegar até Canterbury, então recrutamos um amigo do meu irmão chamado Jim Crow. Ele era o único dos conhecidos do meu irmão que minha mãe havia banido de nossa casa, porque ele insistia em usar uma jaqueta de couro cru branca que fedia demais. De qualquer forma, Jim tinha um caminhão e estava disposto a nos levar ao show do Wire por alguns trocados. Achamos que daria certo.

Chegamos à Universidade de Kent e, no caminho para o backstage, encontrei Lewis, o baixista do Wire, no corredor. O que me impressionou na hora foi que ele tinha um corte de cabelo muito, muito normal até você ver a parte de trás da cabeça, onde havia uma longa trança fininha pendurada. Aquele negócio me perturbou: a aparência de normalidade sutilmente subvertida. Nunca esqueci o que aquilo me disse sobre desafiar as percepções das pessoas sobre o que é normal e o que não é.

O show do Wire foi uma revelação para todos nós em muitos aspectos. Eles pareciam estar muito mais avançados no caminho criativo do que a gente. Isso não passou despercebido por Robert. Sinto que a semente do som minimalista, concretizada nos anos seguintes, foi plantada em nossa mente naquele dia. Não como uma cópia servil, mas como a ideia de que poderíamos nos desviar dos padrões tradicionais do rock e utilizar um conjunto diferente de regras para descrever nossa jornada musical. Isso definitivamente nos interessava. Afinal, não era o que o punk representava, um chamado à revolução, uma mudança da velha guarda?

Lembro que, quando assisti ao Wire tocando, notei que todos estavam vestidos de maneira monocromática, com Colin Newman, o vocalista, segurando um sintetizador Synare preto nas mãos e ocasionalmente batendo nele com uma baqueta. Eles tinham acabado de lançar seu segundo álbum, *Chairs Missing*, que era uma versão mais exuberante de sua estreia, *Pink Flag*. Os arranjos simplistas com o sintetizador de sonoridade gélida eram muito cativantes. Tomamos nota. Nossa apresentação foi forte, mas sabíamos que ainda havia muito a fazer. Foi uma epifania para nós, especialmente para mim e Robert.

Por mais incrível que o show tenha sido, quase não voltamos vivos para casa naquela noite. Jim havia colocado o enorme pneu sobressalente do caminhão solto em uma prateleira acima do compartimento dos passageiros. Uma curva brusca no caminho de volta derrubou o pneu e, não fosse pela graça do universo, a história do The Cure poderia ter terminado ali, já que a enorme peça de borracha passou a poucos centímetros de nosso pescoço.

Estávamos escalados para abrir para o Wire novamente no show seguinte em Londres. Decidimos ir em um veículo diferente do perigoso caminhão de Crow e conseguimos outro amigo para nos levar até a capital. Infelizmente, a van dele quebrou no meio do caminho e perdemos o show.

Furioso, Parry nos disse, sem rodeios:

– Vocês precisam ser mais profissionais.

Retrucamos que era muito difícil nos comprometermos totalmente, pois ainda tínhamos de manter nossos empregos e frequentar as aulas, e que adoraríamos ter recursos para "nos tornarmos profissionais" e sermos músicos em tempo integral. Apenas jogamos a ideia no ar, esperando que Parry captasse o que estávamos pedindo a ele. A noite se dissolveu em mais conversas e cervejas, e, em dado momento, achei que talvez, só talvez, eu tivesse ouvido Parry dizer sim…

NO DIA SEGUINTE, meu telefone tocou. Era o Robert.

– Parece que o Bill está cumprindo o prometido. Ele vai nos adiantar um dinheiro para que você não precise mais trabalhar, Lol!

Tínhamos conversado sobre o que faríamos se realmente conseguíssemos um novo contrato depois do fiasco com a Hansa. Se eu tinha esperança de que faríamos algo, Robert tinha certeza. Para ele, não havia outra opção senão continuar em frente e manter a banda viva. Estava determinado a provar que todos estavam errados e queria mostrar ao mundo o que poderíamos ser.

– Talvez devêssemos dividir o valor ao longo de um ano para termos dinheiro toda semana, certo?

Robert estava falando sobre o contrato que havia chegado de Parry, incluindo o adiantamento para o primeiro ano. Embora não fosse uma fortuna, permitiria que cada um de nós retirasse 25 libras por semana para viver, com o restante destinado a novos equipamentos. Esse era o jeito do Robert: pragmático e altruísta. Apesar de ter se tornado gradualmente nosso líder, ele não queria levar todo o crédito nem todo o dinheiro. Acima de tudo, ele queria que a banda tivesse sucesso e, para isso, apresentou o plano mais lógico para mantê-la em atividade com todos nós seguindo em frente.

Ele sabia que eu não tinha uma boa situação financeira para me sustentar sem um emprego, então garantiu que todos ganhassem o suficiente para sobreviver. Minha mãe recebeu a notícia com menos entusiasmo, argumentando que meu salário no trabalho era de 50 libras por semana, o que caracterizava uma queda considerável na minha renda. No final das contas, porém, ela viu o brilho nos meus olhos e soube que era o que eu realmente queria fazer, mais do que qualquer outra coisa. Por fim, cedeu e me deu seu apoio.

– Espero estar sentada em um camarote de luxo quando vocês tocarem no Albert Hall! – disse ela.

Se há uma coisa na vida que eu lamento, é o fato de ela não ter vivido o suficiente para ver isso acontecer.

Lá estava eu, caminhando pela Albert Road em Horley no meio da tarde. Uma terça-feira, talvez? O que me surpreendeu, já que eu sempre estava no colégio ou no trabalho durante a semana, foi o silêncio. Nada nem ninguém por perto. Um movimento atrás de uma cortina aqui e ali indicava um cachorro irritado ou um aposentado, mas era só isso. Eu estava fazendo a coisa certa ao ir embora. Mesmo que 25 libras por semana não fossem muito, estava sendo pago para tocar música! Para fazer o que eu amava! Era uma sensação muito estranha, como um oceano congelado começando a derreter com o degelo da primavera. De repente, percebi que tudo o que nos faziam acreditar sobre o mundo era apenas uma forma de enxergá-lo. Você podia realmente seguir seus instintos, fazer algo ousado e criativo e ainda assim ser capaz de existir! Era um conceito muito esquisito para mim, pois sempre senti que os artistas viviam em outro mundo, um mundo que eu amava, mas que só podia observar de fora como um conto de fadas – ligeiramente surreal e não totalmente real.

Parry reservou um estúdio em Londres, onde gravamos um single com duas faixas principais, "Killing an Arab" e "10:15 Saturday Night", tivemos que gravar à noite enquanto eu ainda trabalhava. Gravar nosso primeiro single parecia um sonho impossível para mim, mas aconteceu. Agora eu podia tocar música em tempo integral.

Aos poucos, bem aos poucos, fui percebendo que era possível ser qualquer coisa que quisesse, se desejasse o suficiente. Se estivesse disposto a ir além e abrir mão de outros supostos "prazeres". Ao longo de três anos, nós ensaiávamos três vezes por semana, todas as semanas, na casa do Robert. Não parecia um fardo porque amávamos o que estávamos fazendo. E agora parecia que aquilo começava a render frutos.

Continuei descendo a Albert Road até a igualmente deserta rua principal. Não, eu não ficaria triste por sair dali. Eu ouvia o chamado do desconhecido.

COM A VAN BRANCA CHEIA ATÉ O TETO com nossos equipamentos, partimos para o Morgan Studios, em Willesden, no norte de Londres. Foi lá que fizemos o teste para a Hansa, mas agora voltávamos para gravar nosso

AOS POUCOS, BEM AOS
POUCOS, FUI PERCEBENDO QUE
ERA POSSÍVEL SER QUALQUER
COISA QUE QUISESSE, SE
DESEJASSE O SUFICIENTE.
SE ESTIVESSE DISPOSTO A IR
ALÉM E ABRIR MÃO DE OUTROS
SUPOSTOS “PRAZERES”.

primeiro álbum! Era mágico e real ao mesmo tempo. Já havíamos estado em outros estúdios, mas esse era diferente. Artistas de verdade gravavam ali, bandas com discos lançados e uma história que conhecíamos. Os lugares onde estivemos antes eram mais como versões amadoras de estúdios, com salas improvisadas como cabines para bateria e paredes cobertas por pedaços velhos de carpete. Bons para demos, mas precisávamos de algo mais profissional para nosso primeiro álbum.

Parry tinha um pequeno escritório no prédio do estúdio, de onde pretendia gerenciar seu novo selo independente. Havia apenas uma pessoa trabalhando com ele. Alguém que, de fato, trabalhou com ele até o fim – Ita Martin, uma ex-colega de seus dias na Polydor. Sempre gostei da Ita, ela teve de lidar com muitas personalidades diferentes ao longo dos anos, além de ser uma boa parceira para Parry.

Chegamos no início da noite. Outra banda aparentemente estava usando o estúdio durante o dia, então ficamos com o horário noturno. Era um estúdio onde grupos como Yes e The Who tinham gravado. Suas gravações, aliás, ficavam guardadas no arquivo de fitas.

Ao entrar na sala principal do Estúdio 2, fiquei impressionado com o carpete felpudo por toda parte, até mesmo cobrindo alguns equipamentos. O cheiro penetrante de incenso e de maconha pairava no ar. Ainda assim, os equipamentos pareciam de primeira linha – não que tivéssemos ideia do que a maioria deles fazia. O gravador de 24 canais era provavelmente a única coisa mais ou menos familiar e, quanto ao restante, bem, tudo parecia muito complicado.

Ao longo do ano seguinte, aprenderíamos sobre a tecnologia do estúdio e nos envolveríamos mais no processo de gravação, principalmente Robert. Mas, por enquanto, estávamos contentes em confiar em Parry como produtor e no jovem engenheiro que ele havia contratado, Mike Hedges.

Hedges era um homem alto e imponente, com uma cabeleira ruiva. O mais importante, no entanto, é que ele gostava de nós e entendeu o que queríamos desde o começo. Às vezes, o estúdio pode ser um lugar tenso, onde a interação entre o engenheiro/produtor e a banda se torna um campo minado de ideias e necessidades conflitantes, mas sempre senti que trabalhávamos bem com Hedges.

Montamos nosso equipamento mais ou menos como fazíamos nos ensaios na casa do Robert: eu no meio da sala, Robert de um lado e Michael do outro. É engraçado porque sinto que sempre fui o intermediário entre Robert e Michael, facilitando a comunicação entre os dois até hoje. Algumas coisas nunca mudam.

Tive a sorte de usar a bateria de Rick Buckler, do The Jam, que Parry de alguma forma conseguiu emprestada por alguns dias, já que ele considerava que meu novo kit azul Premier "não estava à altura do projeto". Cedi sem muita resistência, afinal a bateria de Rick era uma nova e linda Yamaha preta. Soava ótima. Parry, no entanto, que havia sido baterista na juventude na Nova Zelândia, sempre queria ajustar o som da bateria e começou um regular ritual de gravação até que pudéssemos assumir o controle e fazer isso nós mesmos. Afinamos e experimentamos vários tipos de caixas. Robert e Michael demonstraram imensa paciência enquanto esse processo se estendia interminavelmente. O curioso é que, em nove de cada dez vezes, acabávamos usando a primeira versão que havíamos testado.

Não demorou muito para gravarmos as faixas base de *Three Imaginary Boys*. Afinal, já havíamos tocado e ensaiado essas músicas milhares de vezes antes da gravação. Com exceção de "So What", tínhamos todas as letras prontas antes de entrarmos no estúdio. Para essa música, Robert apenas pegou um saco de açúcar e leu a parte de trás, junto com uma página com letras que eu havia lhe dado. Achei bem dadaísta.

O que realmente importava era conseguir a melhor versão na fita. Não havia cortes e colagens digitais naquela época, apenas a forma mais básica de edição de uma fita, que exigia imensa habilidade para julgar com precisão onde cortar e depois colar de volta. Hedges era jovem e estava ciente das novas técnicas de estúdio, mas também tinha uma formação tradicional o bastante para emendar fitas corretamente. Após a gravação inicial das faixas instrumentais, escutamos tudo e então Robert cantou sobre elas. A ideia de overdubs, ou seja, regravar por cima de faixas existentes, era algo bastante estranho para nós. Porém, experimentamos em algumas músicas, adicionando overdubs na forma de uma guitarra extra aqui e um backing vocal adicional ali.

E foi isso! Não tínhamos ideia de como mixar em uma mesa tão complicada, então praticamente deixamos Parry e Hedges cuidarem disso nessas primeiras faixas. Acho que é por isso que Robert não considera *Three Imaginary Boys* um "bom" álbum do The Cure. Ficamos de fora do processo de mixagem, então entendo por que ele se sente assim. Eu ainda amo as músicas e sei que ele também gosta de algumas delas. Caso contrário, não as tocaria até hoje.

Quando não estávamos tocando, passávamos a maior parte do tempo no fundo da sala bebendo cerveja ou no pequeno café do Morgan Studios, que era como um clube exclusivo para músicos, com caras como Gary Moore e membros do Iron Maiden circulando por lá. Sendo garotos new wave, geralmente ficávamos na nossa e evitávamos os grandes amplificadores Marshall espalhados pelos corredores do estúdio, todos propensos a gritar descontroladamente se você chegasse muito perto. Aparentemente, o melhor lugar para gravar o caos do metal era no corredor. Quem diria?

Dormíamos na casa de Parry, pois não tínhamos grana para um hotel. Ele tinha um quarto com duas camas, então dormíamos dois em uma delas, com a outra ficando para o sortudo que conseguisse seu próprio espaço. Sem glamour no rock'n'roll, pessoal.

Tentamos dar nossas opiniões durante as sessões, especialmente Robert, que argumentava – com razão – que Chris tinha nos contratado com base na demo que havíamos feito. Fomos ignorados, já que éramos suas novas apostas e ele é quem estava no comando. Parry tinha acabado de contratar o The Jam, que estava tendo algum sucesso, então suas opiniões prevaleceram. Ele não devia ter muito mais do que seus 20 e poucos anos, mas para nós parecia um adulto. Certamente era mais experiente, então cedemos.

Tudo era muito novo para nós e realmente não sabíamos qual era o nosso lugar, então adotamos uma posição mais passiva. Observamos e esperamos. Estávamos determinados a aprender como as coisas funcionavam para que, da próxima vez que gravássemos um álbum, fosse diferente. Essa liberdade estava chegando, embora ainda não soubéssemos. Mesmo assim, parecia que estávamos a caminho de algum lugar.

Onde quer que fosse esse lugar...

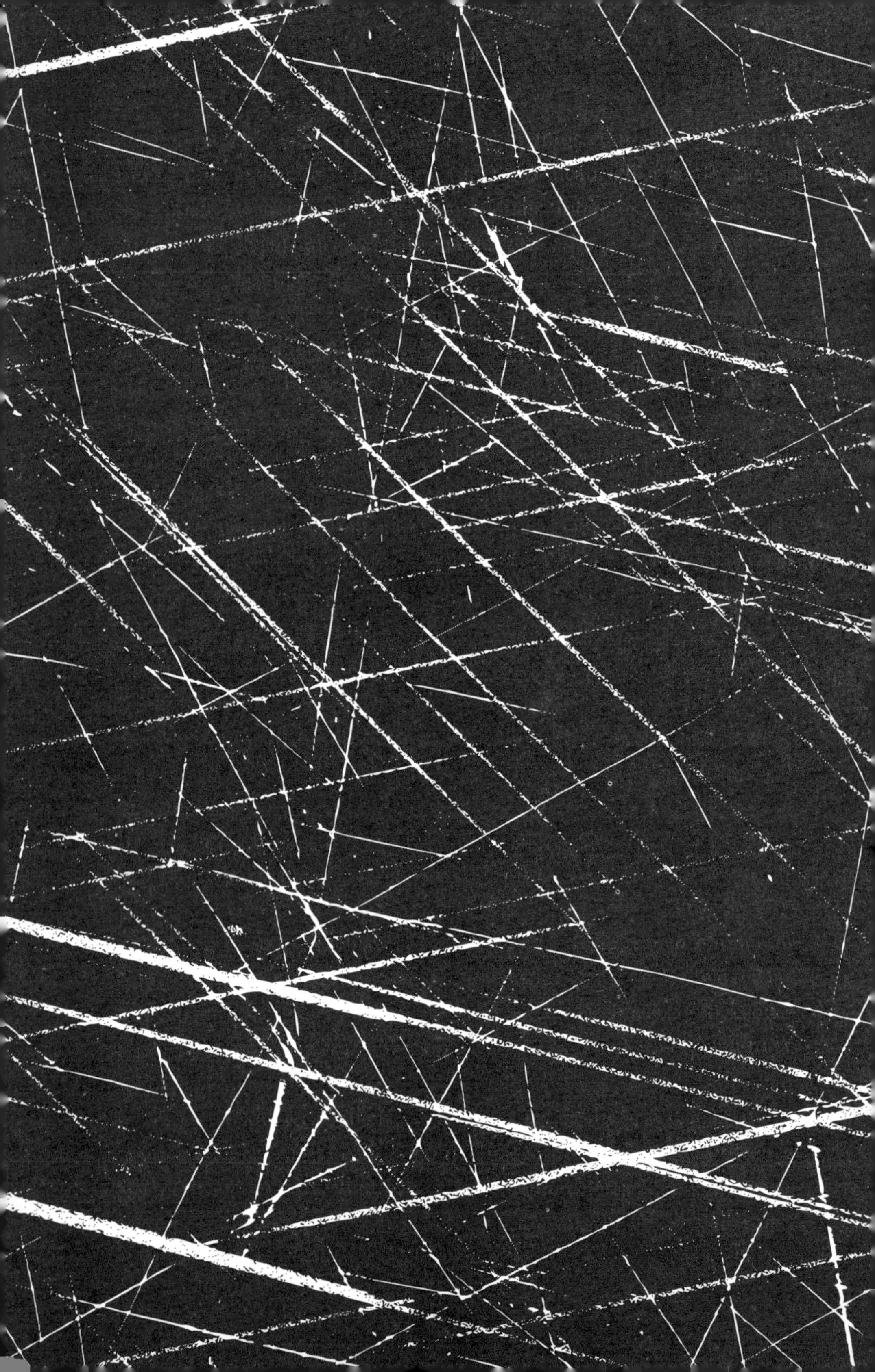

PARTE 2 (O QUE ACONTECEU)

7

GENERATION X

As coisas mudaram drasticamente para o The Cure no momento em que assinamos o contrato com a gravadora de Chris Parry, em 1978. Até aquele ponto, éramos totalmente independentes. É verdade que não havíamos avançado muito no mundo louco do rock'n'roll, mas tudo o que fizemos antes de assinar com a Fiction Records vinha de nós mesmos, dos nossos conceitos e pensamentos. Agora, financiados por outra pessoa, tínhamos de levar em consideração os desejos e ideias dela. A gente tentou minimizar a influência externa, mas descobrimos que era um negócio difícil de conseguir.

Acho que tudo começou no dia em que Parry nos apresentou a capa de *Three Imaginary Boys*. Falo "apresentou" porque não tivemos nenhuma participação na decisão de como ela seria. A mesma coisa aconteceu com nosso primeiro single, "Killing an Arab/10:15 Saturday Night". Simplesmente nos exibiram a arte como fato consumado.

Hoje me parece impossível que tenhamos aceitado essa situação. Em nossa defesa, éramos realmente muito jovens e assumimos que era assim que as coisas funcionavam. Além disso, Parry estava nos financiando, então pensávamos que era preciso seguir suas ideias. Para ser justo com ele, acho que sua intenção era boa e que ele realmente acreditava que essa era a melhor forma de nos representar. Contudo, agora entendo por que Robert tem tanta antipatia pelo álbum e pela capa. Faz parte de nós, mas, ao mesmo tempo, não faz. Quero dizer, uma geladeira, um abajur e um aspirador de pó? Quando os jornalistas nos perguntavam sobre isso, tínhamos de inventar histórias sobre quem era o que na capa. Ninguém nunca queria ser a geladeira, acredite.

Há também um lado mais sério nessa mudança toda. Foi de fato a primeira vez que percebemos que teríamos de negociar com outras pessoas fora do nosso círculo imediato. Seria necessário deixar a segurança do que conhecíamos e de tudo o que nos era familiar. Passaríamos de peixes grandes em um lago pequeno a peixes pequenos em um vasto oceano. Inicialmente, isso foi uma vantagem. Éramos tão unidos que ninguém conseguia se infiltrar e nos dividir. Pelo menos por um tempo.

Parry havia nos arrumado alguns shows em Londres, como banda de abertura para vários artistas. Um deles era o UK Subs, de Charlie Harper. Eu já conhecia Charlie de um clube que frequentava em Croydon, o Greyhound, onde ele chegou a me convidar para entrar no Subs. Claro que recusei. As pessoas estavam começando a nos levar a sério, eu podia sentir, e não queria interromper isso. No Moonlight Club, em West Hampstead, onde estávamos abrindo para os Subs, surgiu um olheiro da United Artists que tentou nos tirar da Fiction. Tarde demais: havíamos assinado um contrato de seis meses com Parry em setembro.

A primeira turnê que fizemos fora de Londres e arredores, saindo do circuito de pubs e salões comunitários, foi com o Generation X, primeiro grupo de Billy Idol. Como uma espécie de banda pop-punk, eles tinham alguns hits e estavam tocando para públicos maiores do que poderíamos atrair sozinhos.

O show inicial foi em High Wycombe, uma grande cidade mercantil a oeste de Londres. O local era nada menos que a prefeitura: um antigo edifício georgiano de tijolos vermelhos e fachada de pedras brancas. Um pouco diferente dos pubs e clubes decadentes aos quais estávamos acostumados até então.

Lá dentro, vimos que o palco estava montado para o Generation X, com muitos amplificadores grandes e uma enorme bateria prateada com dois bumbos. O estrelato acenava para nós de forma tentadora. Infelizmente, não seria o evento glamouroso que parecia à primeira vista.

Fomos abordados por um homem corpulento, de aparência ameaçadora, que logo nos informou sobre a dura realidade de ser uma banda de abertura em turnê.

– Vocês vão usar as luzes e o sistema de som, certo? – perguntou o grandalhão.

– Hããã, sim – respondeu Robert.

– Certo, são 25 libras – disse o brutamontes, que havia se apresentado como o tour manager.

– Só isso? – perguntou Robert. Ele, assim como Michael e eu, que estávamos acompanhando a conversa, presumiu que o tour manager estava dizendo que 25 libras era tudo o que ele iria nos pagar se usássemos o sistema de som e as luzes. De repente, uma expressão de entendimento cruzou o rosto de Robert quando ele percebeu que o grandalhão queria cobrar 25 libras pelo privilégio.

– Não temos esse dinheiro – disse Robert. – Temos apenas o suficiente para pagar a gasolina para voltar para casa.

O tour manager então tirou o que achava ser sua carta na manga.

– Sem 25 libras, sem luzes ou sistema de som!

Já tínhamos ouvido falar desse tipo de artimanha no mundo do rock e, como defensores de uma nova realidade, não estávamos dispostos a aceitar. A cara que o grandalhão fez foi impagável quando Robert respondeu ao ultimato.

– Tudo bem, não vamos usar nada disso! – Robert se virou e fez sinal para mim e Michael voltarmos e começarmos a tirar nosso equipamento da van. – Vamos usar nosso próprio sistema de som!

Colocamos então nosso pequeno sistema de som de clube no grande palco da prefeitura e posicionamos algumas luzes de chão que usávamos em pubs, uma de cada lado dos integrantes. Autossuficiência punk.

Não sei quanto isso fez o tour manager gostar de nós, mas certamente chamou a atenção do técnico de iluminação, Angus "Mac" MacPhail, que até hoje é o diretor de iluminação do The Cure. Acho que, por sentir pena de como o grandalhão nos tinha tratado, Mac colocou alguns canais na mesa – gíria de técnicos de iluminação para nos dar algumas luzes para sermos vistos no palco –, o que nos deixou gratos.

Quando as portas se abriram, fomos levados ao palco quase imediatamente "para aquecer o público", como informou o tour manager. Tenho certeza de que Robert lançou um olhar de desdém para ele enquanto marchávamos para o palco. Não éramos iguais a esses hippies velhos que comandavam o show. Isso era óbvio para todos. No entanto, estávamos felizes pela oportunidade de tocar, mesmo que isso significasse lidar, de tempos em tempos, com remanescentes previsivelmente capitalistas da contracultura.

Na maioria das vezes, enquanto a banda de abertura tocava, as pessoas iam ao bar pegar bebidas ou chegavam só no meio do show. Isso aconteceu nos primeiros dias da turnê com o Generation X, mas logo o pessoal começou a sair do bar para nos assistir. Nossa convicção em relação ao que estávamos fazendo era evidente para todos. Tocávamos por cerca de 30 minutos e depois retirávamos nós mesmos todo o equipamento. Nada de roadies para nós!

O show do Generation X era um verdadeiro espetáculo de punk rock. Na música de abertura, "Ready, Steady Go", Billy Idol, resplandecente em um macacão de couro vermelho, avançava para a frente do palco, e, quase como num sinal combinado, mil cusparadas disparavam da plateia como flechas lançadas por arcos em direção a Billy. Para nossa surpresa, ele não recuava diante da chuva de saliva, mas se deliciava positivamente com aquele frenesi repulsivo. De repente, o propósito do macacão de couro vermelho ficou muito claro: era o único material adequado para tal ataque, especialmente considerando que a mesma cena se repetia todas as noites da turnê. Assistimos da lateral do palco por mais alguns minutos, hipnotizados pelo espetáculo do Mr. Idol sendo encharcado com saliva. Acho que todos nós, secretamente, ficamos aliviados com o fato de o público ter decidido que não éramos dignos da sua saraivada de cuspes.

À medida que nos acostumávamos à sensação de estar efetivamente na estrada pela primeira vez, fizemos uma descoberta surpreendente. O camarim do Generation X tinha muita cerveja e, aparentemente, era de graça!

Depois disso, toda noite, assim que Billy e sua turma subiam ao palco, fazíamos uma visita à "sala da cerveja grátis" e pegávamos algumas latas para beber enquanto assistíamos ao show ou conversávamos com os novos fãs que estávamos conquistando. Pouco a pouco, parecia que estávamos nos comunicando com o pessoal que realmente assistia à banda de abertura.

Acho que foi ali que percebi pela primeira vez a incrível habilidade de Robert de conversar com cada fã da banda. As pessoas se iluminavam enquanto ele falava com elas daquele jeito carismático, que fazia com que cada uma se sentisse como se fosse o único fã que importava. Ele ainda tem esse talento nos dias de hoje. Sempre achei uma grande qualidade. O pessoal reagia de forma muito positiva. Estávamos começando a descobrir como o The Cure fazia as pessoas sentirem que pertenciam a alguma coisa, mesmo sendo *outsiders* como nós. Na verdade, provavelmente o motivo era que elas viam que estávamos fora dos canais normais do rock e, portanto, sentiam essa afinidade.

E ainda sentem.

A TURNÊ DO GENERATION X continuou a todo vapor depois daquele começo pouco auspicioso. O tour manager nos evitava enquanto montávamos nosso equipamento, mas, pouco a pouco, fomos nos familiarizando com Nigel, que cuidava do sistema de som do Generation X. Ele gostava de nós, então achamos que poderia ser uma boa escolha para mixar nosso som em nossos próprios shows depois da turnê. Estávamos recebendo ofertas melhores agora e precisaríamos aprimorar um pouco a apresentação em relação ao nosso antigo sistema de som de clube e luzes de chão!

Talvez conseguíssemos convencer Mac a vir "colocar alguns canais na mesa" para nós também?

Tocamos no Croydon Greyhound, um salão de baile no sul de Londres, abrindo para o Generation X num clube que frequentávamos como clientes pagantes. Foi ali que, pela primeira vez, o suposto "glamour" do rock'n'roll foi destruído diante dos meus olhos.

Ao lado do palco, havia duas grandes portas basculantes que davam acesso à área dos bastidores. Como espectador, eu costumava ver as bandas passando por essas portas para subir ao palco. Na minha fantasia adolescente, achava que, atrás delas, existia uma cena muito emocionante de camarim, com todos os apetrechos da mitologia do rock.

Ao entrar no Greyhound como artista, minha primeira missão foi descobrir exatamente o que havia por trás daquelas portas misteriosas. Corri direto para elas apenas para encontrar… a escada de emergência. Não havia camarim. As bandas subiam da rua diretamente para o palco. As histórias glamourosas implodiram ali mesmo para mim. Era como eu sempre temi: fumaça e espelhos (ou escada). Nada concreto.

Uma semana depois, na Universidade de Aston, vários motociclistas brutamontes apareceram na frente do palco, olharam para nós e gritaram:

– Toquem "Paranoid", do Black Sabbath.

Decidimos que era um pedido razoável e, no final do nosso set, a tocamos. Na verdade, só tocamos o que sabíamos da música, mas parece que agradou os caras, já que seu grande líder, de jaqueta de couro e tachinhas, nos abordou mais tarde no bar dos estudantes.

– Vocês são muito legais – disse, com um forte sotaque de Midlands, apontando um dedo com anel de caveira para nós.

Robert olhou para ele e respondeu:

– Obrigado. Que bom que gostou. – Ou algo nesse sentido. Isso pareceu acalmar os demais motociclistas que espreitavam atrás do líder, fazendo-os voltarem ao bar em paz. Por mais que Robert pudesse ser um ímã para a violência, ele também podia ser um remédio calmante para alguns dos elementos mais excêntricos da sociedade. Acho que eles apenas apreciavam o fato de que alguém reconhecia sua existência. Na verdade, a maioria de nós se identifica com isso.

Dois dias depois, aconteceu o ponto alto da turnê. Eu procurava desesperadamente o banheiro para me livrar das várias cervejas grátis do Generation X consumidas após o show em Bristol, no Locarno, um salão de baile dos anos 1960 com cortinas brilhantes e globos de espelho. Era o tipo de lugar mais acostumado a receber concursos de beleza com candidatas de biquíni e saias pareô do que shows de punk.

Saí correndo quando finalmente avistei o banheiro masculino, abrindo o zíper enquanto entrava para economizar um tempo precioso, pois a pressão havia se acumulado substancialmente. Na minha disparada em direção ao mictório, vi, pelo canto do olho, Billy Idol precariamente apoiado no box ao lado, com uma jovem agarrada ao seu peito (ou talvez fosse ele quem estivesse agarrando o dela, o tempo distorce essas distinções).

Um som gutural saiu da minha garganta, algo que poderia ser reconhecido como "Olá, Billy", se eu estivesse em um estado mais sóbrio, mas acabou soando como um grunhido baixo após tanto álcool.

A jovem ficou assustada ao perceber outro músico nas proximidades de seu ninho de amor. Então o sempre cavalheiro Mr. Idol tentou acalmá-la com um valente "não fique nervosa, querida", ou algo do tipo, enquanto ela olhava ansiosa para a porta do banheiro.

Infelizmente, a essa altura eu já tinha chegado ao ponto sem retorno, lançando um jato de urina em direção ao mictório ao lado de Billy. De modo lamentável (para mim, Billy e sua acompanhante), minha mira não estava em seu melhor momento após o consumo de tanta cerveja barata. Ao olhar para onde eu achava que estava o mictório, percebi que, na verdade, estava urinando na perna de Billy. Mijando no Idol!

Depois de receber um de seus característicos sorrisos desdenhosos, fechei o zíper rapidamente e saí dali soltando uma avalanche de desculpas bêbadas. No caminho para casa, quando a sobriedade começava a voltar, já percebia que esse evento talvez não fosse encarado de um modo divertido e descontraído, tipo uma "brincadeira alegre entre camaradas", como poderia se esperar. Entretanto, pensei, não sem razão, que alguém que era banhado em saliva todas as noites não se incomodaria muito com um pouco de urina em suas calças, ainda mais sendo pego no flagra com uma garota local. Talvez fosse até visto como uma espécie de "camaradagem punk". Certo? Errado.

O show seguinte aconteceu dois dias mais tarde no California Ballroom, em Dunstable. Não consigo, sobretudo agora que moro em Los Angeles, conceber um lugar mais diferente da Califórnia do que Dunstable. (Embora o Palm Cove, em Bradford, decorado com um mural pateticamente esperançoso de uma praia com palmeiras, tenha chegado perto. Se você apertasse bem os olhos, quase podia acreditar que estava olhando para algo além de tinta descascada. Quase.)

Quando chegamos ao California Ballroom, conhecido pelos locais como "the Cali", notamos que nossa van estava com um pneu furado. Não era o melhor prelúdio para a noite. Assim que começamos a montar os equipamentos, vi o tour manager, com o rosto vermelho, caminhando resolutamente em nossa direção.

– Último show para vocês, depois daquela brincadeira idiota!

Trocamos olhares cúmplices. Aparentemente, meu acidente no banheiro não tinha sido bem recebido pelos headliners. Ou será que foi o fato de nosso set estar atraindo muitos dos fãs deles o que finalmente fez tudo desandar?

Naquela última noite, subimos ao palco diante de uma plateia composta principalmente de skinheads carrancudos, prontos para o caos. Afinal, esse era o tipo de lugar – e não a capital – onde a verdadeira confusão acontecia, como a maioria das bandas inglesas pode confirmar. Essas eram as apresentações com palco protegido por arame de galinheiro, shows ao estilo Blues Brothers do Reino Unido.

Tocamos nossos 30 minutos determinados enquanto os skinheads subiam ao palco para destruir qualquer coisa que encontrassem pela frente. Com minhas baquetas de nogueira, bati em alguns dedos que tentavam arrancar os microfones da bateria. Saímos rapidamente dali antes que eles finalmente dominassem os seguranças de terno preto e gravata-borboleta alinhados à frente do palco.

Quando Billy e o Generation X chegaram, o lugar se transformou em uma zona de guerra, algo familiar para quem assistiu aos primeiros shows punk no Reino Unido. Ficamos nos bastidores, ponderando se nossa expulsão da turnê tinha a ver com a reação às nossas músicas ou às ações do meu órgão urinário (não seria a primeira vez que ele me metia em problemas). Estávamos assimilando essa triste realidade em silêncio, após passarmos boa parte do show do Generation X consertando o pneu da van na chuva, quando, de repente, a porta do camarim se escancarou e vários skinheads ferozes voaram para dentro da sala.

– Onde ele tá?! Cadê o Billy?!

A expressão em seus rostos indicava que eles não estavam ali para uma conversa educada com Mr. Idol sobre o estado da música punk britânica. Pelo contrário. Queriam mesmo era desmembrar alguém com cabelo oxigenado. Num lampejo de inspiração, nos demos conta de que poderíamos nos redimir e salvar nossa própria pele de uma só vez.

Apontamos os jovens neandertais na direção oposta do camarim do Generation X, fazendo-os dispararem em direção aos braços de vários dos brutamontes de terno que haviam justamente os expulsado da frente do palco. Os seguranças gargalharam de satisfação ao perceberem que, enfim, teriam motivo para uma verdadeira pancadaria!

Num piscar de olhos, traçamos nossa fuga pela porta dos fundos, entramos na van, já pronta, e cruzamos o estacionamento desolador do California Ballroom. Passados alguns quilômetros pela rodovia, sentimos que havíamos escapado tanto dos skinheads quanto do tirânico tour manager.

No entanto, 16 quilômetros adiante, percebemos que, ao consertar o pneu traseiro, acidentalmente furamos o tanque de combustível da van. E agora, devido a um enorme vazamento, precisávamos abastecer a cada 30 quilômetros para chegar em casa. Dunstable a Crawley – ou seja,

123 quilômetros com quatro tanques de gasolina! Jesus chorou! Adeus, dinheiro do show, olá, realidade do rock'n'roll!

Há uma sequência para essa história. Alguns anos depois, estava num clube em Nova York quando um dos meus amigos perguntou:

– Ei, Lol, você conhece o Billy?

Eu me virei bruscamente e me deparei com Mr. Idol em carne e osso! Gaguejei um temeroso "olá" e conversamos hesitantes por alguns minutos. Billy não fez menção à minha indiscrição passada. Talvez eu o tenha julgado mal, pois ele agiu como o epítome do amor fraternal punk, amigável e extremamente charmoso. Ou será que nenhuma palavra era necessária para transmitir o que havia se passado entre dois jovens naquela noite fria de dezembro, nos bastidores da discoteca brega de uma cidadezinha desolada na Inglaterra?

8

A SANTÍSSIMA TRINDADE

Toda banda tem seus altos e baixos, momentos em que parece que o universo conspira a seu favor ou que você foi amaldiçoado para sempre pelo destino. Bons ou ruins, sempre se resumem a uma série de eventos que define o sucesso ou o fracasso. Para o The Cure, esse momento foi o inverno de 1979.

Para promover o lançamento do nosso single "Killing an Arab", com "10:15 Saturday Night" no lado B, Parry agendou um mês repleto de apresentações, incluindo datas no Nashville Room, no Hope and Anchor e no Marquee. Essa era a Santíssima Trindade dos clubes da cena londrina, sendo o Marquee o mais importante.

O Nashville Room era um lugar sombrio que cheirava a cerveja velha e cigarros. Apesar de sua fachada vitoriana respeitável, no estilo neogótico, com tijolos vermelhos, o Nashville Room era o epicentro do punk rock. A qualquer hora do dia, você podia encontrar rapazes de cabelos espetados, vestidos com capas de chuva desbotadas, bebendo no longo balcão de mogno e desenhando símbolos de anarquia, com suas botas no chão coberto de serragem.

Ainda bem que éramos apenas três, porque o palco era incrivelmente pequeno. Nos fundos, uma porta minúscula dava acesso a um camarim que mais parecia uma cela de delegacia. Uma única lâmpada iluminava uma pia toda manchada e quase nada mais. Era ali que nos escondíamos até a hora de subir ao palco. Encostado no balcão de mogno desgastado estava um grupo de skinheads de cara mal-humorada, batendo os pés e raspando o chão com as botas. Pareciam mais uma manada de touros do que garotos.

Era exatamente disso que tínhamos medo.

"Killing an Arab" foi inspirada no romance *O estrangeiro*, do escritor existencialista francês Albert Camus. No livro, o protagonista, por razões que não entende e não consegue explicar, atira em um árabe na praia. Embora a música seja uma reflexão sobre a angústia existencial e não tenha nada a ver com racismo ou assassinato, ela pode atrair o tipo errado de "interessado".

Foi o que aconteceu no nosso show no Nashville Room. Um grupo de skinheads da Frente Nacional apareceu, determinado a causar problemas. Sob a aparência de durões, eram jovens desiludidos como nós, mas, em vez de lutar por algo, culpavam os outros por seus problemas: os estrangeiros, especificamente. Eram contra tudo que não fosse cem por cento branco, protestante e britânico. Com uma música como "Killing an Arab", esses caras provavelmente esperavam encontrar uma espécie de banda de skinheads nazistas. Ficaram tão decepcionados ao nos ver quanto nós ficamos quando os vimos. Eles eram exatamente o tipo de gente tacanha do qual havíamos fugido em Crawley.

Subimos ao palco e trocamos olhares desconfiados. Nosso visual punk havia evoluído um pouco desde os primórdios. Robert ainda usava um sobretudo cinza e enormes sapatos *brothel creepers* azuis, com o cabelo num tipo de franja desgrenhada ao estilo Tom Verlaine. Eu troquei meu corte pseudoafro por algo mais bagunçado e vestia uma camisa branca com calças justas pretas e uma gravata fina. Michael usava uma camiseta listrada, jeans e tênis Converse. O visual geral oscilava entre rock antigo clássico e new wave, decididamente nada punk. Ao mesmo tempo, estávamos mudando tanto nosso visual quanto nossa música.

Isso não agradou os skinheads, cuja desconfiança se confirmou quando começamos nosso set com "Boys Don't Cry".

Fomos nos preparando para o pior à medida que as expressões no rosto dos skinheads passavam de confusão para raiva e, então, para ódio puro. "Lá vem a ultraviolência", pensei. Nenhuma novidade, afinal. Com nossa aparência, nunca recuávamos de uma briga, sendo Robert quem habitualmente levava a pior. Estávamos sempre o salvando. O que não quer dizer que ele não fosse capaz de se defender, porque ele era. Havia um ar quase onírico em Robert, como se ele vivesse com a cabeça nas nuvens. Mas ele não vinha do mundo dos sonhos: ele era de Crawley, e, se mexessem com ele, ele não recuava. E, se mexessem comigo ou com Michael, Robert sempre nos defendia.

Quando os skinheads estavam prontos para invadir o palco, foram contidos por um companheiro sem camisa, com uma enorme tatuagem de uma águia brilhante no peito suado. Ele avançou em direção ao palco, batendo palmas com as mãos calejadas e sorrindo de orelha a orelha. Caramba! Ele gostava da gente!

Seus parceiros ficaram um pouco perplexos com esse desdobramento. Será que o líder deles, o maior e mais intimidador membro da tribo, realmente gostava daquela banda de aparência esquisita vinda de Crawley?

Gostava. E seu entusiasmo se mostrou contagiante: logo, *todos* os skinheads estavam dançando ao som de "Boys Don't Cry". Robert olhou para mim e abriu um sorriso largo. Soltando um suspiro de alívio, deixei a euforia daquele momento me levar às alturas. Havíamos vencido a primeira batalha, sem ossos quebrados, mas a guerra estava longe de terminar.

O NÚMERO 90 DA WARDOUR STREET era fácil de passar despercebido. Soho. O coração do comércio sexual de Londres. O centro da depravação. A única pista sobre sua importância era uma pequena placa de neon pálido que se projetava sobre a calçada na neblina: o Marquee. Para os iniciados, sua luz brilhava como um farol. O Marquee não era um lugar qualquer. Era talvez o local mais importante da história do rock europeu. Vindo da rua, era necessário percorrer um longo corredor revestido de velhos pôsteres amarelados de todos que já haviam tocado ali. Aquilo nos dava arrepios.

The Who. Jimi Hendrix. The Rolling Stones. David Bowie. The Clash. Para nós, era um tipo de templo, o santuário da música inglesa, no qual estávamos prestes a deixar nossa marca com uma residência de um mês: todas as noites de domingo em março. O clube em si, no entanto, era escuro e deprimente. Enormes gabinetes de baixo pretos em ambos os lados do palco ocupavam a maior parte do espaço. Como no Nashville Room, a única entrada para o camarim era uma porta nos fundos do palco.

Uma vez lá dentro, nos deparamos com a absoluta precariedade das instalações. As paredes estavam tão úmidas quanto um porão e cobertas de grafites de outras bandas. No fundo da sala, com o teto inclinado, havia um banheiro notoriamente horrível, onde o glamour do rock'n'roll encontrava seu fim. Parecia que você poderia contrair hepatite apenas por respirar.

Apesar das condições deprimentes, estávamos tomados de empolgação. Nada poderia abalar nosso entusiasmo. Estávamos tocando no Marquee! E ainda podíamos escolher as bandas de abertura para cada show. Selecionamos artistas emergentes como nós, que não se encaixavam em outras cenas, mas passavam o tom certo. As bandas eram The Scars, Fashion e Local Operator. Porém, na primeira noite, ninguém menos que o Joy Division abriu para nós. Apesar disso, foi uma estreia decepcionante. Tocamos com toda a alma para um lugar quase vazio.

Entre os shows no Marquee, Parry nos conseguiu apresentações por toda a Inglaterra, geralmente nas "noites punk". A primeira delas foi no Lafayette Club, em Wolverhampton, comandado por um sujeito grandalhão e extrovertido chamado Vernon, que estava sempre vestido com um impecável smoking. Ele nos tratava como realeza, o que lhe valeu um agradecimento na contracapa do nosso primeiro álbum.

Nossa apresentação no Bournemouth Town Hall virou notícia local: "Garota morde a orelha do namorado em show punk" foi a manchete na manhã seguinte. Em Isleworth Poly, o skinhead com a tatuagem de águia e sua gangue festiva apareceram e serviram como nossos protetores contra outros brutamontes racistas não tão animados que estavam decididos a causar problemas. Quando uma briga enorme estourou, nosso aliado "acalmou" as coisas girando uma muleta de madeira que ele havia confiscado de um cara com a perna quebrada, abrindo espaço entre os skins e o palco. Como a segurança local havia fugido ao primeiro sinal de confusão, ficamos gratos pela presença do Águia. Robert o convidou para ir aos outros shows no Marquee, e ele foi, se juntando à multidão que crescia a cada apresentação. Acho que ele tinha uma queda pelo Robert. Muitas pessoas tinham. Elas eram cativadas por ele, ficavam literalmente encantadas.

Em Kingston Poly, o sindicato estudantil nos informou que não poderíamos tocar nosso single "Killing an Arab". Conseguimos a permissão depois que Robert calmamente chamou alguns estudantes de lado e explicou as origens literárias da música. Eles ficaram constrangidos, mas gratos pela explicação. Não eram só os skinheads que achavam a música racista: os estudantes universitários também! Se Robert pudesse explicar a letra para cada ouvinte, não teríamos tido tantos problemas no início. Conversar e se livrar de encrencas era algo que Robert fazia muito bem, a prática de uma vida inteira.

Noite após noite, show após show, estávamos conquistando o público. Na última apresentação da temporada no Marquee, eu saí para fumar no intervalo entre a passagem de som e a abertura das portas da casa. Atrás de grandes nuvens cinzentas, o sol estava se pondo, com uma leve garoa londrina suavizando as luzes da rua e os letreiros de neon nas vitrines que ofereciam "serviços de acompanhante". Na porta do clube, havia, dentro de um quadro de vidro, um pôster que listava todos os shows que estavam por vir. O nosso naquela noite era o único com um adesivo "esgotado" colado ao lado do nome da banda. Big John, o segurança do Marquee, acabara de colocar um quadro branco no chão, do lado de fora. Em grandes letras pretas, o aviso dizia: "LOTADO".

Fiquei olhando para aquela placa, atônito. Em poucas semanas, passamos de desconhecidos tocando para quase ninguém a isso – seja lá o que fosse. Vencemos. Estávamos nos tornando conhecidos em Londres. Meu devaneio foi interrompido por algumas pessoas que se aproximaram da porta do clube.

– Casa cheia para o The Cure? Sério? – zombaram, incrédulos.

– Sim, senhores – confirmou Big John com um aceno os dispensando. – Lotado.

Eles seguiram pela rua, tão perplexos com essa reviravolta quanto eu. Voltei para dentro do clube sorrindo de orelha a orelha. Mal podia esperar para contar a história a Robert depois do show, quando o equipamento estivesse guardado e o clube, vazio. Podia imaginá-lo rindo enquanto acabávamos com as cervejas mornas e o curry frio no camarim, antes de sairmos para conquistar o restante da Inglaterra, da Europa e do mundo. Era o tipo de história que ele adorava. As pessoas estavam sempre nos subestimando, especialmente o Robert, e nós prosperávamos com isso. Sim, *sem dúvida*, eu podia imaginar ele dizendo, com um sorriso travesso escondido atrás do copo de cerveja: *casa lotada por causa de uns caras esquisitos da maldita Crawley...*

9

THREE IMAGINARY BOYS

O INVERNO DE 1979 FOI O MAIS FRIO EM 16 ANOS, com tempestades fortes e muita neve. Na primavera, o país foi saindo lentamente da hibernação. Já no verão, estávamos criando nossa própria nevasca ao tocar por todo o Reino Unido na turnê *Three Imaginary Boys*.

No entanto, antes que essa "nevasca" se materializasse, tocamos num evento beneficente para nosso antigo professor de faculdade/escola, doutor Antony Weaver. Achávamos que ele havia sido expulso injustamente da Crawley College e, como admirávamos sua postura contrária ao sistema, organizamos um show no centro comunitário local em Northgate, Crawley.

O prédio era uma construção sem graça, utilitária, com acabamento em reboco texturizado, no coração de um bairro de Crawley, com um pub, uma escola e uma igreja cercados por fileiras e mais fileiras de casas novas sem personalidade. Uma síntese, condensada num quilômetro quadrado de subúrbio, de tudo de que queríamos distância. O centro comunitário era muito parecido com um auditório de escola, com um pequeno palco em uma das extremidades, onde montamos o equipamento.

Como havíamos nos posicionado a favor do doutor Weaver e contra a faculdade, os skinheads locais, é claro, apareceriam para ver que tipo de caos poderiam causar naquela noite. Mas não seria como no meu aniversário de 18 anos, quando perseguiram Robert e eu pela ponte da estação de Crawley. Não, agora éramos um pouco mais experientes e, depois da turnê pela Inglaterra, tínhamos certa notoriedade. Havia ainda nossos fãs e os amigos dos nossos irmãos – alguns deles certamente seriam capazes de enfrentar qualquer skinhead problemático da Frente Nacional. Entre eles estavam Frank Bell, vocalista do Cult Hero, e Brian "Headset" Adsett, que faria nossa segurança por vários anos.

Após o confronto que Robert e eu tivemos com aquele grupo de seguidores deles no meu aniversário, a Frente Nacional nunca esteve longe do nosso radar em Crawley. Michael teve até o azar de trabalhar no mesmo ambiente que o líder do grupo local por um tempo. Em Crawley, realmente não dava para escapar da influência perniciosa dos caras, então não ficamos nada surpresos quando uma pessoa da nossa equipe relatou que estavam no centro comunitário.

Com o jornal local pronto para registrar o "banho de sangue", as brigas começaram quando não estávamos nem no início da apresentação. Enquanto tocávamos, vi um dos nossos segurar um skinhead pequeno e cheio de espinhas pelo colarinho – ainda chutando e berrando insultos como "Vou te matar, seu idiota! Me solta, babaca!" – e jogá-lo firmemente para fora do centro comunitário com um chute.

Aquela noite serviu como uma rejeição simbólica de tudo aquilo que havia em Crawley e que nos levara a começar nossa jornada.

A TURNÊ *THREE IMAGINARY BOYS* nos colocou no mapa do Reino Unido. Quando começamos, tínhamos 26 shows agendados, e acabamos fazendo 32, principalmente em clubes, pequenos teatros e algumas faculdades. Em 1979, já acumulávamos cerca de 40 apresentações, incluindo o período no Marquee, então apareceu gente de todo o Reino Unido para nos ver uma segunda vez.

Embora tivéssemos um sistema de som adequado, com Nigel e seu assistente Julian, além de Mac cuidando da iluminação, ainda precisávamos carregar todo o equipamento. Não era exatamente nosso auge, mas estávamos ganhando uma boa reputação como banda ao vivo. Fizemos muitos shows em meio a uma enxurrada de atividades e construímos uma sólida base de fãs desde o início. Era uma maneira de fazer as coisas de forma independente, o que nos preparou bem para o futuro.

A turnê estava programada para terminar no Lyceum Theatre, na Strand, em Londres. Eu tinha assistido a outras bandas punk como os Buzzcocks lá, então, para mim, isso significava que havíamos alcançado o sucesso. No entanto, o organizador do show, aparentemente sem estar ciente da nossa crescente popularidade, decidiu nos colocar no mesmo evento que o The Ruts, que tinha o hit "Babylon's Burning", para garantir casa cheia. Não poderia haver dois artistas mais diametralmente opostos.

O vocalista do The Ruts, Malcolm Owen, era a antítese da abordagem de Robert. Fazia um estilo meio skinhead chique e adotava uma arrogância punk no palco, com seus coturnos e suspensórios. Robert tinha uma atitude punk, mas sua apresentação era muito diferente, como notou naquela noite o jornalista Mike Nicholls, que nos chamou de "o Pink Floyd da New Wave". É verdade que começamos a prestar atenção na forma como as luzes e outros elementos do palco poderiam ser usados a nosso favor, tendo encontrado em Mac um aliado muito competente.

Aos poucos, introduzimos diferentes combinações de cores, usando luzes azuis e luzes estroboscópicas brancas, em vez dos vermelhos e laranja típicos dos shows de rock. Também usamos fumaça e um pouco de gelo seco. Estávamos cientes de que não nos movimentávamos tanto pelo palco como alguns outros grupos, uma vez que o som do The Cure era um pouco introspectivo. Para garantir um certo destaque, então, passamos a ter um cuidado maior com o uso das luzes.

Ao observar o line-up do show do Lyceum, fiquei me perguntando como seríamos recebidos pelos fervorosos fãs do The Ruts. Não deveria ter me preocupado. Como sempre, Robert conquistou as hordas frenéticas – para o desgosto de Malcolm Owen.

Entretanto, em meio a esse turbilhão de atividades, as sementes do descontentamento estavam sendo plantadas. Não estava sendo fácil para

Robert sair em turnê com Michael. Eles até conseguiam conversar, mas não eram realmente amigos como Robert e eu. Não socializavam muito quando eu não estava por perto para fazer o meio de campo, o que estava se tornando um problema para eles e uma dor de cabeça para mim.

Robert e eu sempre conseguíamos rir, nos animar ou nos irritar com as mesmas coisas, enquanto Michael não era assim. Ele sempre guardava seus pensamentos para si.

Depois da turnê, começamos a planejar os próximos passos. Nosso amigo Frankie Bell, de Horley, sempre quis fazer um disco. Ele não era exatamente um músico, mas fazia parte da nossa equipe e tinha esse desejo de ser cantor, então pensamos em ajudá-lo escrevendo algumas músicas para ele cantar. Também achamos que, ao fazer isso, poderíamos resolver dois problemas de uma só vez!

Robert e eu já havíamos saído algumas vezes com Simon Gallup no pub em Horley e gostávamos dele. Parecia natural convidá-lo para tocar no disco que estávamos pensando em fazer com Frankie. Também nos ocorreu que, caso Michael não fizesse mais parte do The Cure, talvez Simon pudesse se tornar o baixista ideal para nós. Convidamos Simon para tocar no single do Cult Hero que gravamos com Frankie, mas, no fundo, era uma espécie de audição informal.

Todos nós passamos um tempo ótimo tocando juntos. Além da bateria, fiz alguns vocais de apoio embriagados. Acho que o aspecto descontraído da gravação não passou despercebido para Robert. Foi muito divertido tocar com Simon, algo que estava faltando nos nossos shows da turnê.

FIZEMOS NOSSOS PRIMEIROS SHOWS na Europa no final de julho de 1979. Tendo saído do Reino Unido apenas em algumas excursões escolares, eu tinha o que era chamado de passaporte de visitante: um documento de papelão de uma única página que me permitia viajar pela Europa Ocidental por um ano.

Agora que eu viajaria para lugares mais distantes, senti que deveria trocar para um passaporte completo, o azul. Naquela época, o passaporte britânico ainda listava a profissão do titular na primeira página. Preenchi o formulário e coloquei "músico" como ocupação, o que foi incrível. Paguei a taxa extra para agilizar o processo, pois partiríamos em breve. Recebi o passaporte apenas alguns dias antes de irmos para a Holanda e de nossos primeiros shows fora do Reino Unido.

Embarcamos na balsa em Harwich e nos acomodamos para a viagem até Hook of Holland. De lá, mais três horas de carro até o festival em Sterrebos, perto de Groningen.

Quando a balsa atracou no porto holandês, desembarquei e entrei na fila do controle de alfândega.

– Próximo! – Um guarda fronteiriço grande e de rosto arredondado fez sinal para que eu avançasse. – Passaporte, por favor.

Entreguei meu passaporte novinho, que ele abriu e analisou demoradamente, primeiro olhando para meu rosto e depois de volta para o documento. Por um momento, entrei em pânico, pensando ter cometido algum erro. Era difícil interpretar a expressão impassível do cara. Então o motivo de sua atenção minuciosa veio à tona. Com um dedo acusador, ele apontou primeiro para os detalhes do passaporte e depois para o meu rosto.

– Músico? Ah! Você tem drogas!

Ele bateu o dedo nas páginas azuis com mais força.

Eu tinha acabado de fazer 20 anos e, embora não saiba exatamente o que minha aparência juvenil indicava para ele, tenho certeza de que não parecia alguém que consome ópio. Sem muita convicção, murmurei:

– Não, senhor, não tenho drogas.

Finalmente, ele percebeu que eu não era nenhum Keith Richards e me liberou. Devolveu o passaporte azul e me despachou com um gesto desdenhoso, após me fazer tremer nas bases por alguns minutos. Maldito.

Fiquei me perguntando se aquele seria o tom das turnês fora da Inglaterra. A questão sobre o The Cure era que, ainda que fôssemos muito ingleses, estávamos abertos a novas experiências e a viver a vida plenamente. Queríamos ver o mundo e tudo o que ele tinha a oferecer.

Chegamos a uma Groningen muito sombria sob um céu ameaçador. O pequeno palco estava montado em um parque na periferia da cidade, onde iríamos tocar no final da tarde. Sendo verão, ainda havia um pouco de luz quando subimos ao palco. Tenho de admitir que estávamos apreensivos. Será que iriam gostar de nós? Conheciam alguma de nossas músicas?

Não precisávamos ter nos preocupado – foi nesse dia que descobrimos que a música é uma linguagem universal. O público holandês nos acolheu de braços abertos e não nos importamos com a chuva torrencial que caía enquanto tocávamos. Na verdade, estávamos tão encantados com tudo que, quando o organizador perguntou se queríamos fazer um segundo show mais tarde naquela noite, aceitamos imediatamente.

– Apenas nos mostre o lugar!

Ele nos levou para o ginásio de uma escola secundária, a uns dez minutos de carro do festival. Pouco tempo depois, tínhamos feito nosso segundo show europeu, tudo no espaço de algumas horas. Estávamos eufóricos. Então o organizador nos deu a notícia:

– Não tenho muito dinheiro para pagar por esse segundo show, mas, se quiserem passar por Amsterdã no caminho de volta, posso conseguir um hotel para vocês ficarem à noite, assim não precisam correr para pegar a balsa noturna de volta.

Um hotel! Em Amsterdã! Era um bônus inesperado. Embora tivéssemos ficado em alguns hotéis durante a turnê no Reino Unido, não eram em lugares tão glamourosos quanto Amsterdã.

Algumas horas depois, chegamos ao centro da cidade. Com nossos primeiros shows europeus no currículo, estávamos muito felizes. O organizador estacionou a van em uma das pequenas ruas ao longo do canal que circunda o centro. Era um lugar muito charmoso, onde vi alguns nomes em fachadas de lojas que conhecia, como De Beers, a famosa joalheria de diamantes. Esperava que o hotel fosse igualmente grandioso.

Cruzamos uma pequena ponte e o organizador parou a van ao lado do canal.

– Ok, pessoal, basta virar aquela esquina e vocês verão o hotel. Está tudo pago. Apenas digam seus nomes ao, hum, proprietário e tenham uma boa noite de sono.

Ele partiu acelerando em uma velocidade indecente para aquelas ruelas do canal. Imaginei que, como era um local, conhecesse bem a área.

Viramos a esquina e descemos até o final de um beco, encontrando um prédio bem discreto. Não parecia um hotel. Vi então uma porta com a palavra "Hotel" escrita de forma desajeitada com tinta branca escorrida. Certamente não poderia ser o lugar. Empurramos a porta e encontramos uma escada circular de madeira subindo vários andares. Enquanto passávamos por um dos patamares, um homem idoso saiu de uma porta.

– Vocês são o The Cure, certo?

Fizemos que sim com a cabeça.

– Quinto andar – disse, entregando a chave presa a uma grande bola de borracha.

Subimos mais alguns lances de escada e encontramos a única porta do andar. Ao abri-la, fomos atingidos por um forte odor que só poderia ser descrito como "perfume de mictório". Entramos no quarto e nos deparamos com várias camas com cobertores cinza ásperos e a fonte do cheiro: um cano de esgoto exposto correndo por toda a extensão do cômodo. A impressão geral era de um campo de prisioneiros da Segunda Guerra Mundial, o que, considerando a localização, talvez tivesse realmente sido em algum momento.

Ainda não estávamos bêbados o suficiente para tolerar aquele cheiro terrível, então tivemos uma ideia bastante razoável.

– Vamos a algum lugar para nos embriagar – sugeri. – É a única maneira de conseguirmos dormir aqui esta noite.

– Excelente ideia, Lol – concordou Robert.

E então fomos nos embebedar.

Num show em Londres, Robert havia conhecido Steven Severin, baixista da banda Siouxsie and the Banshees, e eles se deram bem imediatamente. Isso deu início ao que vejo como uma espécie de terapia de desvio para Robert por alguns anos.

Sempre foi difícil para ele conciliar o evidente lado comercial da indústria musical com o lado artístico. Robert sabia instintivamente que o The Cure tinha valor e era algo significativo. Era muito protetor e não permitia que ninguém tirasse vantagem de nós. Mas também não queria fazer as coisas apenas pelo valor comercial. Isso não o motivava. Ele era (e ainda é) um artista que queria experimentar a vida e vivê-la com uma intensidade que considera satisfatória. Dinheiro e fama não eram o objetivo. De vez em quando, Robert aliviava a pressão vinda da gravadora e do sucesso comercial mudando de rumo de forma drástica. Na minha opinião, essa é a genialidade de Robert Smith: viver a vida nos seus próprios termos enquanto consegue ganhar dinheiro com isso.

Ele sempre dizia, quando éramos mais jovens, que não queria ter uma ocupação em que precisasse levantar todas as manhãs para ir trabalhar. Queria mais autodeterminação. Não é que ele não quisesse trabalhar, mas não via propósito em fazer algo que particularmente não gostava para alimentar os interesses de outra pessoa. Ele ainda é assim, mas também é alguém que sempre trabalhou muito no que acredita.

Embora tenhamos surgido no final da revolução punk – e quisessem rotular o The Cure como "pós-punk" –, nunca nos sentimos assim. Crescemos a poucos quilômetros do olho do furacão, então absorvemos as influências de modo gradual, não no ritmo frenético das mudanças que estavam acontecendo na capital. Isso nos convinha perfeitamente e era fiel ao nosso temperamento como um todo. Quando Robert encontrava algo que dava certo, se apegava a isso. Ele sempre foi muito metódico. Isso funcionou bem para nós no geral. Apesar de ter levado algum tempo para a banda decolar, os valores duradouros estavam lá porque Robert havia pensado em tudo, lenta e deliberadamente.

A turnê de *Join Hands* com o Siouxsie and the Banshees foi uma grande mudança para nós como banda e, provavelmente, o começo do fim para Michael no The Cure. Os Banshees tinham visões um pouco diferentes e valores bastante distintos dos nossos, o que nos deu algo para avaliar nosso próprio caminho.

Robert e eu gostávamos da música dos Banshees, além de Siouxsie ter um carisma inegável. Sempre me dei bem com ela e com Severin. Admirava a Siouxsie porque ela precisava lidar com muito machismo. Ela não tolerava desrespeito de ninguém. Não à toa, já a vi socar alguns indivíduos bem irritantes em mais de uma ocasião. E com razão.

No entanto, é errado caracterizá-la como uma punk agressiva e radical. Siouxsie tem um lado muito carinhoso e gentil que não se revela de imediato. Por exemplo, ela sempre apoiava as garotas que encontrávamos na estrada e que estavam tentando seguir seu próprio caminho no mundo, artisticamente ou de outra forma. Nesse sentido, acredito que ela foi a primeira feminista punk de verdade.

Após algumas datas de aquecimento em Bournemouth e Aylesbury, fomos para Belfast. O show em Aylesbury foi bem caótico, já que um bando de skinheads apareceu para tentar causar problemas. É um fato curioso que quase toda a violência nos shows do Reino Unido na época ocorria nas cidades ao redor de Londres. Lugares como Crawley.

Ao desembarcarmos da balsa em Belfast, ficou óbvio que estávamos em uma zona de guerra. Soldados e policiais andavam pelas ruas, marcadas por prédios destruídos por bombas. Ao virarmos uma esquina no centro da cidade, Parry encostou o carro e apontou para um policial ao lado de uma guarita.

– Lol, vá perguntar àquele policial o caminho para o Europa Hotel.

– Sem problema – respondi, soltando o cinto de segurança e caminhando rapidamente até o policial.

O que eu não tinha visto era que, dentro da guarita, havia um soldado britânico com um rifle na mão. Quando me aproximei do policial, o soldado, com razão, pensou que aquele cara todo de preto poderia ser uma ameaça. Ele girou, apontando sua arma para o meu abdômen.

– Com licença, senhor policial – gaguejei. – Poderia nos indicar o caminho para o Europa Hotel?

Ao ouvir meu sotaque do sul de Londres, acho que eles perceberam que eu não estava tentando atacar a guarita e relaxaram um pouco.

– Siga cerca de um quilômetro naquela direção – ele apontou –, e você verá o Europa. É o prédio em frente ao pub bombardeado.

O Europa Hotel tinha a reputação de ser o "hotel mais bombardeado da Europa", tendo sido alvo de ataques pelo menos 28 vezes durante os conflitos na Irlanda do Norte. Eu também tinha ouvido falar que bombas eram arremessadas por cima da cerca de segurança com tanta frequência que o Europa não tinha mais quartos nos primeiros quatro andares. De fato, quando chegamos ao portão de segurança na frente do hotel, parecia não haver nada nos andares inferiores, exceto o bar. Suponho que a ideia era que, se você estivesse bêbado, se importaria menos com uma bomba ocasional.

O show em si seria um pouco problemático, pois a equipe técnica havia perdido a hora em Liverpool, e, portanto, não tínhamos nenhum equipamento. Foi então que conhecemos um dos verdadeiros heróis do movimento punk: Terri Hooley, que havia fundado o Good Vibrations a partir de sua loja de discos, transformando-o no selo musical mais descolado de Belfast. O Good Vibrations foi responsável por "Teenage Kicks", dos Undertones, entre muitos outros singles.

Terri era amigo de Parry, então ele conseguiu que uma de suas outras bandas, The Outcasts, nos emprestasse seus instrumentos para o show. A apresentação foi boa, mesmo tendo de tocar depois dos Banshees por causa de um grande atraso no início. Felizmente, parte do público ficou para nos assistir. Mais tarde, no bar do Europa, me sentei com Terri e tentei beber Guinness o suficiente para não me preocupar com a possibilidade de ser explodido. Ele acalmou meus temores.

– Se você não fez nada a ninguém, ficará bem, Lol. Eles vão te deixar em paz.

Com essa ideia soando bastante razoável, continuamos conversando – ou melhor, eu continuei. Em algum momento, percebi que, embora parecesse que Terri estava me observando com um olho semicerrado e com a cabeça apoiada no encosto confortável da sua cadeira, ele, na verdade, estava completamente apagado! Mais tarde, descobri que Terri havia perdido um olho quando criança, sendo sua prótese de vidro o motivo de eu achar que ele ainda estava acordado.

Pelo menos ele não tirou o olho e colocou na minha cerveja, o que, pelo que me contaram, era algo que ele gostava de fazer de vez em quando. Terri Hooley, um cara gente boa e um verdadeiro punk original.

Viajamos para Aberdeen no dia seguinte, onde fomos recebidos por outra mudança radical. Eu deveria ter percebido que seriam dias incomuns quando chegamos ao hotel e encontramos o lugar cheio de policiais e inúmeros soldados. Que diabos tinha acontecido?

Aparentemente, Margaret Thatcher, então primeira-ministra, estava hospedada no nosso hotel. Daí o forte esquema de segurança. Infelizmente, isso significava que não podíamos fazer o check-in imediatamente. Começava a parecer um tipo de estado de sítio.

Fomos direcionados para um canto nos fundos do estacionamento, perto de uma pequena cerca viva. Eu não tinha conseguido mijar desde que saíramos da balsa em Belfast. Como já era início da noite, saí para urinar ao lado da cerca, sob o manto da escuridão. Enquanto aproveitava a sensação de alívio, notei vários pequenos pontos vermelhos ao meu redor. Confuso, olhei para o telhado do hotel, de onde pareciam vir as luzes. Então os vi. Três ou quatro atiradores da polícia com miras infravermelhas apontadas para mim!

Parecia que meu órgão genital tinha me colocado em apuros novamente. Acenei para eles, na vaga esperança de que percebessem que o que eu estava fazendo não representava ameaça à segurança da primeira--ministra. Funcionou, pois as luzes vermelhas se apagaram e ninguém veio me prender.

Mais tarde naquela noite, depois que nos acomodamos no hotel, descobrimos que os políticos eram muito mais baderneiros do que qualquer banda de rock. Vários parlamentares bêbados foram retirados do bar em estado deplorável por membros de suas equipes. Gravei na memória para não votar em nenhum deles nas eleições!

No dia seguinte, havia uma estranha tensão no ar quando chegamos ao Capitol Theatre para a passagem de som. Onde estavam Kenny Morris e John McKay, respectivamente baterista e guitarrista dos Banshees? Eles não pareciam estar no prédio, já que Siouxsie e Severin fizeram a passagem de som sozinhos.

Descobrimos que todos haviam participado de uma sessão de autógrafos em uma loja de discos mais cedo naquele dia e discutido com o proprietário sobre a distribuição gratuita do álbum *Join Hands*. Kenny e John saíram furiosos e pegaram o primeiro trem para Londres, colocando a turnê em risco.

Entramos no palco no horário previsto e tocamos nosso set. Na sequência, Dave Woods, o empresário dos Banshees, veio até nós.

– Será que vocês poderiam voltar e tocar mais algumas músicas? Acho que os Banshees não vão conseguir se apresentar esta noite!

Robert topou, e, após Siouxsie e Severin irem ao palco dar a má notícia ao público, voltamos e tocamos versões cruas de músicas que estávamos compondo, a maioria ainda sem letras. Siouxsie e Severin depois se juntaram a nós no palco para uma versão improvisada de "The Lord's Prayer". Foi uma noite bem caótica.

Mais tarde, enquanto bebíamos todos juntos, Robert, num gesto de nobreza, disse que tocaria guitarra se precisassem, e eu também ofereci meus serviços. Todos queríamos que a turnê prosseguisse. No entanto, por ora, ela não estava indo a lugar nenhum.

De volta para casa, fomos ao estúdio gravar "Jumping Someone Else's Train", que seria nossa última gravação com Michael. Também fizemos um show como atração principal em um novo festival pop, diante de dez mil fãs holandeses muito entusiasmados. Estávamos abrindo nosso próprio caminho na Europa.

Enquanto gravávamos, Siouxsie e Severin apareceram no estúdio para pedir a Robert que os ajudasse tocando guitarra nas datas finais da turnê. Eles agora tinham um novo baterista, Budgie, do The Slits, e estavam prontos para continuar.

Dar continuidade àquela turnê foi difícil para Michael e para mim, sobretudo para ele. Eu naturalmente me dava melhor com os Banshees do que Michael, que, muitas vezes, ficava meio deslocado. Embora eu suspeite que aquilo tivesse mais a ver com seu relacionamento deteriorado com Robert do que com qualquer outra coisa.

Eu também adotei uma abordagem mais pragmática sobre o que estava acontecendo. Embora achasse cansativo e mentalmente exaustivo para Robert tocar nosso show e depois o set dos Banshees, sempre senti, no fundo do coração, que a verdadeira lealdade de Robert estava com o The Cure. Mesmo após a turnê, quando ele se envolveu ainda mais com os Banshees, nunca senti que ele ficaria naquele grupo para sempre. O que ele precisava era de um lugar para aliviar o estresse que sentia como líder do The Cure, de modo que tocar músicas de outras pessoas diminuía essa pressão.

Se tem uma coisa que aprendemos com os Banshees foi a sermos muito mais assertivos ao fazer negócios nesse novo mundo em que nos encontrávamos. Siouxsie e Severin tiveram de lutar muito nos primeiros dias do punk para que os Banshees fossem levados a sério, aprendendo a defender suas opiniões e a inserir sua arte na equação. Funcionou. Demoramos um pouco para desenvolver nossa firmeza em relação aos nossos desejos e necessidades. Afinal, éramos garotos educados da classe média, até então nunca expostos à brutalidade e à competição feroz da antiga e desagradável indústria musical.

Embora os Banshees possam ter feito todo tipo de planos para manter Robert na banda, isso nunca iria acontecer. Eu conhecia Robert bem demais. Ele precisava ter algo próprio – e os Banshees nunca seriam dele. Ele precisava ser o capitão de seu próprio navio, não apenas um tenente de confiança.

ESTÁVAMOS DE VOLTA A CRAWLEY, na casa dos Smith, quando Robert nos apresentou uma fita cassete para ouvirmos.

– Essas são algumas ideias que tenho para o próximo álbum – disse ele enquanto a inseria no toca-fitas.

Ao me perguntar se eu me lembrava daquela maldita noite em Newcastle, balancei a cabeça afirmativamente. Robert havia se envolvido em uma briga com três engravatados dentro do elevador do nosso hotel durante a turnê de *Join Hands*, enquanto Michael e eu estávamos em sono profundo no quarto. Ele foi brutalmente espancado, mas usou a energia e a dor daquela noite para escrever sobre suas emoções nas músicas para o próximo álbum.

– Tive muitas ideias naquela noite e venho trabalhando nelas.

Ele então apertou o play no toca-fitas. Enquanto ouvia, fiquei impressionado com a beleza minimalista das músicas. Algumas tinham letras, mas não todas. Eram esboços esparsos que ele havia criado usando principalmente sua guitarra e o órgão elétrico na nossa sala de ensaios. Ele utilizou a bateria eletrônica rudimentar do órgão para as batidas e registrou tudo num pequeno gravador simples. Era uma mudança inspirada pela nossa exposição ao que havia de mais moderno na música, como o Wire e os Banshees. No entanto, senti que, mais do que os Banshees, a real influência era o Wire. A sonoridade punk despojada e sutilmente dinâmica deles estava muito mais alinhada ao que estávamos pensando e fazendo do que o drama mais bombástico dos Banshees. Para mim, não éramos como nenhum dos dois, mas musicalmente vejo mais conexão com o Wire.

Enquanto eu havia adorado as novas músicas, Michael se mostrou bastante indiferente.

Dentro daquele vislumbre do que viria a ser *Seventeen Seconds*, ouvi uma sonoridade gélida que refletia minha própria sensação de solidão na época. Acho que Michael não se identificava com isso da mesma forma, então é possível que, na opinião dele, parecesse um passo na direção errada. Senti que ele queria fazer algo mais melódico e intrincado do que sugeriam os fragmentos de música apresentados por Robert. Eu, por outro lado, me conectei imediatamente, mesmo que fossem apenas ideias esqueléticas, a espinha dorsal das músicas que ainda estavam por vir.

Por baixo de tudo isso, nosso verdadeiro problema tinha a ver com o fato de sermos garotos ingleses do subúrbio. Em algum lugar na estrada, as coisas mudaram para nós, mas não tínhamos realmente as ferramentas emocionais para lidar com os sentimentos uns dos outros de uma maneira construtiva. Em vez de falar sobre as diferentes formas com que nos sentíamos em relação às músicas, mantínhamos uma conversa civilizada e nos limitávamos a discutir sua mecânica. Escolhemos um modo bem inglês de lidar com nossas emoções: simplesmente não lidando com elas. Achávamos que, se ignorássemos nossos problemas, eles sumiriam. Essa mentalidade foi a maior barreira para a continuidade do The Cure ao longo dos anos. Ela destruiu muito mais do que criou.

Em pouco tempo, o abismo entre Robert e Michael se ampliou. Se todos nós tivéssemos sido menos emocionalmente imaturos, talvez pudéssemos ter resolvido nossas diferenças. Mas acho que foi algo bem característico da juventude – e a experiência teria sido o único caminho para solucionar essa questão.

De qualquer forma, coube a mim contar a Michael sobre a ruptura que havia se estabelecido e sobre Robert sentir que não daria mais certo. Para crédito de Michael, ele nunca guardou nenhum tipo de rancor em relação a mim por isso. Acho que percebeu que era algo era inevitável, por mais difícil que tenha sido. Sei que não foi fácil para mim.

Também acho que, de certa forma, foi uma situação que acabou trazendo um tipo de alívio, pois a pressão havia se acumulado tanto nos meses anteriores que era impossível continuar sem algum tipo de mudança. Foi a primeira vez que testemunhei o lado teimoso de Robert. Não acho que ele tenha planejado a saída de Michael. Nunca acreditei que ele fosse tão maquiavélico, mas Robert definitivamente tinha uma ideia clara da direção que queria dar à banda e estava determinado a seguir seu plano até que alguém provasse que ele estava errado.

Ele ligou para Michael depois que dei o primeiro passo e disse que, se ele quisesse, poderia ficar com o nome The Cure e nós formaríamos um novo grupo. Mas, obviamente, não foi o que aconteceu.

Robert e eu fomos então à casa de Simon e perguntamos se ele queria entrar para a banda. Claro que ele quis. Sabíamos que ele se encaixaria bem conosco, tanto musical quanto socialmente.

Decidimos que deveríamos mudar algumas coisas. Estávamos cientes de que Parry nos via como um trio de power pop e queríamos definitivamente desfazer essa ideia, oriunda dele ou de qualquer outra pessoa. Desde os primeiros dias, Robert sempre desafiou as expectativas. Não por teimosia, mas para se manter vibrante e conectado com o que estava fazendo. Nunca foi do tipo acomodado. E isso seria uma maldição para ele.

Robert e eu conversamos sobre o que poderíamos fazer para tornar as coisas diferentes. Ao ouvir as demos de *Seventeen Seconds*, parecia uma boa ideia introduzir outros instrumentos nas músicas, que quase imploravam para ganharem um pouco mais de "cor". Um dos amigos de Simon era Matthieu 'Matty' Hartley, que tocava teclado. Eu já tinha visto Matty pela cidade com diferentes cores de cabelo, e tanto Robert quanto eu achamos que ele poderia acrescentar algo às músicas. Além disso, queríamos que Simon se sentisse à vontade no The Cure e pensamos que, se seu amigo viesse junto, talvez ele ficasse mais confortável. Como foi inevitável uma certa reação negativa da banda antiga de Simon com sua saída, acreditávamos que, com seu amigo ao lado, ele lidaria melhor com a pressão. A cena musical estava mudando, evoluindo do punk cru e meio thrash para novos territórios. Sentíamos que estávamos na vanguarda do que viria a seguir.

Com uma nova banda e novas músicas, parecia uma boa ideia unir ambas e fazer alguns shows ao vivo para que as pessoas pudessem vivenciar o que éramos capazes de produzir. Pegamos a estrada com nossos colegas de gravadora, The Passions e The Associates, na turnê *Future Pastimes*. Acho que essa é a razão de *Seventeen Seconds* ser um álbum tão bem acabado. Tínhamos uma nova mentalidade ao trabalhar com as músicas e tempo para explorar o que funcionava e o que não funcionava ao vivo. Começando com alguns shows no Reino Unido, aquela foi a primeira vez em muito tempo que tocamos canções ainda inacabadas. Tínhamos tocado o mesmo setlist durante as turnês de *Three Imaginary Boys* e *Join Hands*, então foi revigorante ter músicas novas para experimentar.

Pouco depois da etapa britânica da turnê, estávamos em uma balsa, prontos para conquistar a Europa de verdade. A onda punk havia passado e nós seríamos o novo som. Podíamos sentir isso. A turnê foi difícil, mas incrível; percebi que as pessoas entendiam o que estávamos fazendo. Porém, como logo descobriria, nem tudo seriam flores.

Estreamos nossa formação como quarteto em Eindhoven, na Holanda. Na sequência, parecia apropriado comemorar. E foi o que fizemos. Bebi tanto vinho tinto que achei que ia morrer. De alguma forma, acabei deitado no chuveiro, com a água escorrendo sobre meu rosto, tentando entender o que tinha acontecido comigo. Eu me sentia muito mal por causa da bebida. Não parecia mais divertido, mas também não conseguia parar. Ainda que fosse assustador, eu não via conexão entre meu consumo de álcool e a sensação sombria e deprimente que vinha depois, o que me fazia querer beber ainda mais. O caos e a dor continuaram crescendo até explodir. Mais uma vez, Robert veio ao meu resgate.

Acho que no Reino Unido chamam de *glassing* quando alguém é atacado com uma garrafa de vidro quebrada. Esse é o termo comum para o que aconteceu comigo. Não estava muito preocupado com a definição, mas bem consciente de uma dor aguda no lado esquerdo do meu rosto, logo abaixo do olho. Instintivamente, coloquei a mão no lugar de onde vinha a dor, encontrando uma substância morna e pegajosa nos dedos, combinada com pedaços quebrados de algo cristalino. Demorou alguns segundos para eu me dar conta de que meu agressor havia quebrado um copo de Pilsner na lateral do meu rosto, que se abriu como uma cebola sob uma faca afiada. Olhei para baixo e vi minha camisa, antes branca como a neve, encharcada de sangue vermelho brilhante. Em estado de choque e raiva, recobrei a sobriedade quase instantaneamente ao perceber o que tinha acabado de acontecer comigo. Segurei meu agressor pelos ombros e o empurrei furiosamente para trás, jogando-o para longe de mim e de volta à escuridão do clube.

Impulsionado por mãos que eu não conseguia ver, cambaleei em direção ao banheiro apertado, onde, ao olhar para o espelho turvo e manchado, me deparei com uma imagem horrível. Minhas feições estavam contorcidas e envoltas em vermelho, como um retrato de Francis Bacon. Quase gritavam para mim do meu reflexo sombrio. Passei uma toalha improvisada no rosto ardente para estancar o sangue, mas logo uma mancha vermelha apareceu também na toalha.

– Merda! – Foi tudo o que consegui dizer.

Aquilo exigia mais atenção do que eu poderia dar. De repente, Geil, o representante da gravadora local, entrou no banheiro.

– Vamos, Lol. Vou te levar ao pronto-socorro. Você precisa tratar isso.

Eu tirei os olhos da pia de porcelana branca, onde observava gotas de sangue caírem, e olhei para cima.

– É, você provavelmente tem razão – consegui murmurar baixinho. Eu estava em choque e quase desmaiando. Geil antecipou minha próxima pergunta.

– O Robert nocauteou aquele idiota! O segurança já o pegou e ele vai direto para a cadeia, eu prometo.

Robert, meu amigo de infância, companheiro da adolescência e agora defensor na vida adulta, tinha aplicado a justiça punk e me protegido. Mais uma vez.

Corremos no carro de Geil pelas ruas escuras e úmidas de Ghent, na Bélgica, em direção ao pronto-socorro. Assim que entramos no hospital, ficou evidente o quanto de sangue havia escorrido do meu rosto cortado. Um dos membros da equipe tinha conseguido uma camiseta de merchandising para mim, então tirei minha camisa ensanguentada e a joguei na lixeira mais próxima.

E pensar que tudo havia começado como uma mera comemoração pelo fim da turnê. O The Cure, junto com sua equipe de estrada, tinha sido convidado para o único clube alternativo de Ghent para beber e dançar até o amanhecer. Era uma ótima oportunidade para relaxar após um longo e exaustivo ano de turnês. Depois de termos feito 125 apresentações extenuantes naquele ano, finalmente iríamos para casa no dia seguinte, antes da véspera de Natal. Enquanto conversava com duas garotas belgas que tinham assistido ao show, eu estava começando a ficar agradavelmente bêbado até que um indivíduo cambaleante ao meu lado pegou meu copo e deu um grande gole. Apesar de irritado com seu comportamento grosseiro, preferi ignorar. A gravadora estava pagando pelas bebidas, então, que diferença fazia? Pedi outra. No entanto, o idiota totalmente embriagado tinha outros planos e passou a importunar minhas companhias. Ele puxou uma delas de forma bruta para perto de si, momento em que intervi e o empurrei para longe. Ele caiu desajeitadamente sobre uma mesa vazia, espalhando copos por todo lado.

Foi então que aconteceu. Ele se levantou, agarrou um copo e eu senti um golpe rápido e agudo quando o vidro explodiu no meu rosto. Demorou um ou dois segundos para eu perceber o tinha acontecido, tal como um acidente de carro. Então a realidade voltou e me acertou com força.

A visão do médico me tirou do devaneio na sala de espera.

– Muito bem – ele disse em um inglês perfeitamente fluente. – Parece que você esteve em uma guerra! Deixa eu dar uma olhada, por favor.

Ele examinou meu rosto mutilado e afastou o cabelo que estava colado no sangue.

– Está muito ruim? – perguntei.

– Acho que podemos consertar. Vai parecer que você esteve em um duelo de esgrima à moda antiga, mas isso não é tão ruim para o rosto de um homem. Dá certa personalidade, não acha? – Ele riu, um pouco nervoso.

Eu não achei graça nenhuma.

– Você teve muita sorte. Passou a um centímetro do olho.

Refleti sobre o que tinha acabado de ouvir. Estava preocupado e, de repente, senti muito frio. Tremia incontrolavelmente enquanto seguia Geil e o médico para uma espécie de sala de cirurgia.

– Deite-se na maca, por favor.

Assim que obedeci, um lençol foi colocado sobre meu rosto como se eu tivesse acabado de morrer. Notei um pequeno buraco no tecido pelo qual conseguia ver a mão do médico com uma pinça. Ele retirou pedaços quebrados do copo da minha bochecha.

– Vou aplicar uma anestesia, mas é provável que você já esteja bem entorpecido.

Não pude deixar de notar o forte cheiro de álcool no ar. Achei que talvez viesse de mim, ou quem sabe da solução usada para limpar meu rosto dilacerado.

O primeiro de 15 pontos perfurou minha carne rasgada. Felizmente, a anestesia funcionou e a dor foi aliviada. Parecia que alguém estava passando uma linha de pesca pela minha bochecha. O que, suponho, era bem próximo da verdade. Relaxei e deixei o médico fazer seu trabalho. Pelo menos eu estava vivo, certo?

– Caralho! Ele tá morto?

Saí do meu torpor narcótico ao ouvir a voz de Elvis perguntando ao médico sobre minha aparente morte. Não estou falando do "Rei" Elvis, devo acrescentar, mas do nosso roadie, que tinha o mesmo nome. Devo ter tomado Demerol demais até para alguém como eu.

– Não, Elvis, não morri, caralho! – respondi rouco debaixo do lençol. Não o culpei por pensar que eu tinha morrido. Provavelmente parecia que o médico estava trabalhando em um cadáver. Senti que estava gelado, machucado e muito, muito mais sóbrio.

– Estou tão feliz que você está vivo, Lol! – exclamou Elvis com seu forte sotaque de Yorkshire.

Nossa equipe era como uma extensão da banda. Tínhamos passado muito tempo juntos nos últimos meses, amontoados em hotéis e bastidores confinados onde o show era nosso único foco. Irmãos, de certo modo.

Por fim, o médico terminou sua habilidosa costura e fui encorajado a ficar sentado. Fiquei um pouco tonto no início. Ele então me entregou um espelhinho para inspecionar seu trabalho, o que achei um pouco cruel, mas eu ainda estava em choque o suficiente para aceitar o objeto e encarar meu rosto. Como cortes de florete, dois talhos retos na minha bochecha esquerda agora estavam unidos por fios pretos quase invisíveis sob uma fita translúcida. O trabalho do médico estava obscurecido pela vermelhidão e pelo inchaço. Nesse momento, senti a voz irritada e ligeiramente insistente gritando dentro de mim: preciso de uma bebida.

Eu me despedi do bom médico e agradeci por seu trabalho. Geil, Elvis e eu saímos pelas portas do pronto-socorro.

– Para onde, Lol? Para o hotel?

Minha voz estava um pouco hesitante no começo, mas logo ganhou confiança.

– Hmm, não, acho que vou me juntar ao pessoal lá no clube.

Meus companheiros ficaram um pouco perplexos. De qualquer forma, Geil ligou o carro em silêncio e saímos do estacionamento, passando pelo grande letreiro de neon vermelho que dizia "Hospitaal", naquela maneira flamenga de usar vogais duplas, e voltamos à estrada de duas pistas em direção ao centro de Ghent e ao clube.

Ao entrar, ouvi os suspiros de várias pessoas. Pedi uma bebida e logo tudo estava como antes. Quer dizer, mais ou menos. Do outro lado do bar, avistei minhas feições um tanto macabras no espelho. Os hematomas já começavam a aparecer. Na manhã seguinte, certamente estaria bem pior. Decidi beber até não me importar mais com minha aparência ou com o que eu sentia. E foi o que fiz. Eram três da manhã de 24 de dezembro de 1979.

Feliz Maldito Natal a todos!

10

SEVENTEEN SECONDS NOS EUA

Com *Seventeen Seconds*, combinamos elementos musicais que realmente admirávamos com nosso toque pessoal. Tanto Robert quanto eu adorávamos o álbum *Low*, de David Bowie, e Robert também era fã do trabalho de Nick Drake. Ouvindo o disco anos depois, não só consigo identificar essas influências, como, acima disso, percebo a genialidade musical de Robert vindo à tona pela primeira vez.

Depois que tínhamos todos os elementos prontos, fomos para o estúdio. Trabalhamos novamente com Mike Hedges, que, a essa altura, entendia nossos métodos e motivações, oferecendo o complemento perfeito. Hedges estava aberto a novas formas de gravar e de fazer música. Ele nos ajudou de inúmeras maneiras. Todos nós o considerávamos encorajador e criativo.

Ainda não tínhamos muito dinheiro, então o tempo de gravação era curto. Experimentamos bastante, chegando, em certo momento, até a trocar nossos instrumentos uns com os outros para ver o que acontecia. Essas faixas não foram usadas, o que já diz muito sobre o resultado. Dormimos no antigo Morgan Studio 1 durante algumas sessões, o que foi meio assustador, pois o lugar já tinha sido uma igreja. Acima do teto novo havia um antigo telhado de vitrais. Quando o estúdio estava escuro, ele ficava visível com um brilho espectral. Às quatro da manhã, parecia algo de outro mundo.

Foi um período muito feliz para mim e para Robert: tínhamos uma nova banda com Simon e Matty, além de Parry nos dar a liberdade de gravar o que quiséssemos. Todos nós contribuímos na produção. Quando Robert estava cantando, ficávamos na sala de controle dando nossa opinião. Por um tempo, o processo foi muito coeso. Estávamos realmente conectados com a música e sei que Robert estava especialmente satisfeito por poder produzir o álbum por conta própria.

Matty era um músico competente, mas tinha uma tendência a querer adicionar mais elementos e variações do que Robert desejava usar. Se *Seventeen Seconds* fosse ter uma tonalidade, seria um álbum muito suave, quase monocromático. No início, isso não foi um problema, pois conseguimos o que precisávamos para que as músicas fizessem sua mágica hipnótica. Matty estava de acordo. Entretanto, no final, ele começou a se sentir limitado por essa abordagem minimalista.

Hoje é óbvio para mim que um dos principais ganhos que tive com o The Cure foi a liberação emocional e a compreensão de onde eu estava espiritualmente em qualquer momento. As letras sempre falaram comigo de uma forma muito útil e terapêutica. Para mim, elas eram como um diário. As coisas que escrevíamos eram pessoais, mas aplicáveis a todos, o que as torna quase sagradas quando reflito sobre elas. Sagradas de uma forma pessoal, por assim dizer.

No começo, quando Robert tinha dificuldade para finalizar as letras de uma música, eu sempre ajudava com algumas palavras ou versos meus. Apesar de estar tão emocionalmente prejudicado quanto qualquer outra pessoa da nossa época, as letras também me impactavam, mesmo quando as via tomando forma aos poucos. Para mim, essa era a verdadeira magia. Esse era o propósito genuíno, se é que havia um, do The Cure: servir como um tipo de terapia emocional que criávamos com nossos sons e fúria.

Anos depois, quando alguns tentavam nos culpar por causar depressão nas pessoas ou até levá-las ao suicídio, parecia que estavam ignorando um ponto crucial. Tínhamos criado essas músicas justamente para aliviar esses mesmos sentimentos em nós, um horror do mundo com o qual só conseguíamos lidar cantando e tocando nossa música peculiar. Em resumo, foi assim que nosso típico jeito inglês de autodesprezo e repressão emocional ajudou a abrir o caminho para a banda. Acho que fomos pioneiros nisso, principalmente no que diz respeito a auxiliar jovens reprimidos. Sempre me senti honrado e impressionado pelo número de pessoas que me falaram isso ao longo dos anos. Certamente foi uma das razões que guardei comigo para seguir em frente quando as coisas pareciam difíceis.

É ESTRANHO PARA MIM que todos os membros do The Cure ao longo dos anos, quase sem exceção, se encaixassem em uma categoria de pessoas que estão no meio do caminho entre o introvertido e o extrovertido. Ambivertido é o termo. Suponho que essa descrição sirva para quase todos nós em um momento ou outro, mas no The Cure éramos uma versão radical. Sobretudo Robert. Ele podia ser muito sociável e extrovertido ou exatamente o oposto. Acredito que, para se apresentar diante do público, é necessário ter elementos de ambos. Caso contrário, simplesmente não tem como.

Nunca tive medo de palco, só uma empolgação para estar nele. Creio que refletir e ser introspectivo é útil às vezes, mas a espontaneidade também pode ser um caminho.

Seventeen Seconds foi o primeiro álbum do The Cure no qual conseguimos começar a expressar nossos sentimentos. Até mesmo a capa, na qual Robert insistiu em opinar, reflete isso. As fotos da banda estavam todas desfocadas, o que sentimos que retratava corretamente o que queríamos que nossos fãs captassem do álbum. Queríamos que as pessoas se concentrassem na música, nas canções, não na nossa aparência. Pela primeira vez, fomos representados corretamente, tanto na arte do álbum quanto no território sonoro da música. Foi gratificante. Acho que, se aquele tivesse sido o último trabalho do The Cure, teríamos deixado nossa marca. Significava muito para nós.

Se houve um momento de gênio na gestão de Parry sobre o The Cure, foi naquele dia no início de 1980, quando ele ouviu Robert dizer que não precisava ir ao estúdio para a gravação, que podíamos fazer sozinhos. Ele percebeu que, ao retirar seu próprio ego da equação e nos deixar ir adiante, nos colocaria em um caminho que talvez nunca tivéssemos alcançado de outra forma. Acredito nisso de verdade. Como aquela planta da qual você cuida demais e acaba matando, Parry percebeu (ou ao menos esperava) que talvez florescêssemos por conta própria. Embora ele ainda aparecesse no estúdio para ouvir o que estávamos fazendo, acertadamente deduziu que atenção em excesso poderia matar as belas flores prestes a desabrochar.

Nossa primeira turnê nos Estados Unidos quase foi a última.

Primeiro, tivemos problemas para entrar. Após aterrissarmos no aeroporto JFK em Nova York, estávamos todos aguardando para passar pelo usual processo de imigração. Embora as coisas tivessem melhorado desde Ellis Island,[2] acho que nossa aparência e atitude provavelmente incomodaram os "caras normais" que trabalhavam nos postos de fronteira.

– Então, o que vocês estão fazendo em *Noo Yawk*? – perguntou o homem grande, uniformizado, segurando todos os nossos passaportes na mão, apontando para nós quatro.

---

2. A Ellis Island, ilha em Nova York, foi o principal centro de recepção de imigrantes dos Estados Unidos entre 1892 e 1954. [N. E.]

– Somos uma banda. Vamos tocar no Hurrah's – disse Robert.

– Uma banda, sério? Como se chamam? – rebateu o homem olhando desconfiado para nós.

– The Cure – respondeu Robert.

– Licor? Hmmm... – Ele pronunciou aquela palavra como se tivesse um gosto ruim na boca. Então veio *a cereja do bolo.* – Então vocês são uma banda de *faggots*, é isso?

Claro que não fazíamos a menor ideia do que ele queria dizer. Na Inglaterra, "*faggot*" era um prato de carne popular na época de racionamento da guerra. Era isso que ele queria dizer? Ele percebeu nossa cara confusa e explicou:

– Bom, vejo que todos vocês têm brincos nas orelhas, *faggots*!

Ele cutucou então o colega com o cotovelo, que ficou rindo daqueles ingleses com aparência efeminada.

Após um minuto de inspeção, ele devolveu os passaportes de todos – menos o meu, que colocou em uma grande pasta vermelha.

– Senhor Tollhouse, venha comigo.

Presumi que ele estava falando comigo e obedientemente o segui. Olhando para trás, pude ver a expressão preocupada no rosto de Robert. Fui levado a uma pequena sala com uma divisória de vidro, através da qual dava para ver a esteira de bagagens. O homem grande abriu um livro ainda maior sobre uma mesa à sua frente e, examinando as páginas, encontrou a seção relevante. Parece que uma indiscrição juvenil minha, em frente ao pub Maid of Sussex quando eu ainda era menor de idade, havia chegado ao radar do governo dos Estados Unidos. Olhando para cima, ele pronunciou sua sentença.

– Bem, nós deixamos aqueles outros ingleses entrarem, os Beatles, então acho que podemos deixar você entrar também!

Ele fechou o livro com firmeza e me devolveu o passaporte. Um pouco confuso com a sequência de eventos, mas grato, voltei para me juntar a todos que estavam recolhendo suas malas do outro lado. Robert tinha um sorriso no rosto, enquanto Parry demonstrava alívio. Vários dias depois, alguém nos explicou a referência ao termo "*faggot*".[3] Aha! Como diria Oscar Wilde: "Duas nações divididas por um idioma comum".

Num carro alugado, dirigimos até Nova York, onde a imponência das avenidas e dos prédios de concreto nos impressionou profundamente.

– É igualzinho aos filmes – falei, enquanto Robert se afundava ainda mais no assento, óculos de sol firmemente colocados sobre os olhos, observando pela janela e absorvendo tudo aquilo. Chegamos ao nosso destino: um pequeno hotel com uma cafeteria no térreo num dos extremos do Central Park. Havíamos chegado à América.

Depois de deixarmos as malas no hotel, fomos explorar esse novo e ousado mundo.

Tendo crescido na Inglaterra, quase tudo que sabíamos sobre os Estados Unidos vinha de programas de televisão estadunidenses que chegavam ao Reino Unido, especialmente *Dallas* e *Arquivo confidencial*, com James Garner. Admirávamos o fato de que Jim Rockford podia morar sozinho num trailer na praia e ter uma secretária eletrônica. Muito legal, mas nada a ver com a nossa experiência na fria e velha Inglaterra. *Dallas* era ainda mais esdrúxulo para nós. Curiosamente, anos depois, conhecemos Larry Hagman, o ator que interpretava J.R., no programa de TV francês *Champs--Élysées*. Ele provavelmente nos achou meio alienígenas, com nossos trajes coloridos!

Outra referência eram os quadrinhos da Marvel, que já estavam em circulação na Inglaterra nos anos 1970. As histórias eram o clássico bem contra o mal, frequentemente ambientadas na cidade onde estávamos, mas o que intrigava a mim e a Robert como adolescentes eram os anúncios no final exibindo itens desconhecidos ou indisponíveis no Reino Unido. Os bolinhos Twinkies, por exemplo. Então, nossa primeira missão na América foi encontrar e comer um Twinkie. Não demorou muito

3. Termo usado nos EUA para se referir de forma ofensiva a homens gays. Algo como "bicha" em português. [N. E.]

para achar um ou entender por que a "defesa Twinkie"[4] foi usada como atenuante no caso do assassinato de Harvey Milk. Muitos anos depois, Robert me contou que ainda tinha um Twinkie da nossa primeira viagem guardado numa gaveta da cozinha. Perfeitamente preservado!

A Nova York do início dos anos 1980, sob o governo do prefeito Ed Koch, não era bonita. Degradada, coberta de grafites e assolada por violência e crime, era um lugar rude, para dizer o mínimo. Havíamos chegado alguns meses antes de John Lennon ser morto a tiros do lado de fora do Dakota por Mark Chapman. A era da paz e amor definitivamente havia acabado e, assim como no Reino Unido, o movimento punk emergiu desse caos. Você pode ver a tensão na bela foto de Allan Tannenbaum do The Cure na Columbus Avenue, com os integrantes sendo encarados de maneira incompreensível por alguns dos policiais nova-iorquinos em sua ronda.

O primeiro show que fizemos nos Estados Unidos não foi em Manhattan, mas no Emerald City em Cherry Hill, Nova Jersey, nos limites da Filadélfia, em 10 de abril de 1980. Para nós, poderia ter sido em Marte. Foi muito diferente da nossa própria experiência. Era uma antiga discoteca, com os clientes passando a maior parte do show com suas camisas xadrez de costas para nós enquanto bebiam. Robert corajosamente tentou animá-los.

– Nós somos o The Cure e esta é a nossa primeira vez tocando na América!

Embora pudesse ter sido um desastre, acabamos conquistando o público. Aplausos educados se transformaram em gritos e mais gritos no final do set. Foi um começo muito pequeno, quase minúsculo, para o que viria a se tornar o enorme sucesso do The Cure nos Estados Unidos.

---

4. Termo jurídico que surgiu após o julgamento de Dan White pelo assassinato, em 1978, do ativista Harvey Milk, um defensor dos direitos dos homossexuais. O réu argumentou que, na época do crime, ele tinha capacidade mental reduzida por causa da ingestão excessiva de junk food ou de muito açúcar (no caso, bolinhos Twinkies). O termo "Twinkie" também é uma gíria para se referir a jovens gays. [N. E.]

Em Washington, DC, experimentamos o lado mais duro da vida estadunidense. Ficamos chocados quando chegamos à cidade ao perceber que ela era dividida entre os que tinham e os que não tinham, segregada de uma forma que nunca havíamos vivenciado antes. Foi uma experiência reveladora. Em Londres, tínhamos a percepção de que todas as raças se misturavam, mas aqui era bem diferente, de um modo logo perceptível.

Paramos em um restaurante de fast-food para almoçar. Desde que tínhamos chegado aos Estados Unidos, ficamos impressionados com o grande número de opções para tudo, então, naturalmente, queríamos experimentar o máximo possível. Assim que nosso ônibus parou, entramos para comer. Depois, Simon e eu ficamos do lado de fora do restaurante por um ou dois minutos conversando e fumando. Um homem se aproximou de nós, apontou para Simon e rosnou:

– Você está na minha lista de morte, cara!

Simon se virou para mim como se não tivesse ouvido bem o que foi dito.

– Lol, o que ele queria?

– Não sei, Si. Informações? – respondi de maneira diplomática.

Eu não queria que uma briga de rua começasse bem ali, em território desconhecido. Quando voltamos para o ônibus, senti um calafrio. Parecia que nos Estados Unidos as coisas eram bem polarizadas. Ou você estava conosco no ônibus, ou estava fora dele.

De volta a Nova York, fizemos nosso primeiro show para a elite cultural da cidade. Havia uma diferença na evolução das cenas punk do Reino Unido e dos Estados Unidos, o que ficou um tanto evidente nesse primeiro show no Hurrah. No Reino Unido, o punk era mais um movimento cultural/político – tinha de ser, dadas as circunstâncias –, enquanto nos Estados Unidos parecia mais um evento social/moda. No início, foi confuso para ambos os lados. Havia um baderneiro que gritou algo estranho sobre "mijar em Portobello", no que Robert respondeu de forma perfeitamente razoável.

"Não entendemos. Somos da Inglaterra", ou algo nesse sentido. Tocamos algumas músicas do primeiro álbum e de *Seventeen Seconds*. No terceiro show, senti que havíamos filtrado as pessoas que vinham e não nos entendiam ou que não gostavam da gente. Lembro também que a última apresentação foi muito boa, como se pudesse haver algo ali para nós. Passado o show, eu me sentei no bar e depois me levantei para dançar "Ready, Steady, Go", de Billy Idol, aparentemente um novo expatriado em NYC. Olhando nos espelhos ao redor da pista de dança do clube, senti uma certa sincronicidade.

Claro, sendo Nova York, tivemos nosso primeiro contato com o circuito de celebridades. Debbie Harry e Chris Stein, do Blondie, junto com David Johansen, do The New York Dolls, apareceram no nosso show de estreia no Hurrah. Eu tinha um broche do *Seventeen Seconds* na lapela que havia sido abreviado para "17 Secs" para caber.

– 17 Secs? – perguntou David Johansen observando o broche. – Eles me chamam de sexo 17! – Ele sorriu para mim e eu ri. Isso deu uma quebrada no gelo. Pouco a pouco, parecia que estávamos pegando o jeito estadunidense tanto quanto dominávamos nosso estilo inglês. A relação ficaria ainda mais consolidada em Boston. Tocamos no Underground, um clube que ficava no porão de um prédio da Universidade de Boston. O local era bizarro, pois sua configuração era um corredor em forma de L, com a área do palco em uma das extremidades do L, o que significava que metade do público conseguia nos ouvir, mas não podia nos ver tocar.

Ali tivemos nossa introdução a uma nova música estadunidense na forma do Mission of Burma, de quem gostamos imediatamente e com quem sentimos afinidade. Isso foi mais significativo para nós do que conhecer Debbie Harry e o Blondie, ou mesmo o The New York Dolls. Na minha opinião, o Mission of Burma foi o precursor de bandas como o Sonic Youth. Eles eram pioneiros.

O show foi filmado por um cara do MIT. Ele tinha um equipamento bastante peculiar, com três câmeras captando as imagens em cores primárias separadas e uma em preto e branco. Assistindo às filmagens anos depois, fiquei totalmente impressionado com quanto éramos jovens. Depois da apresentação em Boston, voltamos para os aposentos do cinegrafista no MIT e demos uma olhada no material que ele havia filmado naquela noite. Tinha uma qualidade surreal, com as quatro câmeras sendo mixadas. Assistimos por um bom tempo e bebemos o restante da noite, brindando à nossa primeira turnê nos Estados Unidos.

Algum tempo depois, olhei pela janela do quarto e notei que o sol estava nascendo. Decidimos que deveríamos seguir para o hotel, pois em algumas horas teríamos de voltar de carro até Nova York para pegar o avião para casa. Milagrosamente, "A Forest", o primeiro single de *Seventeen Seconds*, estava se tornando um pequeno sucesso, o que nos fazia ter de retornar ao Reino Unido para tocar no programa de TV *Top of the Pops*.

Enquanto seguíamos pela estrada em nosso carro alugado, percebemos que havia um pneu furado. Paramos e decidimos que seria melhor trocar, já que ainda precisávamos dirigir cerca de 320 quilômetros até Nova York naquele dia. Todos saímos do veículo e começamos a tirar o pneu. Em algum lugar, encontramos o macaco e tiramos os parafusos da roda. Manusear o pneu reserva para encaixá-lo exigiu bastante destreza, considerando o quanto estávamos exaustos e embriagados.

– Eu troco, não se preocupem – disse Robert, com a voz um pouco arrastada.

Então olhei e percebi que ele estava colocando a calota de volta chutando a borda com a bota. Infelizmente, seu polegar ainda estava sob a calota, mas, por alguma razão, ele não notou.

– Merda – gritou. – Isso dói! – E orgulhosamente exibiu o polegar esquerdo ensanguentado.

Voltamos para o carro e seguimos até o hotel para algumas horas de sono. Assim que o alarme tocou no meu quarto, reuni toda a energia que me restava e cambaleei até o chuveiro para tentar acordar para a viagem a Nova York e, na sequência, para casa. Por um milagre, o pneu do carro alugado ainda estava inflado, então Parry assumiu o volante, e começamos a viagem de cerca de quatro horas até o aeroporto. Espremidos no banco de trás, cochilamos intermitentemente na hora seguinte por cerca de uns 100 quilômetros.

– Vou parar para abastecer, pessoal. – A voz com sotaque neozelandês de Parry nos trouxe de volta ao presente.

Paramos no posto de gasolina mais próximo.

– Com licença, chefe. – Por algum motivo, Parry sempre chamava as pessoas que não conhecia de "chefe". Talvez fosse algo típico da Nova Zelândia. – Qual a distância até o aeroporto?

– Qual aeroporto seria, senhor?

– JFK, claro – respondeu Parry, levemente irritado com a pergunta.

– Bem, eu diria que vocês estão um pouco fora de rota, senhor. Aqui é Cape Cod.

Em nosso estado sonâmbulo, havíamos seguido pelo caminho errado na estrada e acabado na pequena península de Cape Cod. Agora teríamos de correr para Nova York para pegar nosso avião de volta ao Reino Unido a tempo de tocar no *Top of the Pops*. Não seria a última vez que tomaríamos um caminho errado na trajetória do The Cure. Era 21 de abril de 1980, o aniversário de 21 anos de Robert.

CHEGAMOS AO CENTRO DE TELEVISÃO DA BBC com *jet lag* e de ressaca. Tínhamos voltado no avião com nossos velhos amigos de festival, The Specials, que também haviam passado por Nova York, o que, claro, significou algumas bebidas aqui e ali.

Qualquer banda que já tenha tocado no *TOTP* dirá como o dia do show em si é incrivelmente entediante. Ensaios intermináveis para luzes e câmeras começam em um horário extremamente ingrato. Além disso, você passa a maior parte do dia confinado em um pequeno e simples camarim utilitário em algum lugar nos subterrâneos da emissora. Não é de se admirar que, às cinco da tarde, quando o bar abre lá em cima, todos corram para ele.

Acho que o *TOTP* já era uma daquelas veneráveis instituições antigas nesse ponto. Era como a Rainha, irrelevante para o cidadão médio, mas ainda reconhecida pela nostalgia e por um certo "britanismo". Você simplesmente tinha de participar, apesar de aquilo ser antiquado e de não fazer parte do que você realmente queria expressar com sua música. Mas, como Robert argumentou: "Se não nos apresentarmos, alguma outra banda lixo vai, então suponho que deveríamos participar".

Justo.

Para nossa primeira apresentação, acho que até nos saímos bem. Era sempre playback. Creio que apenas o The Who e o The Clash conseguiram convencer a BBC a deixá-los tocar ao vivo. Eu estava atrás da bateria com aquela expressão de indiferença que usava muito na época, enquanto Simon parecia adequadamente charmoso e jovem. Havia um grande curativo no polegar esquerdo de Robert devido ao acidente com a calota do carro em Boston. Se você olhar de perto, pode vê-lo na filmagem, subindo e descendo desajeitadamente pela escala do braço da guitarra. Depois de ter ido ao ambulatório para cuidar do ferimento, Robert me contou que o médico teve de perfurar a unha para aliviar a pressão. Parecia doloroso, então foi bom não termos de tocar de verdade.

Essa foi nossa primeira vez no *TOTP*. Voltaríamos ao programa para várias outras apresentações. Numa delas, um encontro em particular na BBC ainda me causa arrepios. Tendo ido lá para apresentar "The Walk", Porl, Andy Anderson e eu estávamos parados na lateral do estúdio quando alguém se aproximou furtivamente por trás de nós.

– Oh, filhos de Drácula! Vocês estão com dez mil por cento! – Encarando a gente de cima a baixo, estava ninguém menos que o velho predador sexual em pessoa, Jimmy Savile.

11

SOS

Foi entre 1980 e 1981 que o The Cure se tornou uma banda internacional. Das mais de 250 apresentações que fizemos nesse período, a grande maioria aconteceu fora do Reino Unido.

O The Cure acabou atraindo tantos tipos diferentes de pessoas ao redor do mundo justamente porque nunca esteve ligado a uma moda específica. Houve tentativas de nos rotularem e nos transformarem numa espécie de marca, mas elas fracassaram miseravelmente. Acho que não se pode dizer que representamos uma única ideia.

O início da turnê de *Seventeen Seconds* no Reino Unido nos levou a um dos lugares mais frios do país: Cromer, no West Runton Pavilion. Só o nome já evoca previsões marítimas ancestrais e mares gelados. Eu me lembro vividamente de estar sentado no antigo hotel à beira-mar depois do show, pensando seriamente em cortar os móveis para fazer uma fogueira. Era congelante. Aquele tipo de frio úmido e profundo da Inglaterra que faz os ossos estalarem.

Quando chegamos a Newcastle, algo parecia estar se agitando no ar, uma corrente de violência que simplesmente não conseguíamos evitar. No meio do nosso set, ficou óbvio que precisaríamos fazer algo com um cara irritante na plateia que não parava de atirar coisas e de incomodar os outros.

Ouvi um som estridente quando algo duro atingiu o braço da guitarra de Robert, que se virou para mim e me lançou um olhar exasperado enquanto colocava firmemente a guitarra no chão. Eu reconhecia aquele olhar desde os nossos primeiros dias. Significava que teríamos de lidar de novo com algum idiota. Eu realmente queria crer que essas coisas já tinham ficado no passado. Mas, sempre que surgia algum problema, isso só nos tornava ainda mais determinados a sermos ouvidos. Saí de trás da bateria e, junto com Robert, Simon e um ou dois membros da equipe, expulsamos o baderneiro do salão universitário.

Com a etapa inglesa da turnê concluída, partimos novamente em direção ao restante da Europa para consolidar nosso sucesso por lá. Fomos a Roterdã e nos divertimos muito no chamado Heavy Club. Um dos lances de estar em turnês é que a maior parte do tempo é consumida em viagens ou na espera por elas. Como uma banda jovem, vivíamos atrás de distrações. Hoje em dia, fico bastante contente em ler um bom livro ou algo assim, mas naquela época o único lazer razoável (ou talvez não tão razoável) era beber no hotel ou sair para beber, o que nos levou àquele clube noturno. As coisas estavam ficando bem intensas lá dentro, com as bebidas fluindo mesmo sendo muito cedo pela manhã. Acho que Horace Panter e alguns outros membros do The Specials estavam lá também. Havíamos ficado amigos da banda após tocar em alguns festivais juntos. Como veteranos das mesmas batalhas, por assim dizer, formamos uma espécie de vínculo.

Mais uma vez, eu estava à procura de um lugar para urinar no clube lotado e tendo dificuldade em encontrar os banheiros. Entrei numa pequena sala que parecia ser o toalete. Procurei o interruptor de luz, mas não tive sorte. No escuro, decidi urinar, mesmo sem ver o mictório. Definitivamente tinha cheiro de banheiro, então me permiti tal alívio.

Nesse exato momento, uma luz suave iluminou o espaço a partir de uma pequena lâmpada elétrica acima de mim, seguida de uma voz feminina que disse:

– Ei, não aqui! Este não é o banheiro. Saia agora!

De repente, percebi meu erro. Não consegui encontrar o interruptor de luz porque ele estava do lado de fora da cabine telefônica. Meu pênis, ou mais precisamente minha bexiga, tinha me colocado em apuros mais uma vez.

Minha propensão a problemas com a bexiga chegou ao ápice mais adiante na turnê. Mac havia montado alguns painéis no fundo do palco contra os quais projetava vastos feixes de luz. A essa altura, já estávamos tocando sets mais longos e consumindo mais cerveja antes e até mesmo durante os shows, o que tornava necessária uma pequena pausa para que eu pudesse me aliviar.

Uma de nossas músicas, "Grinding Halt", tinha uma introdução longa. Se eu desse um sinal para Robert, ele prolongava ainda mais, permitindo que eu saísse da bateria e corresse atrás do painel, onde a equipe havia cuidadosamente colocado um balde grande para que eu pudesse fazer xixi sem sair do palco.

O restante da área do palco era projetado para ser privado e fechado, então era, de fato, bem discreto. Ninguém conseguia me ver até que eu reaparecesse, muito aliviado. Esse arranjo funcionou muito bem durante toda a turnê. Ninguém além da banda e da equipe sabia que, no meio do show, eu estava, na verdade, urinando em cima do palco.

Mas isso mudou completamente de uma maneira reveladora – e digo reveladora porque não deixou muito a esconder.

As luzes eram posicionadas para projetar feixes coloridos nos painéis, com o meu balde estrategicamente colocado entre eles. Quando eu acessava as "instalações" do palco, Mac apagava as luzes mais amplas e difusas a partir da mesa de iluminação na frente, mergulhando a área de bastidores na escuridão, com exceção da única lanterna de um dos membros da equipe que me guiava até o local certo e de volta à bateria. Perfeito.

Certa noite, Mac, distraidamente (pelo menos espero que tenha sido), empurrou os faders do canal de iluminação diretamente sobre meu balde. O efeito foi imediato e dramático. O público, esperando o término da longa introdução de "Grinding Halt", foi brindado com a gigantesca sombra de minha pessoa urinando em um balde.

Suponho que há momentos em que é difícil acreditar nos próprios olhos, assim como igualmente difícil compreender o que acabou de ocorrer. Ambos aconteceram ao mesmo tempo naquela noite. Ouvi uma risadinha abafada, seguida por uma gargalhada de alguém na plateia. Em seguida, vieram mais risadas e depois mais e mais. Como qualquer pessoa que já trabalhou no palco sabe, há uma verdade inquestionável: o show deve continuar. Não importa qual doença, ferimento ou tragédia te acometa, você tem de ir lá e seguir em frente. As pessoas pagaram para ver e sua reputação depende disso. Além do mais, se algo ruim ou estranho acontece no palco, apenas incorpore isso à sua performance e o público não perceberá nada.

Então, na tradição dos comediantes de *music hall* ao redor do mundo, fechei o zíper da calça e voltei ao pedestal da bateria, meu rosto uma máscara de impassibilidade, como se nada tivesse acontecido. Tal qual o antigo filme *À meia-luz*, em que o marido tenta enlouquecer a esposa sugerindo que o que ela vê e ouve são apenas frutos de sua imaginação, desafiei o público a pensar que só haviam imaginado o que acabaram de presenciar, mantendo um rosto completamente sério.

Sabe de uma coisa? Funcionou. Porque, depois do show, ninguém mencionou nada. Será que enganei a plateia ou eles foram educados demais? Talvez tenham pensado que fazia parte da apresentação...

De qualquer forma, como resultado da minha bexiga indisciplinada, fomos convidados a nos retirar do Club Heavy. Decidimos então descer até a beira do mar, pois a luz da manhã já começava a surgir.

Entramos na van e seguimos até a orla de Roterdã, na vila de Monster, perto de Hook of Holland, e depois até a praia. A van estava cheia: a banda, Mac e um pessoal que conhecemos no clube. A luz da aurora surgia enquanto estacionávamos e pisávamos desajeitadamente na borda gramada da praia arenosa. Um vento forte soprava sobre a areia, nos lembrando de que não estávamos no Mediterrâneo, mas na beira do Mar do Norte. Era um lugar relativamente bonito, mas ficava bem em frente a um enorme porto internacional de navios de contêineres, cheio de grandes embarcações cinza e guindastes enormes usados para carregar mercadorias.

– Está meio frio – murmurei para ninguém em particular e comecei a andar em direção ao mar. Notei um pequeno caminho que desviava à esquerda e decidi segui-lo. Era o oposto da direção da praia, onde a maioria da nossa turma estava indo, mas uma jovem do clube me seguiu e no fim me alcançou. Conversamos enquanto caminhávamos pela costa no início da manhã.

Depois de uns bons 20 minutos, enquanto nos aproximávamos dos contêineres e navios colossais, sugeri que voltássemos para a van. Não tinha percebido quanto havíamos caminhado. Estávamos completamente fora da vista dos outros, e eu não via nem ouvia sinal de ninguém. Foram necessários vários minutos de caminhada rápida até que eu pudesse visualizar a van novamente.

À medida que nos aproximávamos, percebi que havia outra van estacionada muito perto da nossa. Na verdade, ela parecia estar bloqueando o nosso veículo. Era desconhecida para mim, mas as letras na lateral soavam familiares: "Politie" lembrava muito "Police", o que minha companheira de caminhada confirmou.

– Merda! O que aconteceu?

Eu podia ouvir vozes exaltadas de pessoas discutindo com a polícia. Não parecia nada bom. Quando cheguei mais perto, vi que todos estavam dentro da van de janelas gradeadas, com um policial prestes a entrar no veículo para levá-los à delegacia e colocá-los na cadeia!

Parece que, ao chegarmos à praia, não percebemos uma pequena placa que dizia "Proibido nadar". Não é surpresa que não tenhamos visto aquilo, já que estava escrito em holandês. Mesmo assim, tudo teria ficado bem se não fosse pela velhinha que olhou pela janela de sua casa à beira-mar e avistou a praia, normalmente deserta, sendo invadida por vários ingleses bêbados correndo e girando a placa de "Proibido nadar" sobre a cabeça antes de jogá-la no oceano. Depois, alguns decidiram se despir e dar um mergulho matinal. Ao que parece, isso foi demais até mesmo para a notória disposição fleumática dos holandeses, o que levou a velhinha a chamar a polícia por causa dos meus amigos. Eis o motivo de eles estarem na parte traseira do camburão da polícia de Roterdã.

Eu me aproximei do policial com toda a deferência que pude, mesmo estando consideravelmente embriagado, e perguntei qual crime meus compatriotas haviam cometido para se meterem numa encrenca tão grande.

– Ah, bem – disse ele, inclinando o chapéu para trás, na atitude de exasperação típica dos policiais em todo o mundo. – Está vendo aquela casa no topo da duna de areia? – perguntou ele.

Assenti que sim.

– Pois bem, uma senhora muito importante mora lá, e ela nos ligou para dizer que havia bêbados correndo pela praia, quebrando coisas e que um deles estava pelado.

Uma olhada rápida para dentro do camburão revelou que o indivíduo em questão era o homem da Ilha de Iona, ninguém menos que Mac, nosso iluminador, ainda sem camisa. Nesse instante, os ocupantes do veículo começaram a se agitar e gritar coisas como "Chamem a embaixada britânica!" e "Fascistas!".

– Eles serão acusados, então, senhor oficial? – perguntei com minha melhor voz de "não estou bêbado", que, confesso, não era muito convincente.

– Bem, talvez tenham de esperar um dia na cadeia até verem o juiz. – Ele olhou em volta para garantir que ninguém mais estava ouvindo, antes de tirar o caderninho do bolso. Dei uma boa olhada em todos e, com o dedo pressionado contra os lábios, fiz um sinal para se calarem. – Mas talvez possamos esquecer tudo isso – disse ele, hesitando um pouco. – Se vocês pagarem a multa agora, em dinheiro. Vou garantir que a velhinha saiba que vocês estão muito arrependidos e que dei uma advertência severa.

Mesmo no meu estado de embriaguez, percebi que estava sendo oferecida uma chance de manter meus companheiros longe da cadeia.

– De quanto é a multa, senhor?

O policial abriu o caderninho novamente, escreveu um número e me mostrou discretamente: 450 florins – cerca de 350 libras. Abri a carteira. Tinha só uns 250 florins. Entreguei a ele.

– É tudo o que tenho, senhor.

Ele me olhou e então apontou para a van. Fui até lá e expliquei a situação. Robert, sempre pragmático, me deu mais algumas centenas, o suficiente para pagarmos a multa. O policial rapidamente guardou o dinheiro no bolso de trás.

– Seus amigos estão livres agora. Comportem-se, hein?

Ele abriu a porta traseira do camburão, de onde todos saíram tropeçando, resmungando baixo, mas definitivamente sem ânimo algum para brigar. Ao entrarmos na nossa van, Matty se ofereceu para dirigir. O veículo da polícia foi o primeiro a partir, descendo a estrada da praia em direção à cidade.

Matty, ainda embriagado, assumiu o volante e seguiu para o centro. Foi aí que o completo absurdo da situação ficou claro: eles nos deixaram sair com um suborno para que voltássemos dirigindo a van, ainda bêbados.

ALGUNS DIAS DEPOIS, fizemos nosso primeiro show em Berlim. Lembre-se de que, no início dos anos 1980, ela ainda era uma cidade dividida, com o Muro de Berlim de pé, sendo um pouco complicado entrar no pequeno enclave que era a Berlim Ocidental, mesmo para os europeus ocidentais.

Naquela época, havia duas maneiras principais de entrar na cidade: de carro ou de trem. Se você chegasse de carro, seria pelo corredor de Berlim, altamente policiado, para garantir que você não pegasse pessoas da parte oriental da Alemanha. Se errasse o caminho e saísse da rodovia, em poucos metros seria recebido por um posto de controle com guardas armados, que rapidamente fariam você dar meia-volta.

A fronteira entre a Alemanha Ocidental e a Oriental era marcada por dois postos de controle com uma terra de ninguém no meio, cheia de arame farpado e que parecia fortemente minada. Seu passaporte era carimbado com um horário para garantir que você respeitasse o limite de velocidade, já que seria comparado com o horário no outro extremo do corredor. Se rodasse rápido demais, receberia uma multa; se andasse muito devagar, o carro seria desmontado enquanto procuravam clandestinos ou contrabando.

O ônibus parou no posto de controle, onde um guarda da fronteira da Alemanha Oriental, fortemente armado e com um casaco pesado, subiu no veículo e pediu nossos passaportes. Assim que percebeu que éramos uma banda, a seguinte conversa aconteceu:

– Vocês são um grupo musical, certo?

Depois que confirmamos (e por que não faríamos isso, já que qualquer outra explicação pareceria muito suspeita?), a conversa continuou:

– Vocês têm camisetas, certo?

Essa pergunta era geralmente feita depois que o guarda já estava com todos os passaportes em mãos. Os experientes tour managers geralmente mantinham uma pequena caixa com esses brindes à mão nos postos de fronteira para facilitar os trâmites.

Encontramos duas ou três camisetas e as entregamos ao guarda, que as escondeu rapidamente sob seu casacão, com um olhar nervoso. Ele então devolveu nossos passaportes com um gesto dramático e nos deixou passar pelo posto de controle.

No espaço de poucos dias, havíamos pagado dois subornos para autoridades. Paciência. O show deve continuar.

A Berlim do início dos anos 1980 era um lugar muito diferente do que é hoje. Existia aquela ansiedade contínua de quem vive numa cidade completamente cercada (ainda que com dois milhões de habitantes lá dentro), combinada com a presença do Exército Vermelho de um lado e dos Aliados da Segunda Guerra Mundial do outro, criando um ar de constante paranoia. Era um lugar sempre em alerta.

Nosso primeiro show foi no SO36, um clube no coração de Kreuzberg, que era o distrito da subcultura alternativa, pois ficava na área mais pobre da cidade e era lar da maior população turca fora da Turquia. Era um lugar onde efetivamente o oriente encontrava o ocidente, o que o tornava muito exótico para nós.

Já tocávamos para o público há algum tempo, e, geralmente, as reações eram positivas. Se, em raras ocasiões, os resultados não eram tão bons, pelo menos entendíamos por que éramos ignorados ou até mal interpretados. A recepção no SO36 foi muito estranha: senti como se estivéssemos sendo estudados em um microscópio. O clube era longo e estreito, com o palco em uma das extremidades. O local estava absolutamente lotado, mas ninguém falava. O silêncio na sala era total. Todas as 600 pessoas apenas olhavam fixamente para o palco com tremenda intensidade.

Começamos com "Seventeen Seconds" – não a música mais animada para abrir, mas combinava com aquele público muito intelectual e introspectivo. Na sequência, fomos direto para "Play for Today", sem eu conseguir detectar sequer um pé batendo entre a multidão de rostos inexpressivos.

Eu não deveria ter me preocupado, porque, quando chegamos ao final do set, com "A Forest", o lugar estava, como dizem, fervendo. Acho que Robert os conquistou mudando a letra de "Killing an Arab" para "Killing Kevin Keegan", um famigerado jogador de futebol inglês.

O ÚLTIMO SHOW DO ANO FOI EM LONDRES E, de certa forma, representou um canto do cisne para nossa juventude inocente. Aquela era estava acabando. Agora nós éramos uma banda de rock séria – fosse lá o que isso significasse –, completamente profissional e experiente. Havíamos feito mais de 250 shows em dois anos, de modo que o desgaste começava a aparecer. Foi então que decidimos fazer uma festa de Natal!

A ocasião ilustra os dois lados de Robert: um artista criativo com uma mensagem muito sincera e singular para transmitir ao mundo e o tipo de cara que adora o Natal.

Procuramos um lugar adequado para um show combinado com festa na última quinta-feira antes do Natal. Encontramos o Notre Dame Hall, em Leicester Square, que, coincidentemente, estava ligado ao nosso antigo professor, doutor Antony Weaver. Ele dirigia um centro de intercâmbio cultural para estudantes franceses lá. Decidimos convidar nossos companheiros para tocar conosco: The Associates, The Scars e vários membros dos Banshees. A noite foi um grande sucesso, já que o público era formado por nossos amigos e colegas. Não poderia ser uma festa melhor.

Estava muito barulhento e parecia que alguém estava gritando o tempo todo, o que era um pouco desconcertante, mas tomei isso como um sinal de que todos estavam se divertindo. Houve muita bebida, das sete da noite à uma da manhã, com o ano terminando nas alturas. Havíamos enfrentado as tempestades da estrada e saído razoavelmente ilesos. Tínhamos 21 anos e agora éramos adultos. A brincadeira e a leveza de nossa juventude estavam sendo lentamente substituídas pelas duras realidades da vida artística que havíamos escolhido.

12

FAITH

Embora tivéssemos conseguido tomar o controle do processo de gravação de Perry em *Seventeen Seconds* e feito o álbum que queríamos, estávamos em um momento de turbulência como banda. Não tinha a ver com uma situação específica entre nós, mas com questões externas e familiares: a avó de Robert tinha falecido repentinamente e minha mãe estava com câncer em estado terminal.

Robert e eu fomos criados como católicos e, embora já tivéssemos nos distanciado das crenças da infância, estávamos ativamente buscando algo novo, algo diferente para substituir o que nos fora ensinado quando pequenos. Isso começou com o single, a primeira coisa que gravamos para o novo álbum: "Primary".

Compomos grande parte de *Faith* no estúdio. Estávamos constantemente na estrada, nos alternando entre gravar um álbum e fazer turnês. Isso precisava acabar, mas não sabíamos como sair desse ciclo. Nosso amigo Billy Mackenzie veio nos visitar enquanto gravávamos. Sinto falta do Billy. Ele era uma das pessoas mais carismáticas que já conheci, uma verdadeira alma criativa – única e impressionantemente familiar ao mesmo tempo. Depois de deixar o The Cure, Michael havia se juntado à banda de Billy, The Associates, e teve uma experiência muito interessante tocando baixo para ele.

Infelizmente, embora Billy tivesse muitas qualidades incríveis, ele era um pouco excêntrico demais para durar no mundo maluco do rock'n'roll.

Pode parecer estranho visto de fora, mas o rock, assim como a maioria das formas de arte do último século, é controlado por corporações e influências externas que têm muito pouco a ver com os processos artísticos. O truque é ser capaz de surfar na onda do sucesso comercial sem destruir o que deu origem à sua arte.

Isso é algo que Robert sempre conseguiu fazer bem. Ele é definitivamente um artista, mas também é pragmático quando se trata do negócio da música, e, acredite, é um negócio – um negócio complicado.

Nós seguíamos com nosso contrato anual com a Fiction Records, o que significava que, uma vez por ano, ela renovava os termos e concordava em produzir e divulgar outro disco. Em alguns aspectos, era um acordo injusto, pois nos mantinha numa coleira curta, tendo como certo apenas o próximo álbum. Como atrativo para o negócio, eles nos davam um adiantamento. Muitas bandas nessa situação o gastavam em itens que achavam que as fariam parecer rock stars, como carros chamativos e roupas caras.

Mas não o The Cure. Sob a liderança de Robert, pegávamos o adiantamento e colocávamos no banco, o que nos rendia um salário mensal para nos ajudar a ter algum tipo de segurança financeira.

Billy Mackenzie, por outro lado, gastou seu dinheiro num apartamento luxuoso e num Mercedes vintage, apesar de nem ter carteira de motorista! Michael é quem dirigia para ele até que, certa noite, eles bateram o carro, pondo fim a esse símbolo de extravagância. Billy também gostava de contratar orquestras famosas para sessões de gravação, esgotando rapidamente seu orçamento.

Sempre enfatizo aos jovens músicos que gravadoras são como bancos. Elas te dão um empréstimo para fazer sua música, depois dizem como gastar o dinheiro e, no final, querem tudo de volta – e mais! Mas Robert, apesar de seu lado mais etéreo, sempre foi esperto o suficiente para evitar esse caminho. Sou eternamente grato por isso, já que o The Cure tem me sustentado por boa parte da minha vida adulta.

Como mencionei, muito de *Faith* foi criado no estúdio. Éramos novamente um trio formado por mim, Robert e Simon. Matty deixou o grupo ao final da turnê na Austrália. A turnê foi incrível, na verdade. Vendemos ingressos em todos os lugares por onde passamos, já que Parry, tendo crescido na Nova Zelândia, tinha muitas conexões na região. Infelizmente, Matty não era o tipo de pessoa feita para estar em uma banda que excursiona por muito tempo. Estar em turnê é como estar casado com seus colegas de trabalho. Você vive com eles 24 horas por dia, sete dias por semana ao longo de meses, sendo que a menor irritação pode virar uma grande discussão se você não tomar cuidado.

Durante nossa viagem à Austrália, Robert, Simon e eu passamos muito tempo juntos, mas Matty preferia ficar sozinho, tanto antes quanto depois dos shows. Como não o víamos muito, isso afetou a camaradagem da banda. Por exemplo, passamos cerca de um mês em Bondi Beach, hospedados em um hotel e tocando quase todas as noites em Sydney e arredores. Foi um período glorioso. Tocávamos para multidões, saíamos para os clubes de Kings Cross até quatro da manhã, depois dormíamos algumas horas antes de levantar para correr (sim, correr) ao longo de Bondi Beach e dar um mergulho. Era assim que nos preparávamos para o show da noite seguinte. Todos, exceto Matty.

Além disso, Matty tinha uma visão diferente sobre a música. Ele queria, como Porl antes dele, tocar versões muito mais complexas das canções do que achávamos necessário. A beleza do The Cure sempre foi "menos é mais". Isso é especialmente verdadeiro com as faixas de *Seventeen Seconds*. Elas dependem da simplicidade. Sua grande força está no minimalismo. Parte disso vinha de um desejo consciente e, no meu caso, de uma habilidade limitada, o que não era interessante o suficiente para Matty. Algumas vezes, ele colocava um toque a mais em suas partes e eu via Robert fazer uma careta. Éramos bastante democráticos no modo como a banda era conduzida (cada um recebia uma parte igual da renda das turnês e uma parte dos royalties) e todos tinham voz, mas, se a maioria decidisse algo, assim seria feito. Talvez Matty nunca tenha aceitado isso, ou talvez o The Cure não fosse a banda certa para ele.

No final da turnê em Perth, tínhamos cerca de uma semana antes de embarcar em um avião de volta ao Reino Unido. Era bastante evidente para todos que, após a turnê, Matty não estaria mais na banda. Para seu crédito, quando voltamos para casa, ele ligou para Robert e disse que achava que não ia dar mais. Houve então um término amigável entre Matty e Robert, o que foi um alívio para o restante de nós.

Robert e eu passamos muito tempo conversando sobre a morte durante aquela turnê – não como uma obsessão mórbida, mas como algo que é totalmente abstrato até que alguém que você ama ou conhece morre. Como mencionei, minha mãe estava muito doente e a avó dele havia falecido, então isso estava muito presente em nossa mente. Houve um período durante a gravação de *Faith* em que estávamos trocando de estúdios e aquilo parecia não ter fim. Ficávamos refazendo tudo e nada era finalizado, o que nos deixava bastante exasperados.

Nossa frustração atingiu o ápice quando gravamos no novo estúdio da Abbey Road – acho que se chamava Penthouse. Eles tinham alguns equipamentos novos, com os quais estávamos nos adaptando quando Billy Mackenzie veio nos visitar. Apenas a presença dele teve um efeito revigorante sobre nós, e, nos dias seguintes, conseguimos avançar mais do que havíamos feito anteriormente. Gravei as batidas rápidas de *tom-tom* em "Doubt" naquele estúdio no topo da Abbey Road, e, então, Robert chegou e arrasou nos vocais. As coisas finalmente pareciam estar se encaixando, embora eu estivesse prestes a aprender a verdade por trás da frase "A arte imita a vida".

– Eu não tenho medo de morrer – disse minha mãe num sussurro abafado. Ela estava, sem dúvida, morrendo. Havia uma grande massa escura em seu peito, diagnosticada como câncer terminal. O tumor havia crescido, sem ser detectado, por anos. Era grande demais para ser operado, então tentaram quimioterapia e radioterapia. Foi difícil processar quando ela me informou que os médicos haviam lhe dado apenas três meses de vida. Ela não queria perder a dignidade e se tornar um fardo no final, então me disse que partiria assim que tivesse se despedido de todos que desejava.

– Eu sei para onde estou indo depois deste mundo, só quero me despedir de todos e partir.

Com movimentos lentos e dolorosos, ela me mostrou a tatuagem recém-feita em sua pele, em azul-escuro, onde o técnico miraria o feixe mortal na esperança de destruir o tumor, deixando as células saudáveis intactas. Seu cabelo caía em tufos por causa do tratamento, deixando apenas uma mecha grisalha em sua outrora cabeça cheia de fios.

Eu tinha 22 anos. Tudo me dizia que aquele era o fim para ela, mas eu não queria que ela morresse. Não naquele momento, com todas as coisas boas que estavam começando a acontecer para mim.

O The Cure estava prestes a embarcar em uma turnê de um mês pela Europa, que terminaria na Holanda com um show numa tenda de circo. Havíamos concluído as sessões do álbum *Faith*, e, antes do início da turnê, fui visitar minha mãe na casa da minha irmã, na cidade de Poole, no sul da Inglaterra. Meu pai era um alcoólatra assumido nessa época e decidiu ficar em casa, ignorando o terrível futuro ao se apegar à própria inconsciência, alheio a tudo, exceto a seus próprios desejos e necessidades – um desgraçado egoísta.

Minhas irmãs o desprezavam por isso, principalmente a caçula, mas eu não sentia nada, de um jeito ou de outro. Era apenas o que ele sempre fazia. Eu não conhecia outra realidade. Não esperava que ele mudasse. Meu pai, um veterano da Segunda Guerra Mundial, nunca teve um papel significativo na minha vida, sobretudo por vontade própria. Ele voltou à Inglaterra em 1945, após 15 anos de serviço na Marinha Real, para encontrar um país preso à austeridade do pós-guerra, o que fez seu entusiasmo pelas viagens e batalhas virar uma memória diluída e distante.

Ele voltou para uma esposa jovem que mal conhecia, com um filho de quatro anos para cuidar, um filho que ele duvidava ser seu desde o início. Sempre houve rumores sombrios em minha família sobre soldados canadenses lotados perto de nossa casa durante a guerra e os esforços heroicos de meu "tio" canadense para salvar a virtude da minha mãe de 21 anos desses soldados bêbados numa noite de blecaute. Ainda mais sinistras foram as insinuações sobre uma possível recompensa de gratidão por parte da minha mãe, o que pode ter sido a razão para a carranca do meu pai e a certeza do meu irmão mais velho de que "Papai nunca me amou". Seja qual for a verdade, meu pai se refugiou na introspecção e na bebida ao retornar. E isso nunca mudou. As pessoas ainda ficam surpresas quando digo que não consigo me lembrar de uma única conversa agradável, abraço ou beijo do meu pai durante todo o tempo em que cresci com ele. Hoje em dia, talvez pudéssemos atribuir isso à teoria de que ele tinha Transtorno de Estresse Pós-Traumático, já que, verdade seja dita, ele vivenciou e testemunhou eventos horríveis nos mares da China. Porém, naquela época, tudo o que ele era para mim era um recluso mal-humorado que eu fazia o possível para evitar.

Acho que isso explica por que, no final da vida dele, fui um pouco mais tolerante, mas minhas irmãs nunca o perdoaram. Uma das últimas lembranças que tenho do meu pai é de uma tarde fria e chuvosa de inverno na casa dele, quando tocou mais uma desajeitada canção de marinheiro no piano, acompanhada de sua voz rouca e embriagada. Não acho que ele soubesse o que eu fazia, ou o que qualquer um dos seus filhos fazia no mundo, na verdade. Ele seguia seu próprio curso em direção ao ocaso e que se danasse todo o resto. Ele era a personificação do ressentimento lento e constante. Havia muito tempo eu tinha decidido que me tornaria o oposto do meu pai, custasse o que custasse.

Ficamos em silêncio por alguns momentos no quarto abafado e superaquecido da minha mãe. Eu nem conseguia respirar direito. O único som era o tique-taque do relógio na parede, além da respiração pesada dela.

– Imagino que agora você vá ver aquela garota – disse ela, usando um termo mais ofensivo, referindo-se à fêmea do cão, o que me chocou um pouco. Suponho que ela tenha percebido que estava chegando ao fim, de modo que tal desespero, embora inadequado, era compreensível. Afinal, eu era o filho mais novo e, de fato, estava indo encontrar minha namorada Vivienne antes de partir para o exterior. Dei-lhe um beijo de despedida. Eu nunca mais veria minha mãe viva.

Iniciei a turnê na Holanda sabendo que, ao voltar, seria órfão de um dos meus pais.

Era um comboio estranho para uma banda de rock: os caminhões que transportavam o equipamento de luz e som, os ônibus da banda e da equipe e depois mais caminhões e caravanas do circo. Autênticos ciganos do rock'n'roll. A turnê circense do The Cure pela Holanda. Às vezes montávamos a estrutura num parque, outras num estacionamento, tocando cada noite para alguns milhares de fervorosos fãs holandeses. Esse foi o primeiro lugar fora do Reino Unido em que começamos a conquistar um público fiel. Normalmente, seria uma ocasião muito alegre, mas a morte iminente de minha mãe pesava sobre mim e manchava a turnê com uma dor persistente, como uma dor de dente insuportável que te rouba a tranquilidade e permeia todos os aspectos da sua existência.

Falei para o tour manager que, se ele ouvisse algo do meu irmão sobre o estado de saúde da minha mãe, não me contasse até o final do show. Eu sentia que devia isso aos fãs que haviam economizado seu dinheiro suado para nos ver. Além de meus problemas não serem preocupação deles, eu sentia que minha mãe aprovaria tal atitude. Ela sempre foi uma defensora dos nossos esforços como banda.

A tenda do circo foi organizada pelo nosso promotor holandês, Fred Zylstra, um tipo de ativista da contracultura um pouco mais velho, como eram muitos dos promotores do The Cure nos primeiros tempos. Acho que ele adorava nosso espírito jovem e estava determinado a nos ajudar a realizar algumas de nossas ambições mais extravagantes. Naquela época, já havíamos tocado em muitos clubes na Holanda e estávamos procurando um local diferente, algo não tão tipicamente rock'n'roll, para nos apresentar. Achávamos que isso nos diferenciaria dos nossos colegas. E estávamos certos. Não lembro se a ideia da tenda de circo foi nossa ou do Fred, mas foi uma sacada genial. Todos os dias, entre 30 e 40 pessoas do circo levantavam uma enorme tenda listrada azul e branco e a preparavam para um espetáculo de palco bastante improvável: O Circo do The Cure! Como não havia outros artistas além de nós, no começo fiquei preocupado que o projeto fosse muito ambicioso, mas esgotamos todas as apresentações. Todas as noites, o tecido da tenda ficava encharcado do suor da nova religião que estávamos cultivando.

Houve momentos mais leves em meio à escuridão do destino que estava a caminho. Fred respondia a todos os pedidos que fazíamos com um seco "É possível".

Por exemplo, "Podemos pegar algumas cervejas, Fred?" seria respondido com "É possível".

"E mais gelo, Fred?"

"É possível."

Era a resposta que sempre recebíamos, não importava qual fosse o pedido. A postura estoica de Fred, provavelmente resultado de muitas, muitas turnês com hooligans ingleses bêbados disfarçados de músicos e artistas, nunca mudava. Isso nos intrigava e dava asas à nossa imaginação. Talvez Fred não fosse tão dócil e calmo quanto parecia; talvez sob aquela fachada tranquila e fria houvesse um coração mais sombrio... Precisávamos descobrir.

Um dia, Simon perguntou:

– Então, Fred, você é um assassino?

Fred olhou para ele diretamente nos olhos e, com a expressão impassível, respondeu:

– É possível!

Todos gostávamos de Fred. Ele era nosso herói na Holanda.

O temido telefonema então chegou. Meu irmão me informou que minha mãe havia piorado e que eu deveria voltar para casa imediatamente. Conversei com Robert e Simon e concordamos que eu deveria ir o quanto antes. Eles generosamente ofereceram encurtar a turnê, mas insisti que voltaria assim que possível para tocar os poucos shows que faltavam. Além de ser o que minha mãe gostaria, eu sentia que precisava de um pouco de normalidade na minha vida naquele momento. E o normal era tocar em uma tenda de circo.

Nosso roadie, Gary Biddles, e eu fomos de carro até Amsterdã para esperar um voo para Gatwick. Fizemos o check-in em um hotel, mas o sono não veio com facilidade. Finalmente, adormeci nas primeiras horas da manhã. O alarme tocou cedo demais, e, após um banho rápido, pegamos o voo para casa saindo do aeroporto Schiphol. Em uma estranha reviravolta do destino, Gary precisava comparecer ao tribunal no Reino Unido no mesmo dia em que eu tinha de correr para casa, então ao menos contei com a companhia dele enquanto minha cabeça gritava.

Morta. Ela está morta. Eu sei, dizia a voz aos gritos.

Não tenho certeza se esse foi o exato momento em que me lancei em territórios desconhecidos sem uma rede de segurança, ou se foi apenas o começo da minha verdadeira vida adulta. Até esse ponto, Robert, Simon e eu existíamos em uma espécie de bolha de vida pré-adulta. Fomos agraciados com as liberdades da maturidade, mas com poucas das responsabilidades reais. O mundo do rock é assim: ele faz todos se infantilizarem, se você não tomar cuidado.

Lutávamos ativamente contra a ideia de sermos mimados demais, sobretudo porque tínhamos maturidade o suficiente para lucrarem com a gente. Nós nos considerávamos razoavelmente inteligentes, mas um sexto sentido nos alertava de que talvez fôssemos presas fáceis para os tubarões da indústria musical. Então encobríamos nossa insegurança com uma bravata adolescente reforçada pelo manifesto punk ao qual aderimos – junto com quantidades generosas de cerveja Tennent's Lager (aquela com as fotos das adoráveis mulheres escocesas nas latinhas).

Fui recebido no aeroporto pelo meu irmão Roger em seu fusca. Ele me abraçou quando passei pelo portão.

– Lol, infelizmente você chegou tarde demais. Ela morreu ontem à noite.

As palavras foram como facadas no coração. Eu, claro, esperava por isso, mas você nunca está realmente pronto quando o momento chega. Desde então, tive outras experiências com a morte e cada vez é como se o mundo andasse simultaneamente rápido e lento demais. Você quer que o tempo corra para que a dor diminua como um dedo do pé batido na quina de um móvel ou uma mordida na língua, mas também deseja que o momento seja congelado por alguma magia para que seu horrível poder seja diminuído ou destruído. Impossível, realmente.

Após nos despedirmos, Gary seguiu para o tribunal.

– Nos vemos à noite para pegar o voo de volta? – perguntou ele.

Assenti com a cabeça. Eu me lembrei da primeira vez que minha mãe viu Gary: ele estava de bruços, espalhado no nosso gramado, completamente bêbado na véspera de Natal. Um clássico. Acho que não teríamos mais disso.

Entramos no carro do meu irmão, meus olhos úmidos de lágrimas, e dirigimos até a funerária para "ver" minha mãe pela última vez. No caminho, ele me contou os detalhes macabros, e, em algum momento, percebi que não estávamos mais na rodovia, mas parados em um acostamento.

– Onde você acha que a mamãe está agora, Lol?

– Ainda não estou pensando nisso, Rog – falei, um tanto surpreso. – Minha cabeça ainda não consegue processar a parte da morte, embora eu soubesse que ela estava chegando.

– Bem, Lol. Eu acho…

E então percebi que ele estava começando a fazer um sermão. Meu irmão Roger havia recentemente se convertido ao culto das Testemunhas de Jeová. Deus o abençoe. Mas, sem clima para sua mais recente teoria religiosa, rebati.

– Você precisa parar de tentar me empurrar essas coisas, Rog.

Porque ele era meu irmão e me amava, ele parou, por um tempo.

Estacionamos em frente ao necrotério em Crawley. Eu não ia a Crawley havia um tempo, mas ainda tinha aquela chuva escura de desespero molhando tudo e arrastando todos para baixo. Enquanto estacionávamos, me peguei distraidamente pensando em como a alma da minha mãe conseguiria escapar dessa prisão terrena encharcada.

Dentro das portas de carvalho falso da casa funerária, minhas irmãs apareceram. Íamos ver nossa mãe recém-embalsamada juntos, como uma família. Achei irônico que foi necessária a morte para reunir os Tolhurst. Entramos, de maneira desajeitada, na sala onde ninguém realmente queria estar. A sala da morte, onde todos nós um dia acabaremos. Droga, eu odiei estar naquele local.

Havia uma cortina de veludo vermelho para a qual o diretor funerário nos chamou e, então, a empurrou para o lado para que pudéssemos entrar e ver minha mãe deitada no caixão. O cheiro de formol e de flores mortas, familiar para quem já entrou em um desses lugares, pairava no ar.

Então eu a vi: minha mãe, Daphne. Sempre pensei que gostaria de dar um último beijo no rosto da minha mãe para me despedir, mas, quando esse momento chegou, a máscara grotescamente torcida que seu rosto agora parecia não tinha nada a ver com a mãe que eu havia conhecido e amado. Dei um suspiro. O batom estava um pouco brilhante demais, vermelho demais, e seu rosto estava posicionado em um ângulo estranho e não natural. Eu também senti de um jeito muito forte que o espírito da minha mãe não estava mais presente. Aquela era nada mais do que uma luva vazia sem uma mão dentro. Onde quer que ela estivesse, não era ali. O que restava naquela caixa de madeira não era a mãe que eu havia conhecido por 22 anos, mas apenas uma casca vazia. Então eu não toquei nela, não pude. Meus lábios não a beijaram pela última vez.

Fiquei de lado, segurando a mão da minha irmã mais velha, Vicki, e então começaram os comentários. Uma das minhas irmãs sussurrou sobre o manequim horrivelmente apresentado e, aos poucos, começamos a rir até nos dobrarmos em gargalhadas desesperadas com o que víamos diante de nós. Foi uma reação terrivelmente humana a uma surpresa horrível. Estávamos em choque, como concluí mais tarde.

Devagar, soltei a mão de Vicki à medida que percebíamos que seria assim a partir de agora – a mãe que amávamos se fora e o pai que não amávamos precisaria de cuidados. Essa pequena percepção veio rapidamente na fria e estéril salinha de cortinas vermelhas, e, enquanto saíamos juntos, sabíamos que nossa família nunca mais seria a mesma.

Do lado de fora, discuti os detalhes sombrios, mas necessários, com meu irmão. Meu pai estava bêbado demais para compreender muita coisa, então tivemos de organizar o que era preciso. O funeral foi agendado para o dia seguinte à última data da turnê, em sete dias. Fomos almoçar num clima bastante soturno.

Encontrei Gary no aeroporto de Gatwick às cinco da tarde e embarcamos no avião de volta à Holanda, justo quando o sol moribundo estava desaparecendo na noite escura. Olhei pela pequena janela do avião e vi, ao lado da pista, as árvores de bétulas prateadas, tão familiares para quem já viveu no sul da Inglaterra. Pareciam braços de prata erguidos para o céu, implorando por algo aos deuses furiosos. E eu sabia que tudo havia mudado.

Aterrissamos em Schiphol, passamos pela entrada do aeroporto e vimos um homem com uma placa rudemente escrita dizendo "Tokhuurst". Interpretei aquilo como uma versão holandesa do meu sobrenome e me aproximei do motorista.

– Sim, sou eu – confirmei, e fomos até o carro a poucos metros da saída principal de Schiphol. Entrei no veículo e Gary se acomodou no outro assento.

O motorista disse:

– Vou levá-los ao show, tudo bem?

Respondi que sim e partimos para a tenda de circo. Em cerca de uma hora, chegamos e fui conduzido para o pequeno trailer azul e branco que estávamos usando como camarim. Ouvi o barulho da passagem de som. Gary foi dar uma olhada. Alguns minutos depois, Robert e Simon entraram no trailer. Eles vieram até mim e me abraçaram. Não dissemos nada, apenas ficamos ali sentados na penumbra por alguns minutos.

– Eu quero tocar hoje à noite – finalmente falei. – Daphne teria gostado disso.

– Você sabe que, se não quiser terminar a turnê, podemos ir para casa – disse Robert.

– Não, acho que isso é a única coisa que vai me fazer bem. Prefiro ficar e tocar.

Robert e Simon concordaram e então fizemos o restante da turnê no circo. Aquela primeira noite de volta ficou gravada em minha mente para sempre. Eu tocava as músicas com uma intensidade feroz, batendo furiosamente e xingando o Deus que permitiu que isso tivesse acontecido comigo tão jovem. Eu me senti expulso do céu e lançado à Terra como um arcanjo deteriorado.

Depois do show, todos nós nos sentamos no nosso trailer, sem mais ninguém, apenas nós três, o The Cure. Meditamos sobre a finitude da vida, o que, estranhamente, ajudou a elevar meu espírito a um lugar de onde eu pudesse seguir em frente. Mais tarde, no bar do hotel, Ted Page, nosso técnico de som, me ofereceu uma fita cassete.

– É o show desta noite, Lol. Achei que você iria gostar.

Peguei a fita de Ted, agradeci e me afundei no meu assento no bar escuro e enfumaçado. Tinha sido o dia mais longo da minha curta vida e eu sabia que não dormiria sem uma quantidade generosa de álcool e drogas, então comecei com um gole generoso da minha garrafa. Algum tempo depois, imagino, desmaiei.

Ao acordar no meu frio quarto de hotel, me preparei para o dia e, de repente, o pensamento me atingiu de novo. *Minha mãe está morta.* O tempo passou em um torpor de tristeza. Vários dias depois, fomos para Groningen, no norte. Olhei o mapa no ônibus e vi algo estranho. Tivemos de atravessar uma longa ponte sobre a Afsluitdijk, a represa que fica na autoestrada A7, a caminho de Friesland e Groningen. De um lado, estava o mar, do outro, um enorme lago de água doce, criado pelo represamento do Zuiderzee. No processo, o Zuiderzee truncado miraculosamente se transformou de água salgada para doce e se tornou o IJsselmeer, o maior lago de água doce feito pelo ser humano na Europa Ocidental. Para mim, aquilo acabou servindo como um símbolo da metamorfose pela qual eu precisava passar, embora, em meu luto, eu não soubesse ainda o que essas mudanças poderiam significar.

Enquanto nos aproximávamos da barragem, percebi que aquela estrada elevada era estreita, apenas da largura de uma pista. Eu conseguia ver a água dos dois lados em vários pontos. Era incrivelmente bonita, ao mesmo tempo inspiradora e tranquilizadora em sua tonalidade cinza-azulada. Eu estava olhando para nada em particular pela janela quando me dei conta de que havia cisnes-mudos nadando dos dois lados da estrada, tanto no lago quanto no mar. Muito curioso. Eu nunca tinha visto aquilo antes. Mas aqueles eram dias estranhos – e logo se tornariam muito, muito mais estranhos.

Uma semana após a morte da minha mãe, a turnê pela Holanda chegou ao fim. Foram dias tristes e sombrios. Nas tardes frias e úmidas, eu vagava pela praça da cidade, ou por onde quer que estivéssemos naquela noite enquanto a tenda estava sendo montada, e observava os holandeses seguindo suas rotinas. Eles eram verdadeiros europeus do norte, acostumados com viajantes e coisas do tipo, e pouco me notavam em minha dor. Na verdade, por que deveriam? Eles tinham suas próprias vidas. Só quando entrava no meu pequeno mundo da turnê do circo itinerante é que as pessoas reconheciam minha perda. Ou, como era comum entre os ingleses, educadamente evitavam falar muito sobre o assunto, preferindo ser bastante gentis comigo, fazendo questão de serem prestativos. Eu entendia, mas, quando virava a cabeça, pegava os olhares de pena e de confusão nos rostos da equipe da turnê. Certamente uma turnê de rock não deveria ser assim. Para ser sincero, normalmente não era assim, mas esse era o The Cure e nada mais era como antes.

No dia do funeral da minha mãe, tanto Robert quanto Simon estavam lá para me ajudar a dizer adeus. Michael também veio se despedir, já tendo pegado um avião para me ver na Holanda quando soube da morte. Ele achou que eu poderia precisar de sua companhia, e estava certo. Foi uma das coisas mais bondosas que alguém já fez por mim.

Quando o velório terminou, fomos todos para o cemitério. Lá, numa tarde fria e úmida, o The Cure tocou nossas músicas melancólicas para minha mãe enquanto ela era enterrada, Robert e Simon com algumas guitarras acústicas e eu com bongôs. Joguei a fita cassete do show que Ted tinha me dado no buraco sombrio onde seus restos mortais finalmente repousariam. Apertei minha jaqueta de couro ao redor de mim e novamente amaldiçoei o Deus que fora capaz de fazer uma coisa daquelas comigo.

Terminado o enterro, nos dirigimos à casa de meus pais para uma solenidade pequena e sem alegria. A casa, quando minha mãe estava viva, nunca tinha sido muito hospitaleira. Agora estava transbordando de gente, com xícaras de chá passando de mão em mão, ou algo mais forte no meu caso. Você deve entender que não era a minha mãe que evitava companhia, mas meu pai carrancudo, sentado num canto, encarando o padre, ou "piloto do céu", como ele costumava chamá-lo, encurvado na cadeira vazia da minha mãe à mesa na sala de estar. As pessoas lhe ofereciam condolências e meu pai resmungava algo em resposta. Suponho que elas interpretassem isso como excesso de dor e tristeza, mas minhas irmãs e eu sabíamos que era realmente sua única forma de comunicação com o mundo. Era o máximo que ele dizia para nós, a não ser que estivesse bebendo, aí seria totalmente o oposto, uma torrente de xingamentos e ofensas. Havíamos aprendido a evitá-lo nesses momentos.

Vaguei pelo jardim da minha infância. As sebes, os arbustos e as plantas estavam muito menores do que eu me lembrava, da perspectiva de quando eu era garoto. Agora pareciam tão diminutas e murchas quanto meu pai.

Subi alto no plátano na extremidade do jardim, como fazia no meu tempo de criança. O entusiasmo infantil pode ter diminuído um pouco, mas ainda sentia aquele arrepio de medo e alegria enquanto me arrastava pelos galhos brilhantes, escuros e verdes. De repente, escorreguei desajeitadamente num galho e despenquei uns três metros. Agitei os braços no ar de modo descontrolado e minha queda chegou ao fim abruptamente, me tirando o ar.

Então me dei conta de algo naquele minuto sem fôlego. *É isso, Lol, sua juventude acabou. Uma nova vida o aguarda.*

Droga.

Minha primeira bateria.

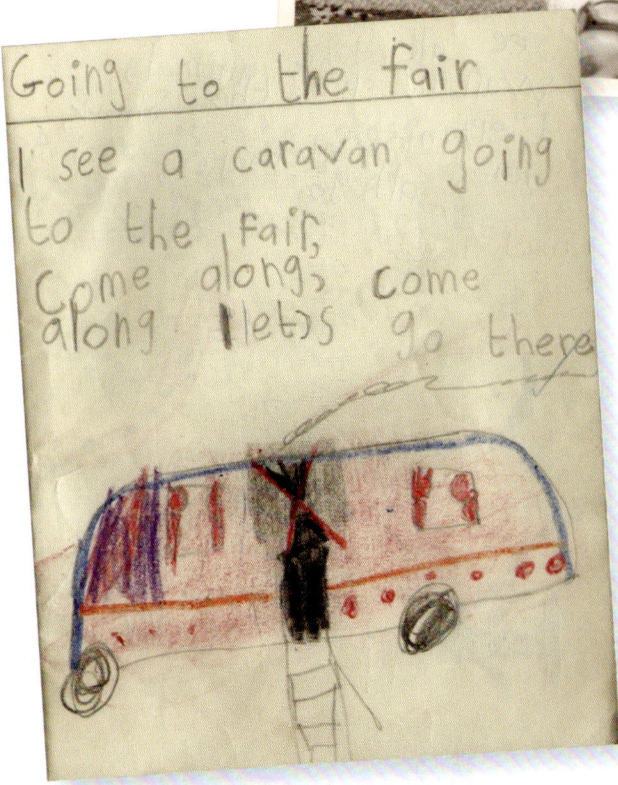

Já sonhando com minha fuga. [“Indo para a feira / Vejo um trailer indo para a feira, vem também, vem também, vamos lá.”]

Eu, aos oito anos, com minha irmã.

Meu pai na Síria em 1944.

Meus pais na praia com minha prima.

O primeiro pôster de um show do The Cure, 1976 (mas, na época, a banda se chamava Malice).

Depois do show do Malice, nós tivemos de mudar nosso nome!

Flyer de 1978 – nós entregávamos esses folhetos pessoalmente na porta do Marquee. Autossuficiência punk!

No Hammersmith Odeon, 1981 (observe os painéis estrategicamente colocados!).

Festival Printemps de Bourges, França, 1982.

Robert e eu do lado de fora do Hammersmith Odeon, Londres, 1985.

ACIMA: No pub em frente ao escritório da Fiction Records, Londres, 1985.

AO LADO: Festival Printemps de Bourges, França, 1982.

ACIMA: Atenas, 1985.

AO LADO: Na bateria, França, 1982.

ABAIXO: Nos teclados, Suíça, 1985.

ABAIXO: Canterbury Odeon, Inglaterra, 1981.

Eu e John Hurt, Londres, 1987. Eu parecia um homem que tinha perdido a alma.

Eu e minha alma gêmea, Cindy.

Casamento de Robert e Mary, 1988. Um dia maravilhoso e feliz.

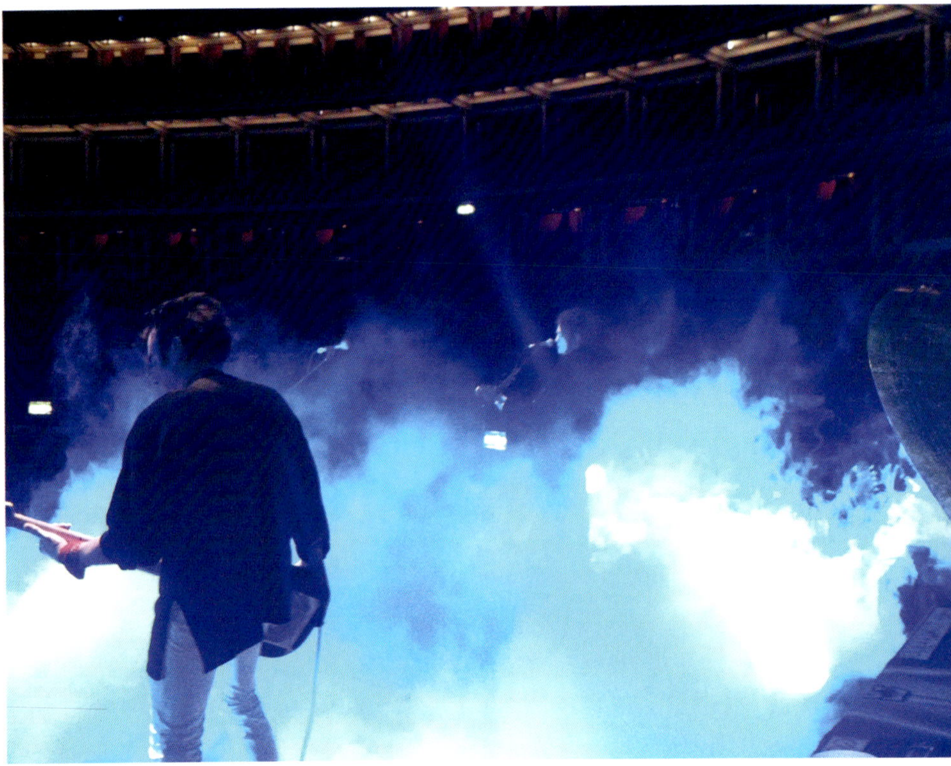

ACIMA: Turnê *Reflections* no The Royal Albert Hall, Londres, 2011. No palco, encarando o traseiro do Simon!

ACIMA: Open Air Theater, 1º de junho de 2000. Robert e eu nos reconciliando.

AO LADO: Turnê *Reflections* no The Pantages Theater, Los Angeles, 2011. Gray, eu e Robert no aniversário de 20 anos do meu filho.

Toda vez que olhamos para o passado, as coisas ficam mais claras e fáceis de entender. Após o ano exaustivo que foi a era *Faith*, tínhamos viajado pelo mundo pela primeira vez e, como Robert bem observou, tudo parecia "muito menor do que eu achava que seria".

Agora conhecíamos tanto o lado bom quanto o ruim do mundo da música e havíamos trilhado por muitos lugares. De certa forma, foi reconfortante, porque encontrávamos pessoas como nós onde quer que fôssemos. Em outros aspectos, foi desolador, pois também continuamos a nos deparar com aquele tipo de gente que tínhamos tentado deixar para trás. Essa última observação chegou ao auge durante a única vez que tocamos no Grão-Ducado de Luxemburgo.

Crescer na Inglaterra suburbana dos anos 1970 significava uma completa ausência de qualquer música decente no rádio. Havia apenas uma estação que tocava música pop, por falta de um termo melhor, a Rádio 1. A única exceção era a Rádio Luxemburgo, transmitida do Grão-Ducado de Luxemburgo, que me lembro de ouvir debaixo das cobertas com um fone de ouvido ligado ao meu pequeno rádio transistor. Os DJs tinham nomes exóticos, como Emperor Rosko (na verdade, um estadunidense que havia se mudado para a Europa). Aquilo era algo muito distante da minha experiência como adolescente vivendo na Grã-Bretanha, com uma única estação de rádio estatal que era totalmente monótona e britânica. Junto com a Rádio Caroline, que era transmitida de um navio fora das águas do Reino Unido, a Rádio Luxemburgo parecia exótica e até um pouco anárquica. Eles não se restringiam a tocar só as músicas do Top 40.

Então, quando tivemos a chance de tocar em Luxemburgo, imaginei que seria um lugar radical, tipo o Freetown Christiania da Dinamarca, um bairro autônomo e anarquista em Copenhague, um local que tanto Robert quanto eu adoraríamos. Mas Luxemburgo não tinha nada disso. Cercado pela França, Alemanha e Bélgica, era um território nitidamente sem graça.

Estávamos exauridos de fazer tantos shows naquele ano, o que estimulou uma certa agressividade na nossa psique – já preparando o cenário para a criação do álbum *Pornography*. Apesar de ser outono, uma umidade desagradável e sombria pairava sobre tudo. O clube era pequeno, escuro e úmido. Um lugar cem por cento inóspito, com pouco conforto.

Montamos nosso equipamento e tocamos nosso repertório habitual pela 118ª vez naquele ano, um período que nos viu passar de uma banda relativamente solta de quatro integrantes para uma unidade mais compacta de três. Não havia um tour manager para essa viagem. Éramos apenas nós e uma equipe enxuta de roadies e técnicos.

Sentimos o absurdo da nossa situação, mas, como sempre, Robert estava determinado a dar o melhor show possível para nosso pequeno público. Isso é algo que nunca mudou. Robert não toca de forma desleixada; quando toca suas músicas, ele precisa vivê-las para que funcionem. Eu me lembro de algumas turnês em que ele literalmente desabava após o show e ficava deitado no chão por meia hora para se recuperar. Sempre foi uma experiência catártica para ele.

Como trio, todos devem tocar o melhor que podem. Não há espaço para erros. Isso tende a tornar os músicos muito precisos e coesos, mas também significa que toda apresentação inclui momentos tensos, uma vez que cada membro tem de carregar o show nas costas em certos pontos do set. Afinal, qualquer nota errada ou falha será muito óbvia na estrutura esquelética imposta pelo formato de três integrantes.

Quando o show acabou, estávamos fisicamente exaustos e cansados de estar na estrada. Nós nos reunimos no miserável camarim e ficamos esperando que o promotor local ou quem quer que tivesse organizado o show fosse nos pagar o valor combinado. Acredito que Martin Hopewell estava atuando como nosso agente, e, como profissionais, esperávamos ser tratados dessa forma. Aparentemente, isso foi só uma suposição, já que o promotor local não tinha intenção de nos pagar. Robert, claro, não ficou muito contente com isso. Olhei ao redor do camarim à procura de algo para beber, e, no instante seguinte, ele e o promotor estavam brigando a socos e rolando escada abaixo, com Robert gritando para irmos ajudar enquanto caía para fora do clube.

Simon e eu corremos para ajudá-lo enquanto ele se desvencilhava do promotor, que agora percebia que continuar a briga seria uma ideia imprudente. Seguiu-se uma trégua tensa. Perguntamos a Robert o que havia acontecido e ele nos contou que não seríamos pagos pelo show. Decidimos deixar para o nosso agente, Martin, conseguir algum tipo de compensação, mas isso foi um tapa na cara (literal e figurativamente). Enfurecidos por essa reviravolta, partimos na noite em direção às Ilhas Britânicas, onde, apenas cinco dias depois, em Newcastle, teríamos de expulsar aquele grandalhão desajeitado que queria lutar conosco. Parecia que nuvens escuras estavam se formando para uma grande tempestade. E dela surgiria o álbum mais intenso da nossa carreira.

13

PORNOGRAPHY

As coisas haviam mudado na minha cabeça e no meu coração depois da partida de minha mãe. Eu estava à deriva. Por alguns meses, não fiz nada além de beber e sentir pena de mim mesmo.

Algumas mudanças também começaram a acontecer na banda. Parry não tinha gostado muito de *Faith*, pois o álbum não gerou nenhum grande sucesso. "Primary" foi o único single do disco e alcançou apenas a 43ª posição nas paradas do Reino Unido. Tínhamos passado os três anos anteriores trabalhando sem parar. Quando não estávamos na estrada, estávamos gravando. E vice-versa. Um dos motivos pelos quais *Faith* demorou para ser concluído foi que não tivemos tempo suficiente para compor na estrada e preparar o material antes de entrar no estúdio. Vivíamos numa eterna correria.

No decorrer desses três anos de trabalho e turnês, meu consumo de álcool só foi aumentando. Embora eu tenha experimentado vários outros tipos de drogas, eu era, acima de tudo, um beberrão. Parry decidiu que, se quiséssemos concretizar a visão de sucesso que tinha para sua gravadora, ele teria de se envolver mais profundamente. Ele disse que, para o nosso álbum seguinte, não precisaria comparecer às sessões de gravação de fato, já que éramos uma unidade tão fechada – o que era verdade –, mas que queria transformar o The Cure em algo maior.

Pornography foi um álbum muito difícil de fazer. Para mim, ele representa o ápice do nosso som como um trio. Também significa um pico criativo para todos os envolvidos, principalmente para Robert. Mantivemos uma equipe de estúdio bem compacta: apenas nós mesmos, nosso produtor Phil Thornalley e Mike Nicoto, o engenheiro assistente, com visitas ocasionais de Gary Biddles. Uma noite, Siouxsie teve permissão para dar um oi, mas, na maior parte do tempo, éramos só nós três imersos na fúria que se tornou *Pornography*. É uma grande e monolítica massa sonora. Esperávamos conseguir Conny Plank, produtor do Kraftwerk, para nos ajudar a gravá-lo. Na verdade, Robert e eu tivemos uma reunião com ele no escritório da Fiction uma tarde. Era um alemão imponente, todo vestido de couro preto. Ele nos cativou com histórias de suas últimas sessões de gravação, "onde o som parecia um animal selvagem". Ficamos muito impressionados com o que ele disse que poderia trazer para nossa música. Infelizmente, ele faleceu antes que isso pudesse acontecer.

TALVEZ NÃO TENHAMOS GERADO TANTOS HITS quanto Parry gostaria, mas os shows estavam ficando cada vez maiores e o público, mais numeroso. É fato que crescemos em um ritmo mais lento do que alguns dos nossos colegas, o que acredito que se deve, em parte, à insistência firme e obstinada de Robert em levar o tempo que fosse necessário para garantir que o que fizéssemos tivesse a mais alta qualidade possível. Acho que o tempo provou que ele estava certo nesse ponto.

De muitas maneiras, *Pornography* é meu álbum favorito do The Cure. Eu amo o som grandioso da bateria e as enormes camadas sonoras usadas para criar as canções. É o auge do som do The Cure como trio, embora tenhamos incorporado uma variedade de instrumentos. Em *Pornography*, você ouve um pouco de teclados, pedais de baixo e outras coisas (violoncelo, talvez?), mas o principal triângulo sonoro é formado pela estrutura bateria/baixo/guitarra, com os imensos vocais de Robert no topo.

Esse disco representa um dos meus maiores orgulhos com a banda. As circunstâncias em torno de sua criação foram certamente intensas, mas isso fez dele o álbum que é. Para mim, ele resiste ao teste do tempo porque não é escravo das modas da época. Ele nasceu do nosso próprio desespero e da nossa loucura peculiar.

Foi um processo de gravação incomum, o que, naquele período, parecia perfeitamente normal. À medida que nossas sessões avançavam, chegávamos ao RAK Studios, em St. John's Wood, cada vez mais tarde, até que finalmente nos acomodamos em uma rotina de entrar no final do dia e sair na manhã seguinte, assistindo ao nascer do sol novamente pelas janelas da sala de controle.

Acho que Mickey Most, o dono do estúdio, ficou muito intrigado com nosso cronograma, mas, tendo trabalhado na indústria musical por muitos anos e com muitas pessoas, ele compreendia o suficiente para nos dar espaço e não se intrometer muito. Em certos dias, ele até nos trazia algum presente, como a guitarra que Jimmy Page havia usado para gravar "Stairway to Heaven" e que Robert pôde usar na nossa gravação.

O restante do álbum continuou de forma semelhante. Fizemos um acordo com o dono da loja de bebidas do outro lado da rua. Basicamente, íamos lá todos os dias e colocávamos o que queríamos no balcão. Mais tarde, o filho dele entregava tudo em uma caixa no estúdio. Ao mantermos uma conta para pagar semanalmente, é bem provável que tenhamos dobrado sua renda nesses meses. Na época, estávamos morando nos escritórios da Fiction, o que adicionou mais uma camada de claustrofobia à mistura. Ficávamos juntos 24 horas por dia, sete dias por semana, o que não era uma boa ideia, considerando a quantidade de substâncias que estavam sendo consumidas diariamente. Sou grato a Phil e Mike por manterem um olhar são e relativamente sóbrio sobre tudo. Caso contrário, poderia ter terminado em catástrofe.

A sonoridade da bateria foi obtida colocando o kit na grande sala de gravação e removendo todos os escudos acústicos, criando uma imensa reverberação natural. Eu tinha baquetas feitas sob medida, de acordo com minhas especificações. Elas eram basicamente mais grossas no meio e mais finas nas extremidades, o que proporcionava um ótimo "arremesso" ou potência, dependendo de como eu decidisse usá-las. Na maior parte do álbum, inverti as baquetas e usei a extremidade mais grossa para tocar a caixa, que comprei de John Bradbury, do The Specials. Era uma caixa militar com dez polegadas de profundidade, em contraste com as caixas padrão de quatro ou seis polegadas. O efeito combinado de tudo isso era um grande estalo a cada batida na caixa. Sem ambiguidades ou notas fantasmas, apenas o mantra metronômico da bateria!

Tanto Robert quanto Simon tinham novos amplificadores Peavey, maiores e mais potentes, o que contribuiu para a agressividade das músicas. Muitas das batidas dos pratos foram gravadas separadamente em um cômodo recém-construído no estúdio. Esse espaço não tinha qualquer isolamento acústico ou paredes acabadas, era só uma caixa de concreto vazia. Assim que Phil e Mike montaram alguns microfones, coloquei ali meu novo prato Ray Man chinês para gravar. O som era tão alto quando eu tocava que era preciso virar a cabeça de lado para evitar ficar surdo. Dá para imaginar o barulho que fazia dentro de uma caixa de concreto! Acho que foi ali que começou minha perda de audição.

Depois de gravarmos *Pornography*, houve uma sensação de urgência para lançar nossas músicas novas e cair na estrada para promovê-las. A ideia era manter as coisas frescas e vibrantes, o que geralmente funcionava para nós, mas, olhando para trás, acho que deveríamos ter esperado um pouco em vez de sair do estúdio e voltar para a estrada tão cedo. Mesmo uma pausa curta de alguns meses teria ajudado a banda e talvez evitado o que se tornaria o fim da formação original do The Cure.

Se as sessões de gravação de *Pornography* foram difíceis, a turnê de 1982 foi ainda mais.

Os primeiros shows da turnê *Fourteen Explicit Moments* para divulgar o álbum no Reino Unido até que foram bons, embora estivéssemos esgotados depois de fazer mais de 120 apresentações no ano anterior, ir direto para o estúdio gravar *Pornography* e, em seguida, voltar para a estrada. Era uma receita para o desastre, algo que se repete constantemente no mundo da música. Se você está com energia de sobra é possível continuar, sobretudo quando se é jovem e entusiasmado, mas nós praticamente não tivemos descanso nos três anos seguintes à assinatura do contrato com a Fiction. Não é de se admirar que estivéssemos tão exaustos! Com o acréscimo do consumo excessivo de álcool e drogas, éramos como um barril de pólvora prestes a explodir.

Nosso setlist incluía a maioria das faixas de *Pornography*, o que representava cerca de um terço da apresentação. O álbum foi lançado enquanto estávamos na estrada, então boa parte do show era desconhecida para todos, exceto para os fãs mais fervorosos. Era assim que geralmente operávamos, mas *Pornography* se tratava de um disco muito diferente. Era combativo em comparação ao que tínhamos feito antes. E ainda havia a parte visual. O palco contava com telas operadas remotamente que desciam sobre a bateria, posicionada na lateral do espaço. Elas também cobriam outras áreas, criando efeitos diferentes. Era austero, para dizer o mínimo.

A projeção das imagens nas telas, que Mac já tinha feito antes, era o único vínculo de continuidade para nós, pois, mesmo nesse setor estético, havia outras mudanças significativas. Por exemplo, durante uma música, eu deixava a bateria e caminhava no escuro até a frente do palco para tocar teclado em "One Hundred Years", enquanto a tela descia para cobrir o kit e criar outro espaço. A frente dos amplificadores e da plataforma da bateria era revestida de um acabamento espelhado, o que fazia com que o público se visse entre as pernas de Robert e Simon, além de ocasionalmente ter a visão ofuscada pelo reflexo das luzes direcionadas para esses pontos. O efeito era semelhante a estar em um pub ou clube com um bar cheio de espelhos. Um tanto estranho e desconcertante para a plateia, o que fazia parte dos nossos planos. Também era um pequeno desafio para mim, já que precisava sair da bateria a tempo de evitar ser atingido pela estrutura da tela que descia rapidamente. Eu, é claro, aprendi isso da maneira difícil.

Às vezes eu cambaleava até a frente do palco depois de ter sido atingido com um estrondo pela estrutura que descia rápido. Então, usava o teclado para me apoiar enquanto me recuperava do que parecia ser uma leve concussão.

Nossas roupas eram tão sóbrias e nítidas quanto o show de luzes monocromático. Camiseta branca e calças pretas para Robert, camisa cinza com dragonas e calças acinzentadas para mim, enquanto Simon preferia adotar um visual um pouco diferente, com coletes de couro, calças justas e botas de motociclista. A principal diferença, no entanto, estava na maquiagem! Nosso cabelo tinha ficado mais comprido e selvagem durante a turnê de *Faith*, mas foi com *Pornography* que se tornou algo único. Começamos a amassar o cabelo, desfiá-lo, encharcá-lo com spray e fixá-lo com gel KMS. Nosso visual estava evoluindo gradualmente. Mas ninguém poderia prever o batom vermelho vivo que passou a adornar o rosto e os olhos de Robert! O impacto de sua aparência era tremendo para qualquer um que o encontrasse nos bastidores antes do show. Parecia que seus olhos sangravam ou que alguém havia passado uma faca em seu rosto.

Era pose, mas uma pose confrontadora. As pessoas reagiam com sorrisos desconfortáveis quando esbarravam em nós nos bastidores ou após os shows. Simon e eu tínhamos uma versão mais discreta do visual de Robert. Achei que cabia a ele ter a exposição mais extrema para sustentar a música impactante e agressiva que estávamos tocando. Como ele mesmo disse: "Eu queria que fosse o disco definitivo do 'foda-se'". Acho que, nesse sentido, tivemos sucesso. E, caso você não entendesse a mensagem pela música, nosso visual deixava tudo muito claro.

Pela primeira vez, fomos escalados para tocar em lugares na Europa que eram grandes demais para nosso público da época. No Philipshalle, em Düsseldorf, apenas um punhado de pessoas apareceu para ver nosso show num palco grandioso e austero. Na verdade, provavelmente eram algumas centenas de fãs, mas esse número num local tão grande significava que apenas as primeiras fileiras ficavam preenchidas.

Entramos em cena e um silêncio pesado tomou conta do ambiente, muito diferente do rugido habitual da multidão com a qual estávamos acostumados. O ar foi tomado pela fumaça enquanto o gelo seco se espalhava pelo palco como leves nuvens de algodão. A quietude era quase esmagadora. Após algumas músicas, Robert foi até a frente do palco, sentou-se com o microfone e cantou as músicas para o pequeno público de forma mais intimista.

O restante da turnê continuou no mesmo ritmo, com uma atmosfera sombria e desafiadora na maioria das noites. Talvez isso seja um eufemismo. Os fãs do The Cure sabem muito bem que a turnê de *Pornography* terminou com a banda em total desordem.

Quando chegamos a Estrasburgo, em 27 de maio de 1982, já havíamos feito cerca de 33 shows muito intensos para promover o *Pornography*. Estávamos cansados e mentalmente esgotados, o que colocava uma enorme pressão em nossas relações como grupo.

Eu tinha começado uma amizade com Paul Bell, vocalista da banda de abertura Zerra One. Mais tarde, acabamos morando perto um do outro no norte de Londres, então também nos encontrávamos fora da estrada. Na verdade, minha amizade com Paul me tirou do olho do furacão que estava se formando entre Robert e Simon. Após mais um show tenso, fomos a uma boate em Estrasburgo. Eu estava tendo uma noite razoavelmente boa, conversando com Paul e Grimmo, o guitarrista do Zerra One, e dançando bêbado com uma garota vestida de marinheira, quando alguém sugeriu trocarmos de camisa. Eu usava uma camiseta da turnê *Pornography* e imediatamente concordei, passando o restante da noite dançando com minha nova blusa de marinheiro branca e azul.

– Eu não sei o que está acontecendo entre Robert e Simon! Eles estão brigando! – disse um dos fãs na boate.

Eu realmente não sabia o que fazer. Com a tensão da turnê crescendo dia após dia, acho que finalmente havia chegado ao limite. Os shows eram tão intensos que me surpreende que isso não tenha acontecido antes.

Saí da pista de dança – ou fiz uma imitação ébria de um dançarino saindo de cena – e desabei ao lado de Paul.

– O que seu parceiro está aprontando agora? – perguntou com seu forte sotaque irlandês.

Rapidamente resumi os poucos detalhes que o fã havia me contado. Paul queria saber o que eu planejava fazer. Pela primeira vez, tomei uma decisão realmente boa. Eu não iria fazer absolutamente nada! Continuaria bebendo, dançando e conversando com Paul e a garota marinheira, que, por conta da troca de camisas, agora era a garota *Porn*. Eu ficaria bem longe daquilo, pois sentia que, se eu interviesse, acabaria deixando ambas as partes decepcionadas comigo.

Tínhamos apenas 23 anos – 21, no caso de Simon. Então optamos por aquela solução bem inglesa: simplesmente ignorar tudo, enquanto anestesiávamos nossos sentimentos com bebidas e drogas. Pelo menos, era isso o que eu faria.

A música era alta e o ambiente estava abafado por causa dos corpos dançantes. Eu estava bêbado e um pouco inebriado pelo show e pelo perfume da garota vestida de marinheira. Dançar com ela parecia uma maneira muito mais agradável de passar o restante da noite do que tentar resolver a briga entre meus dois colegas de banda. Portanto, fiquei lá nos fundos do clube.

Algumas horas depois, voltei para o hotel com Paul. A última coisa da qual me lembro é estar pendurado na janela traseira da van, cantando baixinho para as pessoas que caminhavam pelos canais e passando pela linda catedral gótica. Já vi os pontos turísticos de muitas cidades nas primeiras horas da manhã. Estrasburgo não foi exceção.

A luz matinal atravessava as cortinas do meu quarto quando, com horror, me lembrei da noite anterior. Meu consumo de álcool havia alcançado proporções épicas, e, embora já estivesse habituado a apagões ocasionais, não tive dificuldade em recordar o que acontecera. A noite anterior ficou, de alguma forma, congelada em detalhes nítidos.

O telefone tocou e eu atendi, ouvindo a voz ligeiramente descontrolada do road manager informando que, naquela manhã, Robert tinha ido ao aeroporto e pegado um voo de volta para Londres. *Então é assim que termina*, pensei, *não com um estrondo, mas com um gemido*. Fiquei um pouco chocado, mas não realmente surpreso. Para ser honesto, me sentia até meio aliviado. O ano todo havia sido como um vulcão furioso de emoções prestes a entrar em erupção, um trem pronto para descarrilar e mergulhar no abismo a qualquer momento. Apesar de não ser exatamente uma grande notícia, pensei que poderia ter sido muito pior. Pelo menos ninguém se machucou.

Então outra ligação veio. Dessa vez me contando que Simon também tinha voltado para casa. Lá estava eu, sozinho, na fronteira da França, o único representante do The Cure, com um show marcado para dali a alguns dias. O que diabos eu deveria fazer?

Liguei para Paul e combinei de nos encontrarmos no café do hotel. Estávamos discutindo os eventos da noite quando o road manager veio nos informar que os próximos shows tinham sido adiados, aguardando cancelamento. Sempre odiei cancelar shows. Todos no The Cure odiavam. As coisas estavam definitivamente saindo do controle. De repente, uma ideia me veio à cabeça, sobre a qual até hoje não falei muito.

– Paul, você consegue imitar razoavelmente o Robert, certo?

Ele assentiu, embora meio cauteloso – e com razão, pois meu plano era ousado.

– Por que não diminuímos as luzes do palco, você coloca uma peruca e sobe no palco para cantar, Paul?

Ele piscou, olhando para mim sem entender nada.

– Quero dizer, temos gravações do show, então poderíamos rodar essa mixagem, enquanto Grimmo fica nas sombras com um baixo fingindo ser o Simon. E eu só faço o que normalmente faço. Talvez dê certo.

Por um breve momento, olhamos um para o outro e, então, meus lábios se curvaram ligeiramente num sorriso. Paul também sorriu.

– Você é um idiota!

É claro que não daria certo. Todos nós subimos no ônibus, já que Robert tinha ligado e dito que estaria de volta para Montreux em dois dias. Seu pai o havia convencido a terminar a turnê. Alex Smith era um cara das antigas e acreditava, com razão, que, se você diz que fará algo, fica na obrigação de fazê-lo. O ônibus seguiria com apenas eu e o pessoal do Zerra One – descendo pela A5 até o Lago de Genebra, aos pés dos Alpes, onde aguardaríamos o retorno de Robert e Simon.

A BANDA SE REUNIU DEPOIS DE ALGUNS DIAS, com todos bem mais calmos. Restavam alguns shows, que fizemos de maneira mecânica. A última noite foi na Ancienne Belgique, um famoso teatro belga, o tipo de lugar que teria me interessado muito. Naquela ocasião, porém, parecia a morte. A morte daquela versão do The Cure. O glorioso trio que havia dado tudo de si e mais um pouco. O show teve uma intensidade maníaca e o final foi realmente terrível.

Ao término das nossas apresentações, tínhamos o hábito de tocar uma música improvisada que geralmente chamávamos de "Forever". Seguíamos um formato básico, mas quase sempre as letras e certos elementos evoluíam de acordo com nosso humor. Era uma espécie de coda para a noite.

Nessa ocasião, mudamos um pouco e trocamos de instrumentos. Eu toquei baixo, Simon tocou guitarra e Robert tocou bateria. Nosso roadie, Gary Biddles, subiu ao palco e começou a cantar sobre como Robert e eu éramos uns idiotas e apenas Simon era legal. Então Robert jogou as baquetas nele e, no final, paramos de tocar e saímos do palco. No dia seguinte, todos voltamos para a Inglaterra de balsa. Não nos falamos durante a viagem de volta, até porque nada precisava ser dito. Era o fim da turnê e, possivelmente, do The Cure. Algo teria de mudar para a banda seguir em frente, mas naquele momento as coisas pareciam mais sombrias do que nunca. Quando chegamos a Londres, me despedi de todos e me perguntei se os veria novamente.

14

NA FRANÇA

Após o desastre da turnê de *Pornography*, fiz o que sempre fazia: fugi. Não é difícil entender por que as coisas terminaram daquela maneira. Tínhamos passado o tempo todo dos três anos juntos, confinados, no estúdio ou na estrada, por um período longo demais. Fizemos 377 shows, aproximadamente um a cada três dias, durante mais de mil dias. Embora 1982 tivesse sido um pouco mais tranquilo em termos de número de apresentações, foi o suficiente para nos deixarmos completamente exaustos.

Conheci uma garota francesa, então não foi uma mudança tão drástica quando decidi ir morar na França por um tempo. Eu geralmente ficava na casa do meu pai sempre que voltava à Inglaterra, o que era bem deprimente. Ele não havia melhorado desde a morte da minha mãe e agora passava a maior parte do tempo dormindo ou bêbado. Parecia uma vida destruída. Eu o via de passagem e conversava com ele quando chegava em casa, mas nossa relação não era afetuosa. Suspeitava que seu comportamento tivesse levado minha mãe ao túmulo antes da hora, então havia uma certa mágoa da minha parte.

Tentava ser um filho dedicado quando voltava. Eu o levava para comer fora e até comprei uma TV nova para ele porque a antiga parecia um aquário colorido em constante mudança. Mas não podia fingir que tínhamos algum tipo de vínculo. Eu estava à deriva, então decidi mudar minha base para *la belle France*.

Antes que percebesse, estava morando na Rue Cadet, no nono distrito de Paris. Era uma rua de comércio, sempre movimentada com gente comprando mantimentos nas lojas locais. Fiquei em Paris por algumas semanas com a garota que estava namorando. De lá, viajamos por toda a França até Montpellier, na costa sul, uma cidade linda cheia de estudantes e jovens. A viagem de trem foi um evento e tanto, já que decidimos levar o gato da minha namorada conosco para ficar na casa de um amigo. Como não tínhamos um transporte adequado, tivemos de carregar o gato numa coleira desde Paris. Ele passou a viagem inteira bufando para todos do alto do bagageiro enquanto nossas expressões constrangidas pediam desculpas para os outros passageiros.

Não era a primeira vez que eu me deleitava em ser um estranho em uma terra estranha. Foi muito revigorante, especialmente após tantos dias convivendo sempre com as mesmas pessoas. Sentia que podia usar esse espaço para me livrar do estresse acumulado e da tensão psicológica da última turnê.

Passei muitos dias na praia de Palavas-les-Flots, nos arredores da cidade, ou num café na Place de la Comédie, limpando os destroços emocionais que haviam se acumulado devido à rotina rigorosa. Foi uma jornada libertadora, de um jeito que achei maravilhoso. Acho que sempre estive destinado a viajar pelo mundo, como meu pai e meus irmãos antes de mim. Desde jovem, eu tinha uma certa inquietação. Estar cercado de novas ideias e sensações sempre me estimulava. Vivenciava o novo e o único como uma forma de esperança para combater meu lado naturalmente depressivo, potencializado pelo álcool. Por mais estranho que pareça, naquele ano em que vivi a maior parte do tempo na França, não bebia como quando estava com a banda. E não foi minha intenção me livrar desse fardo – simplesmente aconteceu. Será que na França pude ser apenas quem eu realmente era? Não sabia dizer, sequer analisava muito. Apenas me sentia um pouco mais livre.

Naquele verão, embarquei numa espécie de jornada espiritual enquanto o The Cure aparentemente deixava de existir. Precisava superar os danos causados à minha psique. Além de não ter notícias de Robert, sabia que Simon não tocaria mais na banda, então senti que deveria procurar outra coisa para me ocupar. Eu não tinha certeza do que exatamente, então fiz uma peregrinação. Parecia a coisa certa a fazer.

Eu e minha garota francesa embalamos nossas coisas em Montpellier, deixamos o gato com os pais dela, que moravam por perto, e partimos para o Museu Salvador Dalí, em Figueres, na Espanha. No caminho, paramos em Perpignan para visitar a estação de trem, pois Dalí havia declarado, em 1963, que "sempre tinha suas melhores ideias na sala de espera da estação, então ela deveria ser o centro do universo". Achamos que valia a pena conferir. Pegamos um táxi até a fronteira, atravessamos a pé e pegamos outro táxi do lado catalão até Figueres. Ficamos na cidade e visitamos o Museu Dalí, localizado no antigo teatro municipal. Dalí o projetou para abrigar todos os seus objetos fantásticos e pinturas sob uma enorme cúpula geodésica projetada por Emilio Perez Piñero. Foi, no mínimo, uma experiência de tirar o fôlego. Comecei enfim a me sentir melhor.

No dia seguinte, viajamos para Roses, uma bela cidade de pescadores na Costa Brava. Fizemos uma viagem louca em estradas estreitas pelas colinas rochosas recobertas de relva até o Hotel Rocamar, em Cadaqués. O gerente do hotel era muito simpático. Ele presumiu que falávamos vários idiomas, como o próprio Dalí. Infelizmente, não era o caso, e, embora tivéssemos dificuldade para nos comunicar, conseguimos nos entender com uma combinação de francês e inglês (*franglês*?). Ficamos nessa bela vila de pescadores, com suas construções brancas e telhados de cerâmica vermelha. Muitos artistas passaram um tempo ou ficaram em Cadaqués, incluindo Dalí, que tinha uma casa próxima, em Port Lligat. Picasso, Miró e Duchamp também estiveram por lá em algum momento da vida.

Era simples entender o porquê. O ar e a luz tinham um aspecto maravilhoso. E ainda havia o sol quente do Mediterrâneo sobre as rochas douradas que tornavam o lugar único e belo à beira-mar. Olhando para a paisagem, era muito fácil acreditar que havíamos entrado em uma pintura de Dalí. Toda essa jornada foi revigorante para a minha alma.

Quando voltei para a Inglaterra, encontrei um apartamento no norte de Londres, perto da Abbey Road, onde fui morar. Achei que deveria mudar algo, pois sentia que o The Cure havia de fato chegado ao fim.

15

THE TOP

DEPOIS QUE VOLTEI A LONDRES, em 1983, me mantive ocupado com alguns projetos. Trabalhei com a banda And Also The Trees, produzindo seu primeiro LP. Eles tinham acompanhado o The Cure em turnê e eram muito queridos por todos nós, tanto como pessoas quanto como músicos, então foi algo que me permitiu retribuir um pouco do que me foi dado. Também gostei de trabalhar com o engenheiro de som David Motion nos estúdios da banda anarquista Crass, uma experiência sem estresse algum. Além disso, produzi *Today*, o EP de três faixas de um grupo francês chamado Baroque Bordello. E ainda fiz uma tentativa frustrada de gravar algo com meu amigo Paul Bell, do Zerra One, enquanto aguardava o The Cure se reunir novamente.

Eu tinha certeza de que Robert gostaria de continuar e de que ainda tínhamos um vínculo forte, embora um pouco desgastado. Mesmo com a turnê de *Pornography* tendo sido tão estressante, eu mantinha uma ponta de esperança nos recantos mais profundos do meu ser de que o The Cure ainda era viável. Sabia que, apesar dos acontecimentos, Robert e eu continuávamos amigos.

Não tive notícias dele por cerca de um mês, o que, na verdade, não me surpreendeu. Muitas vezes, quando Robert se sentia acuado, ele se isolava e fugia com Mary. Ela era seu ponto de conexão com o mundo, sua estabilidade e seu verdadeiro amor.

Robert e Mary foram para a região de Lake District para uma pausa muito necessária. Não o culpava por se afastar. Eu me sentia da mesma maneira, mas, naquela época, realmente não tinha ninguém fora do The Cure, já que minha mãe havia falecido. A banda era minha família e as duas pessoas que considerava meus amigos mais próximos estavam em pé de guerra. Eu me sentia como a pobre criança no meio de um divórcio, que não conseguia escapar dos sentimentos de nenhum dos pais. Um parecia distante e indiferente, enquanto o outro estava apenas com raiva.

Quando ia visitar meu pai, admito que tentei evitar situações em que pudesse encontrar Simon no nosso pub local, o King's Head. Acho que levou um tempo para ele se acalmar depois da turnê – e ele não ficou muito feliz com o que aconteceu em seguida.

Robert me ligou.

– Estou pensando em ir ao estúdio gravar algo. Quer ir, Lol?

– Sim, mas seremos só nós dois? – Eu não tinha certeza de como as coisas estavam entre ele e Simon naquele momento.

– Sim, Lol. Só você e eu.

A primeira sessão como dupla foi estranha, mas pareceu funcionar. Embora eu tenha sempre me considerado um músico criativo, sou o primeiro a admitir que não sou um baterista ou tecladista virtuoso. Sempre procurei canalizar minhas habilidades musicais ao que considerava emocionalmente adequado para a música ou ao que eu estivesse fazendo. Também adorava escrever letras e, para essa sessão, criei algumas palavras, mas não muito além disso. Robert já tinha algumas ideias. Dessa nossa espécie de retorno, surgiu o que seria "Ariel". Contribuí com alguns versos inspirados pelo meu amor pela poesia de Sylvia Plath, que, para mim, é a maior poetisa estadunidense.

O resultado não ficou tão satisfatório e, embora voltássemos para casa nos sentindo melhor do que aquele primeiro instante em que começamos a fazer o motor funcionar novamente, não tínhamos muita certeza sobre a direção do navio. O próximo passo de Robert, porém, mostrou por que ele era e sempre será o capitão do The Cure.

A década de 1980 foi uma era excelente para a inovação musical, especialmente no que se refere aos sons eletrônicos. A música pop começou a incorporar novos tipos de teclados e baterias eletrônicas, com novidades surgindo todos os meses que ajudavam a refinar e definir a sonoridade daquele período.

Eu estava muito interessado nesse aspecto da música. Era algo que acredito estar nos meus genes, uma vez que cresci com meus tios inventores mexendo em rádios, gravadores e coisas do tipo. Robert e eu discutimos meu envolvimento nesse lado da música e, agora que éramos uma dupla, pensamos que talvez deveríamos encontrar um baterista diferente para complementar o som.

Não me opus, já que nunca senti que estava preso a um único papel no The Cure. Na minha mente, eu era um parceiro musical e faria o que fosse necessário para as coisas acontecerem. Se isso significasse assumir outra função e aprender um instrumento totalmente novo, que assim fosse. Além de não ter medo do desafio, sentia que Robert me apoiava. Portanto, logo comecei um curso básico de sintetizadores com um professor recomendado pelo Sindicato dos Músicos e passei a ter aulas de teclado. Era um novo começo para a banda em mais de um sentido. Robert me contou que Parry o havia desafiado a compor um hit pop. Embora ele tenha desprezado a ideia a princípio – afinal, tínhamos um público fiel e sólido –, notei que algo nessa incitação, essa prova de fogo, por assim dizer, intrigou e irritou Robert o suficiente para que ele fizesse algo a respeito. Claro, segundo seus próprios termos. Então reservamos um estúdio.

A Island Records tinha um estúdio instalado no antigo Royal Chiswick Laundry Works. Convidamos Steve Goulding, que tocou bateria em "Watching the Detectives", de Elvis Costello, para gravar "Let's Go to Bed". Admito que foi um pouco estranho ver outra pessoa tocando bateria em uma música do The Cure, mas cedi em nome de um bem maior. De qualquer forma, eu estava sobrecarregado com um novíssimo New England Digital Synclavier. Era um equipamento muito caro (algumas versões chegavam a custar mais de 200 mil dólares, uma verdadeira fortuna na época) e um precursor de ponta do sampler moderno encontrado em todos os estúdios hoje em dia. É o som de muitas gravações famosas daquele período, como "Thriller", de Michael Jackson. De muitas maneiras, estávamos à frente do nosso tempo em termos de produção musical, de modo que eu gosto de pensar que minha curiosidade em relação a toda a nova tecnologia disponível impulsionou algumas de nossas gravações de melhor qualidade. Claro, tudo sempre gira em torno da canção em si, mas os sons também são empolgantes. Depois de alguns dias, tínhamos um sucesso pop. Agora só precisávamos navegar na direção do que o The Cure estava prestes a se tornar.

Parecia que, num piscar de olhos, as coisas haviam mudado novamente. O laço fraternal que mantinha o The Cure unido foi rompido com a saída de Simon e uma nova entidade começou a tomar forma. Ainda éramos muito jovens, com menos de 25 anos, e, mesmo assim, já tínhamos visto muitas coisas e feito ainda mais. Estávamos crescendo diante dos olhos do público, o que, acredito, é sempre difícil, não importa quem você seja. Na construção do novo The Cure, que renascia das cinzas do antigo, algo se transformou. Robert e eu estávamos cientes de precisaríamos nos adaptar, pois ainda éramos aqueles mesmos garotos ingleses que tinham dificuldade em comunicar diretamente seus sentimentos. Andávamos tendo mais conversas até bem tarde da noite, quando, depois de beber bastante, nossos verdadeiros pensamentos e emoções vinham à tona. Estava claro que era necessário seguir em frente, apesar do que havia acontecido. Parecia quase inevitável que a banda mudasse após a ruptura com Simon. Eu costumava me perguntar por que os integrantes dos grupos às vezes faziam coisas loucas e misteriosas, coisas com as quais eu não me identificava tendo crescido no subúrbio de Londres. Só agora passava a entender quanto os laços que mantêm uma banda unida podem ser tensos e frágeis.

A ascensão da MTV nos anos 1980 mudou muitas coisas para as bandas – para melhor ou para pior. Havíamos lançado alguns vídeos sem muito sucesso até "Let's Go to Bed". Não tínhamos encontrado alguém com quem nos identificássemos e confiássemos em termos de uma concepção visual do The Cure.

Por exemplo, um dos vídeos anteriores que fizemos foi para "Charlotte Sometimes", com Mike Mansfield. Acho que foi Parry quem indiciou Mansfield, já que ele havia feito um vídeo com Adam and the Ants. Não achávamos que fazia muito sentido, mas também não tínhamos muito conhecimento sobre o processo de fazer clipes naquela época. Era algo muito novo, o formato ainda estava em sua infância.

Decidiram filmar "Charlotte Sometimes" no Holloway Sanatorium, em Virginia Water, Surrey. Esse manicômio abandonado foi construído pelo filantropo vitoriano Thomas Holloway, que fez uma imensa fortuna com remédios patenteados e decidiu retribuir à sociedade. Ele criou uma instituição onde os insanos da classe média poderiam ser tratados e residir permanentemente. Peculiar. Segundo Sir Nikolaus Pevsner, o local era o "ápice do design vitoriano". Realmente algo impressionante de se ver.

Quando chegamos para as filmagens no sanatório, desativado havia pouco tempo, fomos conduzidos ao grande hall de entrada, repleto de murais muito elaborados. Olhando de forma casual, pensei que fossem representações de anjos e outros seres celestiais. Talvez os vitorianos achassem que aquilo poderia acalmar mentes agitadas. Observando mais de perto, descobri que os murais retratavam alguns demônios assustadores, o que foi, no mínimo, surpreendente para mim.

Grande parte do processo de fazer clipes é tedioso para os artistas, já que demora muito tempo para iluminar o set e preparar tudo para a filmagem, então fomos explorar a instituição abandonada. Era um lugar muito interessante. Tinha uma abordagem bastante progressista, parecida com Netherne, que conhecemos na nossa adolescência, com um grande departamento de arte para os internos. Havia muitas pinturas e esculturas espalhadas pelo chão, como se todos tivessem deixado o local com pressa, sem recolher seus pertences.

Um cartaz na parede dizia: "Visitantes: por favor, não façam críticas às obras de arte dos pacientes de forma alguma. Agradecemos sua cooperação". O motivo era óbvio, suponho, mas mesmo assim era estranho ler esse aviso. Peguei uma pequena escultura verde que tinha uma superfície lisa ao toque. À primeira vista, parecia só um pedaço de argila, mas, quando olhei melhor, percebi que era um cachorro bebendo de uma tigela. Seu design peculiar, esmaltado num verde berrante e com traços ligeiramente distorcidos, falava claramente da mente torturada e frágil que criou aquela peça. Decidi levá-la para casa, onde ela ainda está até hoje, na minha mesa de cabeceira.

Havia outros indícios do propósito anterior do lugar. Encontrei um arquivo abandonado em um escritório cheio de antigos registros de enfermaria dos anos 1950. A maior parte das anotações era bastante horrível de ler. Naquele tempo, apesar do pensamento progressista com a terapia artística, havia também um regime de medicação pesada para pacientes que ficavam "muito agitados". Provavelmente era daí que vinha o olhar fantasmagórico nos rostos dos internos que vagavam por Horley aos sábados na época em que éramos adolescentes. Estremeci involuntariamente ao pensar nisso.

O clipe, embora lindamente filmado, não conseguiu capturar o que realmente era necessário para o The Cure. O fato de não sermos um grupo unidimensional não transparecia nos nossos vídeos iniciais. Ainda precisávamos encontrar uma forma de transmitir nossas personalidades completas e complexas. Precisávamos de alguém que pudesse ilustrar tanto o lado absurdo da banda quanto seu lado sério.

"O The Cure é uma das bandas mais estúpidas com quem se poderia trabalhar, mas, ao mesmo tempo, é das mais brilhantes e inteligentes.

Eles são os mais barulhentos e podem ser os mais quietos – e é isso que amo neles." Entra em cena o diretor Tim Pope.

Tim entendia o paradoxo no coração do The Cure e estava determinado a encontrar uma maneira de apresentar isso ao mundo. Finalmente, caramba.

Tivemos uma ótima sintonia com Tim. O primeiro vídeo que fizemos com ele foi "Let's Go to Bed", que realmente era um exercício de pensamento absurdista. Parry, Robert e eu passamos uma longa noite tentando criar ideias para "Let's Go to Bed". Jogamos todos os nossos pensamentos abstratos e estranhos daquela conversa para Tim, que, de forma notável, conseguiu captar o sentido para produzir o primeiro vídeo admirável do The Cure.

Em quase todos os vídeos que fizemos com Tim nos anos seguintes – e foram muitos –, ele invariavelmente me levava a fazer algo estranho e/ou desconfortável. "Let's Go to Bed" não foi exceção. Na verdade, foi o que definiu esse padrão para o futuro. Ele também gostava de colocar pequenas "surpresas" nos vídeos. Se você assistir a "Let's Go to Bed" com atenção, pode ver alguma nudez disfarçada. Eu estava dançando atrás de uma tela para projetar uma sombra no fundo da cena em algumas tomadas. Bem, parecia mais um borrão amorfo, graças ao enorme macacão folgado que eu usava. Não me lembro de quem foi a ideia, mas suspeito que tenha sido do Tim, que sugeriu que eu dançasse nu atrás da tela para criar uma sombra mais "angular". Então tirei a roupa e mantive a modéstia diante da equipe com fitas adesivas estrategicamente colocadas. Passei a ter toda a simpatia do mundo por dançarinas burlescas depois dessa filmagem.

O vídeo ficou realmente bom e é inteligente de uma maneira que mostrava os dois lados do The Cure: o engraçado e o absurdo. Ao contrário da crença popular, não éramos góticos de rosto pálido que ficavam em quartos mal iluminados por velas e chorando o tempo todo. Embora tivéssemos alguns fãs assim – duas garotas japonesas muito doces costumavam simplesmente ficar paradas e chorar na nossa frente sempre que conseguiam nos encontrar. Nós as apelidamos de Doom (Fatalidade) e Gloom (Melancolia). Do modo mais gentil, que fique claro.

Acho que os vídeos que fizemos com Tim documentam nosso amadurecimento. A MTV, que tinha começado num pequeno local no Hell's Kitchen, em Nova York, estava crescendo muito rápido e não havia clipes suficientes para preencher a programação. Acredito que, nos primeiros dias, eram lançados apenas seis a oito vídeos novos por semana, então basicamente era isso que eles transmitiam. Como não tardamos a descobrir, ter uma alta rotação na MTV, junto com nossa agenda rigorosa de turnês, começou a acelerar a ascensão da banda.

Após "Let's Go to Bed", fomos convidados para o *The Oxford Road Show*, um programa da BBC. O único problema era que não tínhamos uma banda de verdade. Tivemos então de arrumar substitutos. Foi quando conhecemos Andy Anderson e lhe pedimos que tocasse bateria para nós, pois agora eu era o homem dos teclados. Para a apresentação, chamamos ainda Derek Thompson, de um dos grupos da nossa gravadora, o SPK, para se responsabilizar pelo baixo, já que não tínhamos baixista na época.

O show acabou sendo muito divertido. Assistindo ao vídeo, dá para ver que estávamos revigorados, principalmente Robert. Acho que, depois de todas as idas e vindas com os Banshees e as turnês intermináveis, encontramos um caminho a seguir. Robert estava energizado pela vitalidade e pela viabilidade do The Cure mais uma vez.

Lançamos mais duas músicas naquela que considero nossa "fase de singles pop". "The Walk" foi um experimento que realmente gostei de fazer, apesar da interferência do meu consumo de álcool.

Contratamos Steve Nye para produzir a música. Foi a primeira vez que trabalhamos com um produtor "de verdade" em vez de fazermos a produção com algum engenheiro de som de nossa simpatia. Escolhemos Steve porque adoramos o trabalho dele em *Tin Drum*, do Japan. Ele conseguia fazer instrumentos eletrônicos soarem mais naturais, o que era justamente o que queríamos.

Ao longo dos anos, surgiram rumores de que "The Walk" teria sido copiada de "Blue Monday", do New Order, ou de que, no mínimo, ela foi nossa inspiração. Posso acabar de vez com essa acusação: gravamos "The Walk" antes de "Blue Monday" ser lançada, em março de 1983. Ou seja, sem a ajuda de uma máquina do tempo, não teríamos como ouvir "Blue Monday" antes de fazermos "The Walk". A verdade é que tanto o The Cure quanto o New Order estavam incorporando instrumentos eletrônicos, sintetizadores, baterias eletrônicas e sequenciadores ao seu arsenal ao mesmo tempo. Era inevitável haver uma certa semelhança, já que provavelmente estávamos usando os mesmos equipamentos. Não havia tanta coisa disponível na época.

Alguns anos depois, quando a Yamaha lançou o sintetizador essencial dos anos 1980, o DX7, nós adorávamos ouvir músicas no Top 10 e identificar qual som predefinido do DX7 foi usado em qual faixa. Era algo onipresente!

A foto de Robert e minha na capa de "The Walk" é uma das minhas favoritas da Parched Art (Andy Vella e Porl Thompson). Tiramos a fotografia à noite no jardim dos fundos do Jam Studio e depois eles trabalharam na imagem de forma mágica.

Embora já tivéssemos contado com Andy Anderson em um show, ele ainda não era membro oficial da banda. Além disso, com todos os equipamentos eletrônicos que usávamos, ele não foi necessário em "The Walk".

Era estranho sermos apenas um duo, já que sempre estivemos acostumados a estar numa banda, mas o The Cure sempre foi muito mais do que algo que apenas fazíamos. Era e continua sendo um estilo de vida, um sistema de crenças. Quando começamos, tivemos de lutar muito contra as noções preconcebidas das pessoas sobre o que uma banda e a música que fazíamos poderiam ser. Foi uma batalha que se impregnou em cada célula do nosso corpo. Tinha de ser assim. Era a única maneira de conseguirmos sucesso ou, de fato, sobrevivermos.

Lá nos nossos primeiros dias, éramos fruto de uma educação católica rigorosa. Por alguma razão estranha, ou nem tão estranha assim, isso parece criar artistas e músicos de certa intensidade. Ao longo dos anos, tive várias conversas sobre a natureza da fé com Robert e acho que ambos descobrimos na música e no processo de fazer arte um espaço onde talvez possamos encontrar algumas respostas. Sei que isso me levou a uma jornada que me permitiu entender um pouco melhor as questões perenes que continuam surgindo e girando na minha cabeça desde que éramos adolescentes. Acho que, para Robert, o The Cure sempre foi um modo de trazer o foco de volta a essas ideias – na elaboração delas é que surge o senso de realização para ele. Os fãs perceberam e, por isso, são tão leais. Eles entenderam que havia uma honestidade inerente no que estávamos fazendo.

Tenho várias boas memórias em torno da criação de "The Walk", dos momentos em que Robert e eu desfrutávamos de uma comunicação aberta como artistas. Fui eu que criei a primeira parte do riff principal do teclado com o vibrato que introduz os vocais. Assim que mostrei a Robert, ele finalizou. No entanto, esses átimos de inspiração mútua estavam ficando cada vez mais raros.

As pessoas sempre querem dissecar como as bandas criam música. Eu certamente entendo o motivo disso, mas, como disse Joe Strummer, "Você não pode mexer com a química!". No final, tudo se resume a vários fatores, principalmente às personalidades que existem dentro da banda. O sentimento que vocês criam juntos é o que dá vida à arte.

A criação de "The Walk" foi uma pequena calmaria antes da tempestade. Steve Nye nos ajudou a obter o som que buscávamos. Tirando a guitarra e os vocais de Robert, tudo foi programado no sistema de sintetizadores Oberheim, com um sintetizador OB-8 e um sequenciador DSX. O som da bateria vinha de uma relativamente nova bateria eletrônica DMX, que também conectamos à sala de gravação por meio de um alto-falante e regravamos, "acionando" acusticamente uma caixa de bateria convencional.

Essa técnica era semelhante àquela usada anteriormente por Steve Nye para fazer os instrumentos eletrônicos soarem naturais. Passei muito tempo tentando trabalhar com o sistema, mas com sucesso limitado. Eu conseguia obter alguns sons, mas era difícil alcançar o que queríamos. Depois de um dia improdutivo mexendo nos botões, Steve se virou para mim e disse algo que nunca esqueci:

– Lol, sabe do que isso precisa?

– Não, do quê?

– LAPDM, amigo. – Perguntei o que LAPDM significava e ele respondeu: – Leia A Porra Do Manual!

Finalmente fizemos tudo funcionar, exceto por um detalhe. Na primeira nota do começo da faixa, não conseguimos fazer o sequenciador desligar antes de a bateria iniciar, então simplesmente incorporamos isso à música! Você ficaria surpreso com quantos acidentes felizes acabam indo parar na versão final dos discos. Robert costumava me chamar de "o fator X", porque nunca tinha certeza do que eu poderia criar – às vezes era bom, outras vezes era terrível.

E tenho outras duas lembranças dessa sessão: a primeira era a vista da sala do andar de cima do estúdio, que dava para a cidade de Londres no início da manhã, justo quando o sol estava nascendo e a névoa ainda envolvia as copas das árvores. Mágico! A outra era a expressão estranha no rosto de Steve Nye enquanto eu, bêbado, chutava garrafas de champanhe pelo estúdio. As coisas estavam ficando sérias.

Enquanto gravávamos o clipe de "The Walk", estávamos num estúdio não muito longe do RAK, onde sabíamos que Phil Thornalley ainda trabalhava. Durante uma pausa nas filmagens, fomos procurá-lo e perguntei se ele queria participar conosco do Elephant Fayre, um festival na propriedade de Lord Elliot, na Cornualha. Precisávamos de um baixista e de um baterista para tocar as músicas ao vivo.

O The Cure finalmente parecia uma banda de verdade novamente. Fizemos alguns shows de aquecimento para aquele festival em Bath e Bournemouth. Em Bath, tocamos no Moles, um clube bem pequeno. Não havia palco, então nos apresentamos no chão mesmo, exatamente como no Laker's Hotel. Robert me disse que teve de fechar os olhos enquanto cantava, pois havia um cara a uns 15 centímetros do microfone cantando junto com ele, o que era um pouco desconcertante. Depois do show, recebemos a visita no camarim de ninguém menos que Lady Helen Windsor, uma jovem nobre bisneta do Rei George V. Parece que ela também era uma grande fã do The Cure! A realidade é mais estranha que a ficção, com certeza.

O Elephant Fayre foi um festival maravilhoso de várias formas. Além de ficarmos em um hotel à beira-mar, eu me lembro do bom humor na noite após o show, enquanto celebrava com minha namorada. Lisa, a artista que fez a famosa escultura de peixe na guitarra Jazzmaster do Robert, estava conosco na suíte. Tenho certeza de que a assustamos ao rirmos como loucos de várias coisas até altas horas da madrugada.

Durante a apresentação, aconteceu um ato simbólico que prenunciaria eventos futuros. Enquanto eu saía do palco, o cabo de uma das guitarras favoritas do Robert, a Vox Teardrop, ficou preso nos meus pés, e, sem notar, acabei a derrubando e quebrando o braço da guitarra. Conseguimos consertá-la e tudo foi perdoado… pelo menos naquele momento.

Não muito tempo depois, fizemos uma breve turnê pelos Estados Unidos com Andy e Phil, onde ocorreu mais uma mudança.

Sempre me perguntam se houve algum momento específico em que me dei conta de que o The Cure seria tão grande quanto acabou sendo. Geralmente respondo que não, mas um acontecimento crucial deveria ter me dado uma pista. Estávamos em Los Angeles para fazer alguns shows em agosto de 1983. Foi quando deixamos de ser apenas uns caras ingleses tocando música para nos tornarmos parte da cultura popular da época.

Após o show, fomos levados a um clube em Hollywood. Quando entramos, alguém nos disse que havia alguns equipamentos de uma outra banda no palco que poderíamos usar, caso quiséssemos tocar algo. Tocamos "The Walk" ou "Let's Go to Bed", não lembro qual, pois o que realmente ficou gravado na minha mente foi o que aconteceu quando subimos ao palco. Estávamos acostumados a ser recebidos por fileiras de jovens sérios. Talvez alguns trouxessem suas namoradas, mas nosso público era decididamente masculino. Aquela noite no clube foi uma história diferente. O lugar explodiu com garotas gritando para nós como se fôssemos os Beatles! Foi incrível. Olhei para o Robert, que apenas sorriu. Lembro que foi impressionantemente maravilhoso, pudemos sentir a mudança naquele exato momento.

Logo depois, pegamos um voo para Paris para gravar "The Love Cats", o último de nossa trilogia de singles pop. Foi gravado no Studio Des Dames, propriedade da gravadora Polygram. Nós nos divertimos muito fazendo essa música. Era uma sensação de que estávamos com tudo novamente. Eu me sentia criativo de um modo que não sentia há muito tempo e até consegui voltar a escrever algumas letras. Também adicionei mais um instrumento à minha lista daqueles que não sei tocar direito: o vibrafone.

Foi algo bobo, irreverente e extremamente divertido – exceto quando nosso hotel pegou fogo. Chegamos do estúdio certa noite e vimos colchões em chamas sendo jogados para a rua pela janela do quinto andar. Nunca descobrimos exatamente o que houve, mas nem isso conseguiu abalar a sensação de que o The Cure estava de volta, como era para ser.

Com Tim Pope de volta à direção, gravamos o clipe de "The Love Cats" em uma casa vazia no norte de Londres durante uma noite bastante maluca. Havia adestradores de gatos e todo tipo de coisa. Fizemos várias cenas que Tim queria filmar. Uma delas envolvia eu me vestir com uma fantasia de gato em tamanho gigante e ficar andando para cima e para baixo na rua antes do amanhecer, me escondendo atrás de caixas de correio e placas de rua, fingindo ser um gato – embora um gato de quase dois metros de altura. Foi tudo um tanto surreal, para dizer o mínimo. Acabei aterrorizando um velho rastafári que estava caminhando por volta das seis da manhã. Ele andava tranquilamente pela calçada, cuidando da própria vida, e, de repente, do nada, eu apareci vestido como um gato enorme. Ele deve ter achado que era uma alucinação, pobre homem.

Essa foi a versão 2.0 do The Cure. Mais expansiva e menos minimalista que a iteração anterior, a *Pornography* Cure, por assim dizer. Acho que, para quebrarmos o que éramos antes, foi necessário que nós, principalmente Robert, fizéssemos algo muito diferente.

Acredito que isso chocou algumas pessoas, mas eu sempre soube que havia esse lado no Robert. Bastava ouvir sua coleção pessoal de fitas, que ele sempre colocava para tocar tarde da noite em seu quarto durante as turnês, para saber que ele valorizava uma canção pop sincera tanto quanto qualquer pessoa. Talvez até mais. Recentemente, lhe perguntei o que preferia, cantar ou tocar guitarra. Ele me disse: "Cantar, porque você realmente consegue se expressar". Todas as músicas de sua coleção tinham essa qualidade.

Também havia um aspecto psicodélico em Robert que ele explorou profundamente em *The Top*, que, para todos os efeitos, é um álbum psicodélico, embora concretizado algumas décadas após a era psicodélica original.

Decidimos trabalhar no Genetic Studios, do produtor Martin Rushent, em Streatley. Era inverno, então parecia um bom lugar para gravar no interior da Inglaterra, a oeste de Londres. Foi lá que nos encontramos com Dave Allen pela primeira vez. Ele tinha sido o engenheiro do álbum

Dare, do Human League, produzido por Rushent. Gostamos dele logo de cara. Era espirituoso, perspicaz e grande conhecedor de gravações tanto de sons eletrônicos quanto de instrumentos convencionais. Exatamente do que precisávamos. Decidimos ficar hospedados no pub John Barleycorn, na mesma rua, o que talvez não tenha sido a ideia mais sensata.

A maior parte das sessões envolveu apenas Robert e eu. Andy veio gravar as baterias que tinha tocado nas demos que fizemos no Eden Studios. Também gostávamos muito da forma como ele "tocava" suas calças de couro. Sim, esse é o som em "The Caterpillar" que parece o bater de asas de borboleta: as calças de couro do senhor A.

Tínhamos todos os três cômodos do pub para nós: eu ficava em um, Robert em outro, e Andy, às vezes Porl, quando aparecia no estúdio, no último. O mais importante é que tínhamos a chave do pub, porque frequentemente trabalhávamos durante a noite e só voltávamos por volta das sete ou oito da manhã. O proprietário, já acostumado com bandas e músicos, sabia que talvez quiséssemos tomar algumas bebidas após a gravação.

– Por favor, sirvam-se de qualquer bebida do bar, apenas anotem o que consumirem no bloco de notas e podemos incluir na conta.

Consequentemente, voltávamos todas as noites nas primeiras horas da madrugada, quando o pub estava fechado, mas o reabríamos. Todo pub no interior da Inglaterra tem seus frequentadores assíduos, geralmente senhores mais velhos que estão lá todos os dias na hora em que abre, pois é a única vida social deles. O John Barleycorn não era diferente. Acho que deixamos alguns dos *habitués* muito impressionados, porque, quando as portas do pub se abriam, ainda estávamos lá bebendo canecas de cerveja best bitter com olhares desvairados. Tentávamos tornar o cenário um pouco mais normal tomando café da manhã e indo direto para a cama, onde dormíamos por sete ou oito horas. O pub era propriedade de um dos membros da banda Ten Years After, então eles toleravam esse comportamento.

As coisas ficaram cada vez mais surreais à medida que o álbum avançava. Alguns acham que *The Top* é meio que um disco solo do Robert.

Sim e não. Há algumas músicas com minha contribuição, nas quais fui creditado, mas, na maior parte, foi um álbum do Robert. Acho que, depois de tudo o que aconteceu com a saída do Simon e a briga em Estrasburgo, ele quis tentar algo por conta própria, o que o levou a um caminho mais psicodélico. Parecia estranho, mas para onde mais poderíamos ir após *Pornography*?

Grande parte da razão para Robert anunciar que este seria o último álbum ou turnê – algo que ele fez várias vezes em nossa carreira – era apenas uma tentativa de se revitalizar e motivar o restante do The Cure a fazer o melhor disco possível. Sempre admirei esse desejo nele, embora eu não gostasse muito de trabalhar durante a noite, pois me deprime passar semanas sem ver a luz do dia. No entanto, fiquei feliz em seguir esse plano como forma de reinventar a banda. Durante a gravação de *The Top*, o que estava renascendo era uma compreensão diferente do grupo. Eu realmente não podia reclamar que as responsabilidades criativas estavam se tornando mais unilaterais, porque eu não me sentia bem o suficiente para assumir um papel maior. De qualquer forma, estava confiante de que uma versão melhor da banda estava surgindo. No final do dia, Robert era meu amigo e eu gostava de colaborar com ele, mesmo que as coisas parecessem estar se encaminhando novamente para aquela zona de loucura.

Em um dia de inverno no Genetic Studios, eu estava ajudando a carregar a guitarra Vox Teardrop recém-consertada quando escorreguei no gelo e a deixei cair no chão duro, quebrando-a outra vez. Fiquei péssimo, pois sabia quanto Robert gostava daquele instrumento. Acho que isso marcou o início do pior momento da nossa amizade.

Precisávamos de uma banda um pouco maior para a turnê seguinte, porque havia mais teclados e guitarras do que uma formação de quatro integrantes poderia dar conta ao vivo. Então Robert e eu convidamos Porl a voltar a tocar conosco. Isso provavelmente implicaria mais planejamento do que realmente houve. Ele estava indo ao estúdio para nos mostrar a arte do álbum *The Top* quando pedimos para ele tocar saxofone em "Give Me It". Naquele momento, parecia inevitável que ele retornasse ao grupo. Ele conseguia preencher as partes que nem Robert nem eu podíamos tocar no palco com guitarra e teclados, além de adicionar seu próprio brilho. Na minha opinião, Porl sempre foi o músico mais versátil do The Cure.

Eu não era o único na banda com problemas. Em algum momento, todos fizeram algo que prejudicou o The Cure, mas é isso que acontece quando você reúne um grupo de jovens intensos. Todos os tipos de disfunções acabam aparecendo.

Andy foi a próxima "baixa". Estávamos em Nice durante a turnê, hospedados em um hotel muito bom, com seguranças patrulhando os corredores. Andy tinha saído e retornado tarde da noite. Naquela época, era moda levar música para todos os lugares com uma *boom box* no ombro, algo que Andy seguia à risca. Ele entrou no hotel usando roupas militares e com a *boom box* tocando. O segurança achou que fosse um intruso.

– O senhor está hospedado aqui? – perguntou o segurança.

– Sim, na verdade estou – respondeu Andy. Nesse momento, o segurança borrifou spray de pimenta nos olhos dele, o que foi extremamente hostil. Não sem razão, Andy começou a perseguir o segurança pelo corredor do hotel. Com os olhos cheios de lágrimas, ele achou ter visto o segurança desaparecer atrás de uma porta. Começou então a chutá-la e a xingar sem nenhum filtro. Porém, a filha do prefeito de Nice estava hospedada no hotel, justamente atrás da porta que Andy estava tentando arrombar. A polícia foi chamada e Andy foi levado para a prisão.

Acordei no dia seguinte sem saber de nada até que nosso tour manager me ligou.

– Você soube do Andy?

– Não, o que aconteceu?

– Bom, ele está na cadeia. – E toda a história lamentável foi contada.

Andy e eu éramos amigos. Ainda somos. Então decidi ir com Parry para tirá-lo da prisão. Passei várias horas conversando com Andy na praia, tentando convencê-lo a não jogar uma palmeira nas vidraças do hotel. Eu entendia o ponto de vista dele. Ele tinha sido injustamente atacado. Mas tínhamos um show para fazer e não podíamos deixá-lo lá para responder às acusações. Depois de uma breve conversa com os assessores do prefeito, chegamos a uma solução.

– Se o senhor Anderson deixar a cidade hoje, nenhuma acusação será feita.

Que audácia! E *nós* não podíamos processá-los? No fim, tivemos de agir de forma pragmática, com Andy sendo contrabandeado para fora da cidade no ônibus da equipe, rumo à próxima parada. No entanto, isso foi um prenúncio do que estava por vir. Mais tarde, em Tóquio, Andy teve mais um problema num hotel. Os detalhes são confusos, mas todos tínhamos saído para um clube na noite anterior, e, quando Andy voltou, algum tipo de confronto aconteceu, com a polícia novamente sendo chamada.

Robert e eu tivemos uma breve reunião no quarto de Parry, na qual decidimos que não dava mais para seguir com a situação daquele jeito. Em vez de melhorar, o comportamento de Andy estava piorando, de modo que talvez fosse mais adequado que ele deixasse a turnê e voltasse para Londres.

Robert tomou a responsabilidade para si.

– Certo, acho melhor eu ir avisá-lo.

Ele geralmente odiava confrontos, mas, quando a situação apertava, sabia que tinha de partir dele. Caso contrário, Andy talvez não levasse a sério. Robert então contou a Andy que ele estava fora da banda e que receberia uma passagem de volta para Londres.

Havia apenas um problema. Ainda tínhamos uma turnê de três semanas pelos Estados Unidos para fazer. Sem baterista! Por um momento, nos perguntamos se eu poderia tocar fazendo alguns ajustes na lista de músicas. Talvez pudéssemos nos organizar como um quarteto. No final, optamos por chamar um amigo de Phil Thornalley para tocar bateria conosco: Vince Ely, o baterista original do The Psychedelic Furs.

Ensaiamos por alguns dias e aumentamos a configuração da bateria adicionando alguns tambores ao kit, o que me permitiu acrescentar sons extras junto com Vince. Não era exatamente a Glitter Band, mas o som ficou potente. Vince só pôde nos ajudar por um tempo, pois tinha outros compromissos, então, mais uma vez, foi Phil quem nos salvou. Ele estava trabalhando com o The Thompson Twins, cujo baterista, Boris Bransby-Williams, estava de férias em Los Angeles com sua futura esposa, Cynde. O *timing* foi perfeito. Boris entrou para a banda, e, novamente, tivemos a configuração extra de tambores para reforçar o som da bateria. Ficou claro que Boris era o baterista certo para o The Cure, então, quando a turnê acabou, perguntamos se ele gostaria de se juntar a nós em vez de voltar ao The Thompson Twins. Foi puro acaso tê-lo conhecido, mas ele se encaixou perfeitamente. O que isso de fato significava?

Eu diria que, para tocar no The Cure, você precisa ter o mesmo senso de humor. Acho que isso é provavelmente um fato para a maioria dos grupos. Você passa tanto tempo junto que ajuda ter pontos de vista e sentimentos semelhantes. É importante ser capaz de rir das mesmas coisas, caso contrário, pode se tornar algo muito desconfortável nas longas viagens no ônibus da turnê. Eu diria que 99 por cento das brigas de bandas ocorrem por causa de uma posição inflexível sendo levada ao extremo por uma das partes, geralmente sobre as coisas mais ridículas. O filme *Spinal Tap* é engraçado justamente porque é muito preciso.

Embora tivéssemos uma formação estável com Robert, Phil, Porl, Boris e eu, passamos por outra mudança. E ela essencialmente traria a banda de volta ao seu antigo formato, mas mantendo a configuração expandida.

Terminamos a turnê em Nova York, no Beacon Theater. Naquele momento, tínhamos uma base de fãs internacional muito forte. De repente, várias coisas se tornaram possíveis, contanto que não deixássemos o castelo de cartas ruir sobre nossas cabeças.

Pensávamos que Phil gostaria de continuar no The Cure. Gostávamos de tocar com ele. Phil era um pouco diferente de nós, pois estava razoavelmente sóbrio a maior parte do tempo, o que acabou trazendo uma dinâmica diferente para a banda. Mesmo sendo inegável nosso lado hedonista, naquele momento ainda estávamos interessados no mundo que Phil ajudava a estimular com sua visão mais centrada. Como ele também estava começando uma promissora carreira solo, acho que foi uma decisão difícil quando lhe perguntei se gostaria de continuar como o baixista permanente do The Cure.

Phil recusou. E eu realmente não o culpo, pois ele tinha muitas responsabilidades. Acho que, se não tivesse a pressão do seu próprio contrato com a gravadora, ele poderia ter ficado, mas isso é apenas especulação da minha parte.

De volta a Horley, Simon montou uma banda com Gary Biddles, que havia trabalhado para o The Cure como roadie por um tempo e também era amigo de todos nós. Gary ligou para Robert por volta do Natal, convidando-o para tomar um drink com ele e Simon. Acho que as coisas já estavam pendentes havia tempo demais, de modo que tanto Robert quanto Simon se arrependeram de não ter conversado um com o outro antes. Na minha cabeça, Simon sempre foi o baixista do The Cure, com o devido respeito aos outros que ocuparam essa posição. Ele faz um ótimo contraste no palco para a persona de Robert, além de ter um senso musical rítmico sólido como uma rocha.

Quando Robert o reencontrou após tanto tempo separados, percebeu que precisava trazer Simon de volta para o The Cure. Sabia, porém, que tinha de fazer isso devagar, pois Simon tinha sua própria banda. Robert queria que ele soubesse que valorizava o que estava fazendo, mas se perguntava se ele gostaria de voltar a tocar conosco.

Demorou um pouco, mas, depois do primeiro encontro no pub, eles começaram a reaproximação. Estávamos gravando algumas demos para o álbum que se tornaria *The Head on the Door* em um estúdio chamado F2, na Tottenham Court Road, em Londres. Convidamos Simon para vir participar das demos, sendo esse o primeiro momento em que a nova formação do The Cure tocou junta: Robert, Simon, Boris, Porl e eu.

A partir daí, não levou muito mais tempo para termos todas as demos gravadas e prontas para a próxima fase do The Cure.

16

THE HEAD ON THE DOOR

Após muitos altos e baixos, *The Head on the Door* sinalizou uma mudança para que o The Cure voltasse a ser uma banda de verdade. Robert sempre preferiu ter um grupo formado por amigos – pessoas de quem ele gostava e com quem se sentia confortável. Fiquei surpreso ao descobrir que algumas bandas não se baseiam nesse tipo de fórmula. Tenho certeza de que o The Cure jamais funcionaria sem o compromisso emocional e o envolvimento dos músicos, que eram pilares da banda. A música não pareceria verdadeira. Uma das razões pelas quais sinto que os fãs do The Cure sempre foram tão leais é porque entendem que estamos igualmente comprometidos do outro lado da equação.

Gravamos a maior parte de *The Head on the Door* no Angel Studios, em Islington, Londres. Como disse antes, acredito que Simon Gallup sempre esteve destinado a ser o baixista do The Cure. Sim, Michael foi o baixista original e definitivamente tinha um estilo muito bonito, mas o baixo de Simon é o que as pessoas associam ao The Cure.

Foi difícil para nós quando Simon saiu após a turnê de *Pornography*. Embora tivéssemos feito bastante coisa após sua partida, ficou um grande vazio no som e, o mais importante, faltava a energia que a personalidade de Simon trazia ao The Cure. Tudo sempre se resume à química, algo que não pode ser fabricado, não importa o que digam.

Ainda que o The Cure seja, sem dúvida, a banda de Robert Smith, também é minha, assim como de Simon e talvez um pouco de Porl. Foi essa dinâmica definitiva entre nós quatro que criou a banda. É uma das razões pelas quais Robert não é um artista solo. Sim, é ele quem compõe a maior parte da música e das letras, mas são os músicos que dão vida às canções com coração e alma. Sem Simon, havia um vazio evidente.

Dito isso, foi duro lidar com o ressentimento latente de Simon quando o encontrei no King's Head antes de sua reconciliação com Robert. Na maior parte do tempo, ele parecia bem, mas eu conseguia ver que estava magoado – e Simon é um homem muito temperamental, um verdadeiro geminiano. Se estivesse bem, era agradável, mas, se fosse o outro Simon, cuidado! Isso não me incomodava tanto, pois eu conhecia os dois lados de sua personalidade. Entendo que era difícil para Robert sempre ter de resolver os problemas da banda, mas, por outro lado, se a banda é sua, é sua responsabilidade. Robert era o típico inglês reservado quando se tratava de falar sobre conflitos internos, então, se algo pudesse ser ignorado ou disfarçado, ele seguia por esse caminho, o que não era exatamente uma forma de resolver os problemas! Acho que essa é uma maneira educada de dizer que nos faltava maturidade para lidar uns com os outros.

Isso tornou as coisas difíceis quando as sessões de gravação começaram. Eu não estava bem emocionalmente. A bebida mais causava problemas do que os aliviava, mas eu ainda não percebia a gravidade da situação.

Com a melhor das intenções, tentei aprender a operar alguns equipamentos novos. Havia adquirido há pouco tempo uma bateria eletrônica Yamaha RX15 e um novo E-mu Emulator II. Tinha esses instrumentos na minha casa em Londres e estava tentando entendê-los, mas, infelizmente, o álcool e algumas outras drogas mudaram os planos. Grandes intervalos de tempo se perdiam na embriaguez e na loucura que vinha com aquilo. E tudo ficou um tanto maluco.

Uma manhã, após passar a noite acordado fazendo coisas que te mantêm acordado, a campainha tocou. Na porta, dois policiais. Imediatamente supus que estivesse encrencado e que devia ser culpado de algo de que não me lembrava em um dos meus muitos apagões. Sempre me senti culpado. É um reflexo da minha educação católica, cheia de fogo e enxofre. E isso é terrível para um alcoólatra com apagões como eu.

– Estamos perguntando aos moradores locais se podemos usar suas casas para vigilância do estuprador da ferrovia no norte de Londres. Podemos entrar? – Olhei em volta à procura de câmeras, certo de que era uma armação e de que Jeremy Beadle ou algum outro "comediante" iria aparecer dos arbustos. Eu já tinha ensaiado esse cenário na minha cabeça paranoica algumas vezes, posso te garantir!

– Ah, ok, acho que sim – respondi, com a boca pesada e difícil de articular. Curiosamente, o restante do meu rosto também parecia não funcionar bem, indo em várias direções ao mesmo tempo – uma sensação familiar para usuários de estimulantes. Olhei nervosamente para os detetives da polícia metropolitana e tentei focar o que diziam.

– Certo, é melhor entrarem – falei, articulando as sílabas com muito cuidado, esperando que não notassem minha expressão contorcida. Eu tinha certeza de que as algemas surgiriam a qualquer instante, mas eles pareciam relaxados e bastante aliviados por alguém ter concordado com sua proposta. Contaram que fui a única pessoa na rua que os havia deixado entrar. O plano deles era usar binóculos para reunir evidências sobre o estuprador, que aparentemente fugia após os ataques pelos trilhos da ferrovia em frente à minha janela. Apesar do meu estado confuso, permiti que eles montassem acampamento no meu apartamento para fazer a vigilância. Normalmente, eu não deixaria a raposa entrar no galinheiro, pois não confiava muito na polícia, mas eles estavam engajados em um projeto comunitário importante, portanto achei que deveria apoiá-los.

E assim, nos dias seguintes, dois policiais apareciam na minha porta todas as manhãs para observar da minha janela. Eles traziam o equipamento em sacolas plásticas grandes e entravam nervosamente quando eu os recebia. Eu servia chá e seguia com minha rotina. Você poderia perguntar se a presença de policiais na minha casa fez com que eu moderasse meu comportamento inadequado.

De jeito nenhum! E essa é a insanidade disso tudo. Alguém poderia pensar que, com a polícia a poucos metros de distância, eu ficaria mais cauteloso, mas continuei como de costume (o que era normal para mim) e, de tempos em tempos, passava para cumprimentá-los. Conforme o dia avançava e minha ingestão de drogas e álcool assumia proporções monstruosas, meu comportamento devia parecer meio esquisito, mas os dois bons policiais não demonstravam nenhuma reação. Todas as noites, se despediam alegremente, retornando no dia seguinte sem uma única recriminação. Foi tudo muito estranho, mas o estranho estava se tornando o estado normal das coisas na minha vida.

No Angel Studios, estávamos nos familiarizando com muitas coisas novas, incluindo um enorme circuito de autorama Scalextric que contornava todo o estúdio e frequentemente apresentava carros encharcados de álcool em chamas na escuridão. Uma espécie de distração do trabalho sério de criar *The Head on the Door*.

As músicas já estavam praticamente prontas quando começamos a gravá-las, graças ao nosso intenso processo de criação de demos. Às vezes, uma demo saía tão boa que seria sensato deixar como estava, mas fizemos isso? Claro que não.

Gravar é um processo constante de refinamento, polimento e, muitas vezes, de desfazer e "despolir" o que soa perfeito demais e sem vida. Acho que é por isso que gravar nunca fica mais fácil. Quanto mais se trabalha, mais coisas você pode estragar. Isso é particularmente real quando já se tem algum sucesso, pois há uma tendência a querer refinar as coisas irracionalmente para além do ponto de perfeição. O que muitas vezes acontecia com o The Cure era que, como podíamos gravar em estúdios mais sofisticados, com mais canais e equipamentos, as músicas acabavam cheias de camadas desnecessárias, que muitas vezes nem eram usadas.

Eu sempre comparava isso na minha cabeça com a criação de uma escultura a partir de um grande bloco de pedra. Tínhamos uma enorme massa monolítica de som e precisávamos esculpir a música a partir dela. Embora boa parte da versão final já estivesse definida por Robert, eu instalei um teclado em uma das cabines de gravação e comecei a improvisar enquanto ouvia as faixas nos fones de ouvido. Quando encontrava algo que achava que poderia se encaixar, mostrava a Robert. Se ele curtisse, gravávamos. Algumas vezes, aquilo permanecia; outras, não. Por exemplo, em "Six Different Ways", há um som estranho e vibrante de teclado que acrescentei. Funcionou, então ficou.

Na maior parte do tempo, no entanto, eu bebia todo o álcool disponível no estúdio, o que prejudicou seriamente minha criatividade para esse álbum. Todos os dias, eu vinha com as melhores intenções de chegar até a noite sóbrio, mas estava cada vez mais difícil manter minha palavra. Minha sede por álcool estava totalmente fora de controle e destruía todas as minhas tentativas de evitar a bebida. Eu tentava me restringir a uma ou duas cervejas no jantar, mas nunca era suficiente. O desejo por mais era absurdamente forte e eu não conseguia resistir, então acabava bêbado à noite. Na maioria das vezes, me mandavam para casa de táxi, tão embriagado que não conseguia funcionar. *Bem*, eu dizia a mim mesmo, *as coisas vão melhorar quando pegarmos a estrada.*

Antes de começarmos a turnê de *The Head on the Door*, fizemos alguns shows e tocamos em festivais, incluindo o maior que já havíamos feito, em Atenas, Grécia. Possivelmente também foi o mais perigoso.

Foi a primeira vez que pensei que havíamos entrado numa grande encrenca como banda. Eu já tinha presenciado distúrbios anteriormente. Quando tinha 17 anos, Porl e eu fomos ao infame Carnaval de Notting Hill. O tumulto daquele dia entre os rastafáris e a polícia, eternizado na foto da contracapa do primeiro álbum do The Clash, foi bem assustador para um adolescente do subúrbio. Para mim, "Police and Thieves" não era apenas um cover do The Clash para a música de Junior Murvin. Eu estava lá quando tudo aquilo aconteceu. No entanto, uma coisa é estar presente nesses momentos históricos de revolução social, outra – bem diferente – é ter isso invadindo sua rotina!

Fomos convidados a tocar no festival Rock in Athens '85 na Grécia, em comemoração ao Ano da Cultura Jovem Europeia, um evento muito relevante e prestigiado. The Clash, Culture Club e Depeche Mode também estavam no line-up. Melina Mercouri – uma atriz famosa que entrou para a política e ajudou a tirar a Grécia da era da ditadura militar fascista dos anos 1970 numa transição para um governo mais progressista nos anos 1980 – era a ministra da Cultura responsável por ter feito o festival acontecer, o que representava uma prioridade pessoal para ela.

Ficou claro para mim que se tratava de um evento importante quando chegamos ao aeroporto de Atenas e fomos recebidos pelo exército e pela polícia na pista, que nos escoltaram até o nosso hotel sem nenhum dos trâmites formais de entrada em outro país. Sem necessidade de passaportes ou vistos, senhor. Bem-vindos à Grécia!

Chegamos na cidade com um grupo de amigos, achando que fazer alguns festivais pela Europa seria uma espécie de férias. O clima era relaxado e festivo enquanto estávamos hospedados no Hilton de Atenas. Tendo chegado alguns dias antes do show, decidimos ir assistir ao Depeche Mode e dar uma olhada no espaço do festival, onde eles tocariam um dia antes da gente. O local era o Estádio Panatenaico, um antigo e reverenciado estádio olímpico em forma de ferradura, com uma abertura em uma das extremidades. Foi ali que montaram o palco e ergueram cercas para criar outra área nos bastidores. O estádio comportava cerca de 50 mil espectadores.

Naquela primeira noite em que fomos ao Panatenaico, o clima estava tenso, com muitos policiais por toda parte. Descobriram que alguém havia falsificado ingressos e agora milhares de fãs estavam bem irritados por não conseguirem entrar no estádio. Ao lado do palco, assistimos ao

Depeche Mode, que fez um grande show. O Depeche Mode e o The Cure tinham muito em comum: ambos surgiram em "cidades novas" – nós em Crawley, eles em Basildon – e possuem um grande público nos Estados Unidos, o que não se aplica a alguns de nossos contemporâneos, como o Echo and the Bunnymen. Também compartilhamos, ao longo dos anos, vários membros de equipe, incluindo os infames irmãos Bamonte, Daryl e Perry, que tiveram passagens tocando com as bandas para as quais trabalharam – Perry com o The Cure, Daryl com o Depeche Mode. Mal sabíamos que iríamos nos conhecer ainda melhor naquela noite.

Não lembro exatamente quando a primeira pedra voou para a área dos bastidores, mas, com certeza, me recordo de como foi assustador. Um pedaço de pavimento, do tamanho de um tijolo, passou por cima da cobertura fina e frágil de chapa ondulada que cercava a área, onde havia os habituais trailers pequenos e os banheiros químicos. Subimos por uma escadinha e espiamos com muito cuidado por cima da mureta.

– Puta merda, Lol – disse Simon para mim. – Por que será que estão tão furiosos, o que você acha?

– Não conseguem entrar – respondi. Nesse momento, vimos nossa primeira vítima: um policial com um grande corte na testa sendo carregado sobre a cabeça de várias pessoas, como uma cena de noticiário de uma zona de guerra em que o estádio rapidamente se transformou. Olhei mais adiante na rua e vi um pessoal arrancando pedaços de calçada para arremessá-los contra a polícia e a equipe de segurança do festival. A situação não parecia nada boa. Surgiu então um canhão de água, uma enorme estrutura montada sobre um caminhão pesado. A torrente de água foi direcionada contra os atiradores de pedras, que deslizaram com violência pela estrada.

Senti um puxão na perna da calça. Era Mick Kluczynski, nosso gerente de produção escocês/polonês.

– Lol, todos nós vamos sair daqui. Está virando selvageria!

Naquele momento, uma pedra passou de raspão na minha cabeça, o que foi um sinal, se é que precisávamos de um, de que realmente era hora de sair correndo dali. Desci da escada e Mick nos guiou até a rampa de um caminhão que aguardava na entrada dos bastidores. Subimos todos pela plataforma e entramos no reboque cavernoso. Os caras do Depeche Mode vieram logo atrás, recém-saídos do palco, com toalhas penduradas nos ombros. Nós nos conhecíamos, mas foi um tanto surreal para ambas as bandas estarem sentadas juntas naquele caminhão vazio e mal iluminado. Ah, o glamour do rock'n'roll!

Mick apareceu enquanto a rampa era recolhida no caminhão.

– Boa sorte! – disse, dando uma piscadela e fechando as portas.

E, assim, as duas bandas saíram em meio a um tumulto nos fundos do estádio. Parecia um pouco com aplausos, mas era o som de muitas mãos batendo nas laterais do caminhão. A multidão furiosa tinha visto os grandes portões se abrirem com o que parecia ser um transporte inimigo chegando à cena. Imagens de cercos a embaixadas passaram pela minha mente, mas, acima de tudo, pensei no Cavalo de Troia. Senti alguns solavancos enquanto passávamos pelo meio-fio. Trocamos olhares nervosos. Foi um daqueles momentos em que você se pergunta se é aqui que tudo termina. Mais alguns sons altos nas laterais – pedras, talvez? Finalmente começamos a ganhar velocidade e a deixar aquele cenário para trás. Fizemos um percurso tortuoso de volta ao hotel, que ficava a meros 800 metros dali. Não havia janelas no caminhão, então apenas os sons da cidade fervilhante e empoeirada lá fora nos davam pistas sobre nosso possível destino.

Poucos minutos depois de partirmos, paramos, e, após o que pareceu uma eternidade, as portas enormes da carreta se abriram. Ajustando os olhos à luz, vimos Mick. Ele havia atravessado pela multidão em fúria correndo pela rua cheia de pedras e estava ali para nos dar as boas-vindas de volta ao Hilton pessoalmente! Nunca vi ninguém intimidar Mick. Não dá para mexer com esses escoceses, cara!

Descemos pela rampa abaixada às pressas na parte de trás da carreta. É bem possível que aquela tenha sido a entrada mais estranha que o Hilton de Atenas já viu em sua história. Aliviados por termos escapado por pouco, fomos ao bar, onde, muito mais tarde, Nina Hagen me brindou com canções de Jimi Hendrix cantadas em alemão. Brinquei com ela sacudindo o adereço em forma de cabeça de lobo que ela usava e acabei dançando breakdance no chão do bar até altas horas. Tudo isso aconteceu sem nem ainda termos tocado no festival! Mas tínhamos sobrevivido.

No dia seguinte, Melina Mercouri apareceu pessoalmente para dizer: "Atenas está tremendo", ao olhar para o cenário de devastação após o tumulto. A nova versão do The Clash tocou antes de nós. Boy George cantou atrás de um escudo de acrílico, já que certos imbecis decidiram jogar pedras no vocalista do Culture Club. Usei minha camisa azul de seda de mago durante todo o show, com um adesivo do Batman nas costas que, sem que eu soubesse, Robert tinha colado quando subíamos a escada para o palco.

Grande parte do segundo semestre de 1985 foi gasto preparando e se apresentando na turnê de *The Head on the Door*, que percorreu boa parte da Europa e da América do Norte. Tocamos na Smith College, em Northampton, *alma mater* de Sylvia Plath, uma faculdade de artes liberais privada e independente para mulheres. Foi um show incrível, pelo que me lembro, e fiquei feliz por estar no lugar onde uma das minhas heroínas havia estudado.

Na mesma semana, tocamos no Radio City Music Hall, outro local icônico que eu conhecia só de nome, mas agora estávamos lá. Um lugar mágico na história de Nova York, ainda mais com a lenda do leão que vaga pelo teatro à noite para espantar intrusos.

Quando fechamos a última etapa da turnê na Europa, em dezembro, já tocávamos nas grandes arenas de todas as cidades – as *Enormodomes*, segundo o Spinal Tap.

Encerramos o ano em Paris, primeiro, em um show esgotado na moderna arena de Bercy para um público de mais de 20 mil parisienses e, mais tarde, para uma plateia mais exclusiva: a equipe do nosso hotel na cidade. Fizemos uma proposta pragmática ao descobrir que a festa de fim de ano do hotel estava acontecendo no salão de festas:

– Tocaremos três músicas para a equipe em troca de champanhe grátis!

Deve ter parecido um bom negócio para o hotel na época, mas, como muitos promotores dos nossos primeiros shows, no final da noite, provavelmente desejaram não terem sido tão generosos conosco. Encerramos o ano com um toque do nosso passado.

O Natal se foi, e, antes que eu percebesse, estávamos de volta à estrada. Nesse período, mudei de um apartamento compacto no norte de Londres para uma casa maior, a poucos passos do bar de um amigo.

O primeiro show do ano foi no imponente Albert Hall, num evento beneficente em prol do Greenpeace. Enquanto tocávamos, pensei com saudade em como minha mãe teria gostado de estar lá, em sua grandiosa tribuna, orgulhosamente nos assistindo.

Mais para o meio do ano, fizemos uma apresentação num festival no Nürburgring, na Alemanha. Quase não chegamos a tempo, pois o aeroporto ficava a cerca de três horas de carro do festival, sendo que estávamos programados para tocar justamente três horas após o pouso. Em Mercedes muito velozes, pegamos a estrada e literalmente entramos no local do show dirigindo até os degraus do palco. Provavelmente pensaram que estávamos tendo um ataque de estrelismo por chegar no último momento, mas, na verdade, foi somente um planejamento ruim da nossa parte.

Mais adiante, ainda naquele verão, tocamos no Glastonbury Festival. Chegamos ao local num grande ônibus debaixo de uma chuva torrencial. Ao olhar pela janela, vi cerca de umas 200 "*mud people*" – frequentadores do festival cobertos da cabeça aos pés de lama marrom. Era algo bem impressionante, devo dizer, mas isso só reforçou minha decisão de não sair para o local do festival propriamente dito e ficar na área mais seca e menos pantanosa nos bastidores. No entanto, nem sequer chegamos tão longe.

Nosso set atrasou um pouco por causa de um jogo da Copa do Mundo, ao qual estávamos todos assistindo na TV do ônibus. Era uma partida de quartas de final entre Brasil e França, que foi para a prorrogação e terminou em uma dramática disputa de pênaltis. Então, minhas sinceras desculpas aos fãs do The Cure pelo nosso atraso naquele dia. Lembro a famosa frase atribuída ao treinador Bill Shankly: "Algumas pessoas acreditam que o futebol é uma questão de vida ou morte. Estou muito desapontado com essa atitude. Posso garantir que é muito, muito mais importante do que isso!".

O Glastonbury Festival, na verdade, é muito, muito mais importante para muitas pessoas. O The Cure acabou tocando mais algumas vezes lá, mas imagino que o show de 1986 seja o mais lembrado por muitos fãs. Foi um grande set e, apesar do nosso atraso, fizemos três bis, o que é muito para um festival. A tempestade parou assim que subimos ao palco, permitindo que o show de luzes brilhasse no céu noturno, refletindo nas gotas de água num tom esverdeado. Mágico!

Mais adiante no ano, tivemos a turnê da praia. Tocamos em Jones Beach, Nova York. Quando chegamos, eu estava com uma ressaca terrível e decidi que o melhor remédio seria tomar um banho de mar. Enquanto flutuava despreocupadamente na água, percebi vários membros da banda de abertura, 10,000 Maniacs, acenando para mim da areia. Querendo promover um bom relacionamento com nossos colegas estadunidenses, acenei de volta. Foi então que percebi que eles não estavam acenando, mas sinalizando desesperadamente para eu sair da água. Segundo eles, havia uma infestação de águas-vivas nas redondezas. Era matar ou curar minha dor de cabeça. Percebi que era melhor sair da água quando Perry Bamonte orgulhosamente me mostrou uma água-viva ainda se mexendo num balde, que ele tinha pescado na água perto da área dos bastidores.

Tocamos durante aquele verão enquanto eu mal conseguia controlar meu consumo de bebida, embora estivesse determinado a dar o melhor que pudesse em todos os shows. Naquela época, já éramos completamente profissionais em nossa abordagem como banda, o que significava que, todas as noites, atingíamos um determinado nível, não importando as circunstâncias. Mesmo se estivéssemos doentes ou exaustos, deixávamos esses sentimentos de lado para fazermos a melhor performance possível. Acho que essa turnê incluiu algumas das apresentações mais fantásticas que já fizemos.

O ano seguiu e finalmente chegamos à França, na cidade de Orange, na Provença, onde nos apresentamos no Théâtre Antique, um antigo anfiteatro romano. Como estávamos tocando em um nível tão alto, decidimos que deveríamos documentar o show, especialmente num lugar tão evocativo. Pedimos a Tim Pope para filmar tudo, pois nos sentíamos à vontade com ele e sabíamos que só ele poderia capturar a essência do The Cure ao vivo. Todo o filme (porque era um filme mesmo, para ser exibido nos cinemas) funciona de várias maneiras para expressar o trabalho admirável de Tim.

Filmamos em dois dias. No primeiro, foi o show propriamente dito com público, e, no segundo, tocamos novamente em um espaço vazio para capturar closes e ângulos interessantes que não são possíveis numa apresentação ao vivo. Antes do show na primeira noite, gravamos acima do palco, bem alto, onde uma estátua está encaixada em uma alcova. Descobrimos que a única maneira de ficar ao lado da estátua era atravessar algumas tábuas de madeira que pareciam bastante instáveis. É bem provável que isso explique nossas expressões um tanto aterrorizadas no início do filme, enquanto acenamos timidamente de uma posição precária. Acho que foi mais um dos truques do Tim para registrar meu desconforto. Aposto que havia um piso real que ele mandou retirar antes de chegarmos, apenas para obter o "efeito cinematográfico" certo.

O show começou com uma surpresa: após ter decidido cortar seu famoso cabelo espetado, Robert ostentou um marcante corte militar. Os fãs provavelmente se lembram do início da apresentação, quando Simon removeu com um gesto teatral uma peruca que Robert estava usando enquanto subíamos ao palco. Levou um momento até que a plateia enlouquecida percebesse que aquele homem estranho, de cabelo curto e maquiagem, era Robert Smith. Foi um momento sublime de teatralidade que contribuiu para a atmosfera alucinante do filme. Lembra um pouco *Live at Pompeii*, mas com um toque mais excêntrico que o Pink Floyd.

A filmagem correu bem, com o público muito animado e agradecido – talvez o fato de saberem que o show estava sendo gravado para a posteridade tenha ajudado. Após a apresentação, tudo foi deixado como estava para as filmagens do dia seguinte, enquanto nós voltávamos para o hotel no Mediterrâneo, a pouco mais de uma hora de distância. Fui dar um passeio ao longo de um pequeno quebra-mar. Na escuridão, podia ver o oceano, já que o muro tinha apenas cerca de um metro de altura. Eu me sentia tomado de alegria, empolgado com o filme e grato por estar num lugar tão bonito e histórico. Praticamente saltitava pelo caminho junto ao mar. Subi na mureta e, acreditando que o outro lado tinha a mesma altura, saltei. No escuro, não percebi que havia uma descida íngreme até a praia, de um metro a mais. Ou seja, caí de quase dois metros na areia. Surpreso e um pouco sem fôlego, tentei me levantar. Foi quando senti uma dor aguda no tornozelo, que havia torcido violentamente. Consegui me arrastar de volta até o caminho da praia e mancar até o hotel. Subi para meu quarto, deitei na cama e massageei o tornozelo, que inchava rapidamente. Era preocupante. Precisávamos filmar as cenas adicionais e os closes no dia seguinte, mas parecia que meu tornozelo não suportaria. Liguei para nosso produtor, Jules Frutos, um cara gentil e simpático que promoveu muitos shows do The Cure na França.

– Oi, Jules, tive um pequeno acidente enquanto caminhava perto da praia, acho que machuquei feio o tornozelo.

Ouvi Jules respirar fundo do outro lado da linha, em algum lugar do hotel.

– Ok, Lol, vou chamar um médico para dar uma olhada em você.

– Sim, por favor. Acho que vou precisar!

Cerca de uns 40 minutos depois, Jules e o médico chegaram. Abri a porta do quarto e voltei mancando para a cama, onde me deitei, sentindo dor no tornozelo, agora inchado como uma bola. Esperava que ele pudesse me ajudar. Não queria aparecer de gesso ou muletas no filme.

O médico examinou meu pé e pressionou em alguns lugares, presumivelmente para verificar se os ossos estavam quebrados. Com meu francês escolar, entendi que ele queria que eu flexionasse o pé, enquanto Jules traduzia o restante do diagnóstico.

– Ok, Lol, ele disse que você teve sorte de não ter quebrado.

Suspirei aliviado.

– Mas está gravemente torcido.

Seguiu-se um rápido diálogo em francês entre Jules e o médico, difícil de acompanhar. Jules explicou que eu precisava estar de pé para a filmagem no dia seguinte. O médico queria que eu descansasse alguns dias para o tornozelo se recuperar, mas isso era impossível. No fim, ele decidiu me dar uma injeção especial e uma pomada para passar no tornozelo, que aliviaria a dor e permitiria que eu ficasse em pé.

Assim que médico preparou a injeção, tirei as calças para que ele pudesse aplicar na perna. Senti a picada súbita da agulha e, em seguida, uma sensação quente da medicação. Depois ele tirou uma pomada da bolsa e a entregou a Jules.

– O médico disse para aplicar o creme no tornozelo a cada quatro horas e não andar por cerca de oito horas. O inchaço deve diminuir o suficiente para o show amanhã.

O médico envolveu meu pé com uma bandagem branca, puxando-a firmemente e fixando-a no lugar. Descansei naquela noite e, no dia seguinte, vi que conseguia colocar pressão no pé e ficar ereto no teclado para a segunda noite de filmagens. Se você prestar atenção no filme *The Cure in Orange*, talvez veja meu tornozelo inchando, desinchando e mudando de preto para a cor da bandagem.

17

KISS ME KISS ME KISS ME

Decidimos não voltar ao Reino Unido depois da segunda noite e simplesmente continuar em nossa primeira viagem de férias como banda. Apesar de passarmos meses juntos na estrada, estávamos em ritmo de trabalho. Às vezes penso que as pessoas não entendem que, para um grupo, aquilo é um emprego. Robert havia recentemente comentado comigo que uma das razões pelas quais as festas ficaram tão intensas era que as pessoas vinham nos ver e, depois, nós ficávamos para conversar, beber e festejar. Nossos amigos podiam dormir no dia seguinte e se recuperar, mas nós tínhamos de seguir para a próxima cidade, onde tudo recomeçava. Realmente não tínhamos uma boa perspectiva sobre nossas vidas e carreiras. Nunca sabíamos se teríamos outra chance de fazer as coisas que estávamos fazendo. Muitas vezes dizíamos sim para tudo, principalmente eu, e aproveitávamos ao máximo cada oportunidade, mesmo que isso levasse a comportamentos extremos.

Então, de fato, precisávamos de férias. Dirigimos algumas horas até Le Mourillon, perto de Toulon, na Côte d'Azur. Ficamos em um pequeno hotel à beira-mar que serviu como refúgio para nos recuperarmos das dificuldades da estrada antes de começarmos o trabalho de verdade com a gravação de *Kiss Me Kiss Me Kiss Me*.

A primeira noite, após fazermos o check-in no hotel, já foi incrível. Eu tinha um quarto com uma varanda de frente para um pequeno pátio, com vista para o Mediterrâneo e aquele ar convidativo. Tínhamos tempo suficiente para relaxar, tanto que Robert até mandou trazer seu carro de Londres para poder passear por aí.

Acordei no dia seguinte com o sol de agosto atravessando as cortinas e iluminando as antigas venezianas francesas. Pedi café e croissants para aproveitar em minha pequena varanda. Fui até as persianas e as abri com entusiasmo, vestido apenas de cueca, já que fazia calor e o dia estava lindo.

Ao abrir as venezianas de madeira, distraidamente cocei a barriga e, ao olhar para o pátio, levei um susto. O lugar inteiro estava tomado de fãs do The Cure! Devia haver uns 50 deles. Eles me viram de imediato e gritaram em uníssono: "*Bonjour*, Lol!".

Um pouco surpreso, tentei agir o mais casual possível ao ser pego quase nu diante de uma plateia de fãs franceses. Acenei e sorri, dizendo "*Bonjour*", e recuei lentamente para a escuridão do meu quarto. Era óbvio que não estaríamos sozinhos nas férias.

Passamos a semana seguinte em uma espécie de jogo de gato e rato, tentando fazer todas as coisas normais que se quer fazer em férias, mas sendo perseguidos por fãs do The Cure. Um passeio pela praia tomou proporções surreais ao percebermos que havia gente nos seguindo e que, magicamente, desaparecia atrás de uma duna de areia quando nos virávamos. Muito desconcertante.

Um jantar em grupo em um restaurante à beira-mar foi estranho, pois mais pessoas do que clientes dentro do recinto apareceram para nos observar pelas janelas. O carro de Robert, um jipe branco, recebeu muitas mensagens de amor e de lealdade ao seu dono – algumas escritas com marcador permanente na lataria do veículo!

Partimos depois de alguns dias de "férias" para nosso próximo destino na Riviera: a cidade de Draguignan, no estúdio de Jean Costa, um famoso músico francês que já havia trabalhado com Johnny Hallyday (o Elvis francês), entre outros. Passaríamos algumas semanas lá refinando músicas antes de seguirmos para gravá-las no Château Miraval.

Levamos as demos que tínhamos feito na casa de Boris no início do ano para aprimorá-las ainda mais. Os dias eram bem agradáveis enquanto trabalhávamos com bom humor. Todos os jovens locais que eram fãs do The Cure sentavam-se na calçada em frente ao pequeno estúdio na casa de Jean e ficavam nos ouvindo gravar. Todos os dias, elaborávamos nossas músicas com Jean nos controles. E todas as noites, ao terminarmos, ele declarava: "Hora do *pastis*!". Então surgia a garrafa do aperitivo amarelo, com sabor de anis, tão apreciado naquela região da França.

A esposa de Jean nos trazia comida para petiscar juntamente com nossas bebidas. Era um momento idílico, pois estávamos nos reconectando como amigos. Sentíamos como se estivéssemos de volta à casa dos Smith, tantos anos atrás, quando ensaiávamos três vezes por semana. Sei que isso é o que Robert sempre quis para o The Cure: aquele sentimento bonito que tivemos no último verão da nossa adolescência, época em que olhávamos além de nós mesmos em direção ao novo mundo da era adulta, empolgados com a vida e sentindo que qualquer coisa era possível. Tudo parecia certo novamente.

Às vezes, depois de tomar *pastis*, jogávamos uma partida de futebol com os jovens que tinham ido nos ouvir. Era uma pausa bem-vinda em meio a todas as pressões da indústria musical e das várias forças que puxavam a banda em diferentes direções. Parecia que estávamos recuperando parte da nossa inocência perdida. Éramos um grupo de sucesso, destinado à glória, seja lá o que isso significasse. Nosso contrato inicial com a Fiction Records estava terminando e agora nos ofereceriam termos bem melhores. As gravadoras faziam fila para nos entregar as "chaves do reino". No entanto, nuvens escuras também pairavam no horizonte.

Apertei os olhos contra a luz do sol e senti gosto de terra na boca. Áspero e estranho. Ao me virar um pouco, percebi que meu lado esquerdo doía muito, como se eu tivesse sido atropelado por um caminhão. Olhando para cima, vi um sulco cortado na borda do terraço da vinícola, cerca de dois metros e meio acima de mim. Devia ter caído de lá. Compreendi então que aquela era a causa da dor que sentia.

Ao me sentar, pude ver que não estava longe do pequeno aglomerado de casas e anexos que compunham o Château Miraval. Ele era o estúdio residencial no sul da França onde o The Cure estava havia vários meses gravando o que seria nosso próximo álbum, *Kiss Me Kiss Me Kiss Me*.

A dor aguda no meu flanco me situou onde eu estava, então olhei para os prédios de Miraval. Que horas seriam? Não sabia distinguir se era tarde ou cedo, amanhecer ou anoitecer. Não recordava como havia chegado ali. Tudo era um borrão de Château Miraval e do vinho rosé de mesmo nome... O estúdio, a sala de controle, vários instrumentos e rostos... Depois correndo pelo campo ao lado do estúdio e uma memória vaga da minha namorada, Lydia. Eu pegava coisas e jogava nela. Meu Deus, o que eu tinha feito?

Cerca de um ano antes, tinha conhecido Lydia, uma garota estadunidense, durante um jantar em Los Angeles, onde a namorada de Boris, Cynde, nos apresentou. Alguns meses depois, ela foi a Londres e começamos a sair. O relacionamento com minha namorada francesa, Anne, não estava indo bem. A questão é que, se eu estivesse em uma condição mental melhor, talvez tivesse notado que deveria dar um tempo de qualquer relação e focar mais em mim. Mas, conforme meu consumo de álcool piorava, achei que precisava de alguém para organizar minha vida, pois não parecia mais capaz de fazer isso sozinho.

Desde que saí de casa, sempre consegui administrar minha rotina. Gerenciava minhas contas e outras responsabilidades da vida adulta, mas tudo estava se tornando opressivo à medida que eu afundava na bebida. Coagi Lydia a cuidar de mim, o que era muito injusto. Era coisa demais para ela lidar, sobretudo porque ela não vinha de um ambiente muito estável. Todas as fundações do nosso namoro eram frágeis desde o início.

Cambaleante, me levantei e fui mancando pela grama e pela terra até o pequeno caminho que levava diretamente às acomodações da banda. Tudo doía. Olhei para meus pés e só tinha um sapato, com uma meia suja no outro pé. Empurrei a porta da minha casa no local – uma cabana camponesa francesa de dois andares – e espiei com cautela para dentro. Ninguém. Dei uma olhada para ver se a polícia ou algo do tipo estava atrás de mim, o que poderia ser verdade caso minha memória terrível da noite anterior estivesse certa. Mas eu estava completamente sozinho.

Subi a escada, batendo o pé enlameado. Não gritei, mas fiquei mordendo a manga da minha camisa. Abri a porta do quarto e me esgueirei até ver Lydia dormindo na cama. Ela se mexeu um pouco sob as cobertas. Pelo menos estava viva. Então caminhei até o lado dela e vi que não havia sangue nem nada em seu rosto ou sua cabeça. Talvez eu tivesse imaginado coisas, graças a Deus. Nesse momento, os olhos dela se abriram de repente, com aquele senso que todos temos de que há outra pessoa no quarto enquanto estamos dormindo. Sua expressão era um misto de piedade e raiva.

– Você foi um completo idiota ontem à noite. Não acredito que ficou jogando coisas em mim enquanto voltávamos para casa.

– O que aconteceu? – perguntei, a voz tímida.

– Você saiu correndo e gritando no meio da noite! Não ia sair para te procurar lá fora. Você acabou de chegar?

Era coisa demais para eu processar. Empurrei para o lado algumas roupas que estavam sobre uma poltrona do quarto e lá desabei, sentindo alívio e vergonha ao mesmo tempo. O que diabos havia de errado comigo? Estávamos juntos há menos de um ano e eu já estava tentando afastá-la da minha vida.

De repente, a dor aguda na minha lateral se manifestou quando tentei me virar em direção à cama. Fazendo uma careta, levantei a camisa e vi dois grandes machucados. Devia ser resultado da queda que sofri ao descer do terraço do vinhedo. Também tinha alguns arranhões e um corte. Droga. Tinha vindo para Miraval achando que seria um bom lugar para me recuperar e me reconectar com o restante da banda. Em especial com Robert, de quem me sentia cada vez mais distante. Infelizmente, a sensação agradável de Draguignan havia evaporado com o retorno dos meus problemas emocionais.

Lavei o sangue e a lama no chuveiro minúsculo do banheiro antigo em nossa pequena casa em Miraval. Eu me sentir péssimo já era normal na maioria dos dias. A sensação de enjoo e de instabilidade durava algumas horas até eu não aguentar mais e precisar tomar meu "remédio" para começar a me sentir normal por um tempo. A loucura então tomava conta novamente.

Caminhei pela pequena trilha sinuosa entre os arbustos de lavanda da Provença, azuis sob o sol do final da manhã, tropeçando ocasionalmente no cascalho e me engasgando um pouco. Podia sentir o aroma do forte café francês vindo da casa principal do estúdio em Miraval. Fiquei feliz por me sentar à mesa, me servir uma xícara de café da cafeteira prateada e misturá-lo com leite espumante bem quente. *Café au lait*, um dos presentes da França para o mundo. Tremendo, levei a caneca aos lábios e bebi um grande gole daquele café forte e estimulante. Olhando para cima, vi Boris e Porl caminhando pelo gramado em minha direção.

Com aquele sorriso sempre travesso, Boris me perguntou se eu estava bem. Eram momentos como aquele, perdidos no tempo e no espaço, que cada vez mais compunham minha existência. Instantes fugazes de clareza surgiam raramente, de modo que eu não podia confiar nos meus sentidos para me dizer o que estava acontecendo. Fragmentos muito breves me davam pequenos vislumbres, depois só escuridão.

– Acho que estou bem. Seja lá o que isso signifique hoje em dia.

Sentados e conversando à mesa coberta com toalha xadrez vermelha debaixo das árvores, sob a luz suave do outono, me senti quase humano por um momento.

Depois do nosso café da manhã tardio, Porl e eu fomos até a piscina deserta e nos sentamos na beirada, balançando as pernas na água azul. O ar estava perfumado com o aroma das folhagens mediterrâneas ao redor enquanto olhávamos o reflexo das longas sombras outonais dançando na superfície da água.

– Sabe, Lol, se você quisesse buscar algum tipo de ajuda, ninguém se importaria.

– *Eu* me importaria – retruquei num tom desafiador. – Ainda quero fazer algo aqui!

Parecia que estávamos em Miraval havia uma eternidade, mas foram apenas alguns meses. Isolados do mundo exterior com a banda e uma pequena equipe de estúdio, estávamos num lugar realmente maravilhoso para sermos criativos. E, apesar de eu ter tomado um rumo introspectivo e autodestrutivo, tinha certeza de que conseguiria sair disso. Já meus colegas de banda não viam as coisas dessa maneira.

– Não acho que você vai melhorar sozinho, Lol – ouvi Porl dizer enquanto meus pensamentos divagavam.

– Não sei – respondi sem querer me comprometer. – Acho que, quando eu voltar para casa e for a uma clínica, talvez me sinta melhor.

Eu mencionei a clínica em vão, de um modo vazio e fraco, esperando que, como água benta, o simples fato de jogá-la na conversa produzisse resultados. A essa altura, o rosto de Porl tinha assumido aquele meio sorriso que eu conhecia bem dos últimos anos. Significava seu claro entendimento de que ele e todos os demais estavam prestes a enfrentar mais uma onda de loucura, comigo no comando. O fato de alguns outros membros da banda também estarem lutando com seus próprios demônios não amenizava a questão, pois os meus eram aqueles que causavam os maiores problemas.

O The Cure não era nada além de uma lição de psicologia de grupo – no seu melhor e no seu pior. À medida que diferentes tensões surgiam e nos puxavam em direções opostas, algo ou alguém precisava ceder. Dessa vez, seria eu.

Eram quatro da manhã. A temporada no estúdio estava chegando ao fim.

– Não é aqui no alto do vale que o Alain de Cadenet mora? – Robert pensou alto enquanto saíamos da grande sala de controle do estúdio.

– Acho que sim – disse Patrice, o assistente –, mas não sei exatamente onde.

– Então vamos procurá-lo e ver se ele quer correr com a gente!

E lá fomos nós – Boris, Robert, Simon e eu – no jipe russo branco que Robert havia mandado trazer de Londres. Estávamos todos muito bêbados e cansados enquanto embarcávamos no veículo. A escuridão profunda da noite na Provença tinha apenas algumas estrelas piscando no céu nublado. Talvez fossem meteoros. Isso teria sido mais apropriado, considerando o arco destrutivo que minha vida havia tomado.

Os faróis mal iluminavam a trilha no gramado entre os degraus dos vinhedos. Era como entrar na toca do coelho em *Alice no País das Maravilhas*, com folhagens por todos os lados, uma cortina verde cobrindo as paredes rochosas e duras dos parreirais. Então aconteceu, quando fizemos uma curva naquele túnel escuro. O carro derrapou para a esquerda, e eu senti uma dor repentina na cabeça quando paramos bruscamente. Havíamos colidido com algo e agora estávamos em cima daquilo.

Naquele momento, o clima mudou de maneira drástica. As risadas e o caos que preenchiam o veículo momentos antes foram substituídos por um silêncio estranho e opressor. Eu sentia uma dor intensa na cabeça, que eu tinha batido no teto do carro. Olhando a meu redor, vi que o mesmo tinha acontecido com Boris. A energia jovial se evaporou. Agora estávamos no rescaldo daquela nossa aventura imprudente, incertos sobre o que tinha acabado de acontecer

O carro ainda estava ligado, com Robert tentando sem muito sucesso nos tirar da pedra sobre a qual havíamos subido ao sair da trilha de grama. Eu podia ouvir o som do motor acelerando cada vez mais enquanto ele o forçava ao limite. Então senti o cheiro da fumaça preta e espessa da embreagem queimando.

– Acho que é melhor sairmos – disse Robert, abrindo a porta.

Nesse momento, o jipe deu um solavanco para a esquerda. Quando olhei pela janela para a escuridão, não vi nada, percebendo instantaneamente que estávamos no topo de um dos terraços do vinhedo! Havia um barranco de cerca de dois metros e meio de altura à nossa esquerda, como eu bem sabia, tendo caído de um deles durante meu mais recente apagão. O motivo pelo qual não conseguíamos sair do terraço era que duas das rodas do jipe estavam penduradas no vazio, sem nenhuma tração. Imagino que tenha ocorrido a todos nós que seria necessária uma manobra delicada em busca de equilíbrio para não morrermos ali, num precipício dentro de um vinhedo no meio da noite. Nós nos movemos muito devagar para a direita, abrimos as portas e nos jogamos do carro, caindo na trilha de terra e grama. Tudo estava completamente escuro e silencioso, mas estávamos vivos.

No dia seguinte, pedimos a Mick que fosse checar a área onde havíamos batido. Acho que todos nós estávamos um pouco assustados com o que poderíamos encontrar por lá! Cerca de uma hora depois, ele voltou e nos deu um relato com seu sotaque escocês:

– Bem, rapazes, o carro está fodido. Vou precisar chamar um guincho para rebocar o jipe da beira do penhasco com correntes. Vocês queimaram a embreagem e, pelo jeito, não vai dar mais para dirigi-lo. E acho que tiveram muita sorte de não morrer, hein!

O humor mórbido era a especialidade de Mick. Ele já tinha presenciado muitas loucuras de rock stars em sua vida.

E assim, mais uma vez, escapamos da morte por um triz. Dizem que Deus cuida dos bebês e dos bêbados, não é?

O OUTONO DE 1986 marcou uma grande mudança na forma como o The Cure operava como banda. No início, Robert, Michael e eu éramos sócios no grupo e nos negócios relacionados a ele. Quando Michael foi embora, restaram apenas Robert e eu. Ao longo dos anos, à medida que integrantes entravam e saíam, diferentes acordos paralelos foram firmados e sempre estivemos dispostos a ser generosos e inclusivos.

Em 1986, o contrato original que assinamos com a Fiction muitos anos antes chegou ao fim. Como tínhamos alcançado grande sucesso com a banda, várias gravadoras com as quais tínhamos ligação ao redor do mundo estavam ansiosas para manter o elo.

Houve um pouco de barganha nas negociações, mas, no final, optamos pelo diabo que já conhecíamos: Chris Parry. Nesse meio-tempo, porém, ocorreu uma mudança importante na forma como as gravadoras nos tratavam. Elas passaram a enxergar a banda como sendo apenas Robert, visão essa que Parry incentivava, já que, ao que parecia, ele não gostava de reuniões que incluíam Robert e eu na mesa. Era muito mais simples para ele lidar com uma única pessoa.

Passei, portanto, de parceiro do The Cure a empregado. Em essência, fui rebaixado. É algo sobre o qual refleti por muitos anos, e, honestamente falando, a verdade é que não poderia ter sido de outra forma. Não posso culpar Robert por querer se livrar de um parceiro de negócios que não estava mais rendendo como antes. Mas, na época, vi as coisas de modo muito diferente. Convenientemente, ignorei a piora na minha saúde, a minha postura cada vez mais imprudente e o declínio na minha contribuição criativa, preferindo colocar a culpa em todo mundo, menos em mim mesmo.

Certa manhã, no estúdio Miraval, chegou uma carta dos escritórios da Fiction que precisava ser assinada. Pelo que me lembro, era para ajudar a facilitar os novos arranjos. Não fiquei exatamente surpreso, mas ainda assim isso me incomodou muito, com o ressentimento tomando conta de mim. Claro, isso significou que decidi seguir bebendo e me entorpecendo em vez de tentar pensar nas coisas e descobrir como resolver o principal problema da minha vida, que me encarava no espelho todas as manhãs.

Em meio a essa turbulência interna, as sessões de gravação do que já era nosso álbum duplo continuaram entre as belas colinas da Provença. Se eu estivesse em um estado de espírito melhor, teria aproveitado imensamente aquele período. Em vez disso, cada dia era uma batalha para manter minha sanidade e equilíbrio. Eu estava perdendo feio, mas me recusava admitir a derrota.

Os dias de outono ficavam mais curtos enquanto as colinas ao nosso redor brilhavam com uma melancolia em tom de despedida sob o sol minguante. Não me restava nada além de um senso de desgraça iminente. Deixei o estúdio e voltei para a Inglaterra para resmungar sobre minha desgraça e me afogar na autopiedade.

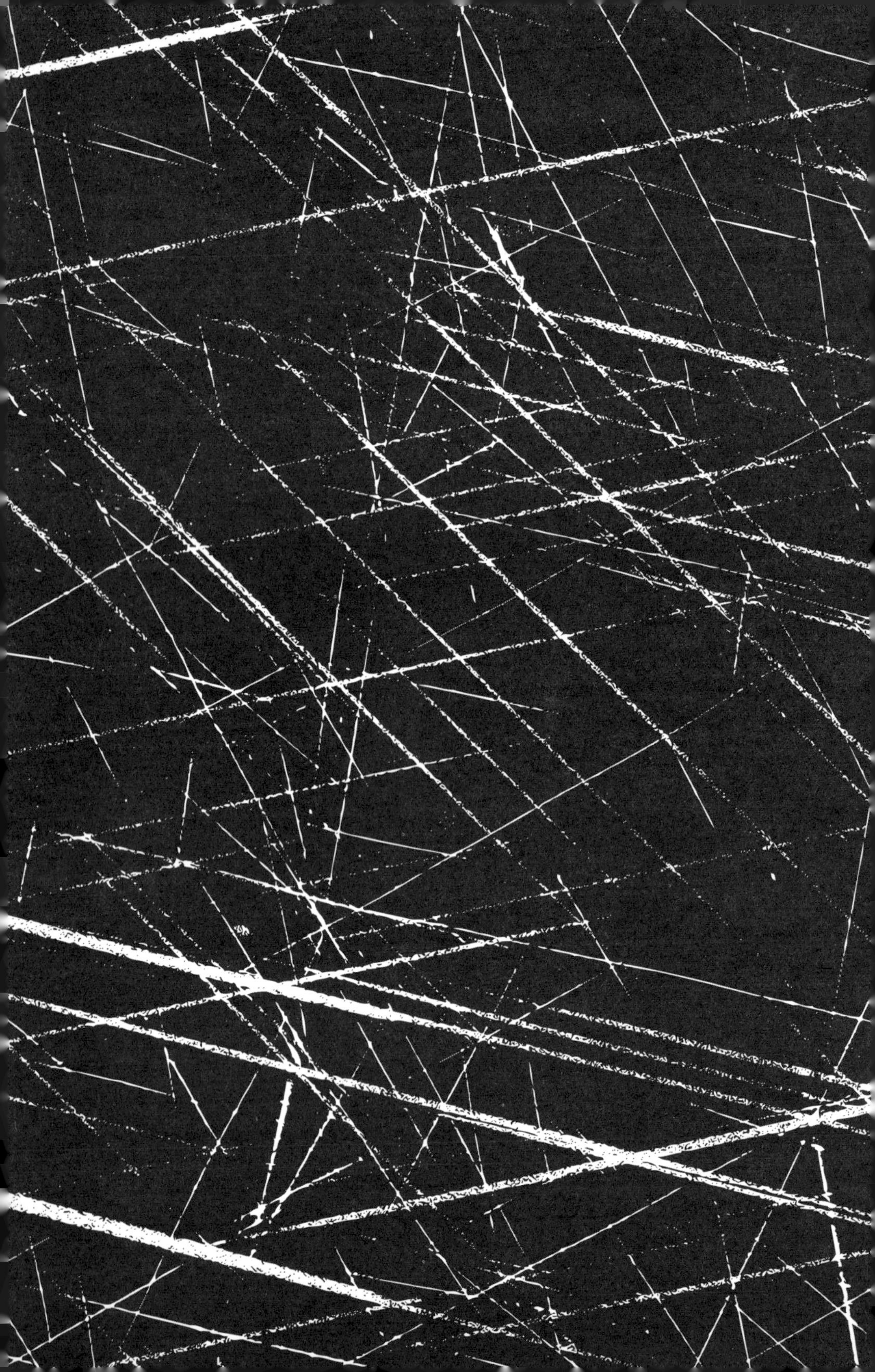

PARTE 3 (COMO É AGORA)

18

DESTRUÍDO

Em 1987, fizemos uma turnê na América do Sul pela primeira vez. Descobrimos que os fãs do The Cure na Europa, América do Norte e Austrália eram mais ou menos os mesmos. No Japão, costumavam ser mais reservados e educados. Já na América do Sul, qualquer tipo de comedimento era nulo, tudo se transformava numa ocasião alegre e tumultuada. Na Argentina, porém, houve alguns shows que foram mais tumultuados do que alegres.

Chegamos à Argentina em março de 1987, não muito tempo depois de o general Galtieri e seus subordinados terem sido removidos do poder. Logo após a Guerra das Malvinas, o infame presidente autoproclamado do país havia sido preso, enquanto seu esquadrão da morte, o Batalhão de Inteligência 601, foi dissolvido.

Fomos uma das primeiras bandas da nossa geração a visitar a nova Argentina após o fim daquela sangrenta ditadura. Mesmo depois de alguns anos de democracia, o país ainda era um turbilhão de emoções e visivelmente instável. Parecia que qualquer coisa podia acontecer – e provavelmente aconteceria.

Galtieri, você deve lembrar, foi o líder militar argentino que recrutou adolescentes e os enviou para enfrentar os Royal Marines e os mísseis britânicos na Guerra das Malvinas. Estávamos na Alemanha quando esse episódio particular da história britânica começou e não sabíamos a natureza da guerra até vermos um jornal em um posto de gasolina na estrada para Berlim. Ao ler sobre a Guerra das Malvinas, senti que tinha feito a escolha certa ao deixar a fábrica da Hellermann para seguir a vida com o The Cure. Quando descobri que vários produtos que fabricávamos na Hellermann acabavam indo parar em mísseis, soube não iria querer mesmo ter feito parte daquilo.

Depois de chegarmos ao aeroporto de Buenos Aires, seguimos pelas ruas melancólicas da capital. Fomos escoltados até o hotel por vários carros cheios de "seguranças". Nos disseram que eles provavelmente haviam trabalhado como capangas da junta militar. Tremíamos só de pensar no que poderiam ter feito em seus cargos anteriores. Dirigiam carros sem identificação, com seus revólveres apoiados no painel, o que tinha a vantagem de deixar o público ciente sobre quem estava no veículo e no comando.

A cidade de Buenos Aires era diferente de tudo que eu já tinha visto antes; lembrava um pouco o filme *Fitzcarraldo*, de Werner Herzog. A Paris da América do Sul, de fato. A grandeza europeia na selva. Grandes áreas pareciam tristes, sombrias e abandonadas, o que não era surpreendente. O povo do porto tinha passado por muita coisa nos anos anteriores sob uma ditadura fascista.

Na manhã seguinte, com olhos cansados do *jet lag*, avistei pela janela do meu quarto de hotel várias centenas de pessoas reunidas em frente ao prédio. Uma delas percebeu que eu estava olhando para eles, então todos viraram a cabeça ao mesmo tempo, como um cardume de arenques, para me encarar.

– Lol!

– Bem-vindo à Argentina!

– Nós te amamos! Amamos o The Cure!

No que eles sorriam e acenavam, eu me dei conta, mesmo através da névoa de cansaço, de que algo extraordinário estava acontecendo ali. A música é realmente a linguagem universal. Todos os lugares que visitei no mundo são divididos por língua, ideologia, religião etc., mas a música nos une. É indiscutivelmente algo espetacular. Percebi naquele momento o poder profundo da música de curar e ajudar de uma forma muito real. Fiquei muito ansioso pelos shows.

Tínhamos duas apresentações marcadas no Estádio Ferro Carril Oeste, um grande estádio de futebol que comportava quase 25 mil pessoas. Em 48 horas, tocaríamos para cerca de 50 mil fãs argentinos do The Cure. Eles nunca tinham visto a banda ao vivo e, após viver sob a botina do fascismo, precisavam de algo bom em suas vidas para celebrar.

No dia do primeiro show, fomos cedo para o estádio ver como as coisas estavam indo. Caminhei até o centro do gramado e olhei para o palco. Algo não parecia certo. Não identifiquei de imediato o que era, mas, ao me aproximar, ficou claro: a proteção de madeira compensada entre o palco e o público era tão alta que, para assistir à banda, a plateia teria de ficar pelo menos a 15 metros de distância da grade. Eu não concebia os fãs aceitando isso. Sabia que eles gostavam de ficar o mais perto possível da banda.

Comentei com Mick sobre essa questão.

– Por que a proteção na frente do palco é tão alta? Isso não vai irritar os fãs? – perguntei.

– Com certeza! – Mick explicou que, infelizmente, as autoridades disseram que a proteção tinha de ser daquele tamanho, pois havia câmeras de TV no fosso em frente ao palco e precisavam proteger o equipamento do público. A previsão era de selvageria. Aqueles jovens não tinham motivo para comemorar havia muito tempo.

– Bem, aposto que vai cair poucos minutos após começarmos a tocar – falei.

– Sabe, Lol, eu não ficaria surpreso com isso – ele respondeu com aquele sorriso escocês/polonês que iluminava seu rosto inteiro. Eu adorava a tranquilidade de Mick. Nada no mundo dos shows de rock parecia abalar aquele cara. Ele já tinha visto de tudo.

Mick começou sua carreira promovendo apresentações mensais de blues nas Ilhas Shetland no final dos anos 1960, o que significava lidar constantemente com brigas entre pescadores e petroleiros bêbados de uísque. Antes disso, trabalhava para o departamento de saúde local da Escócia, internando agricultores solitários que haviam enlouquecido por causa do isolamento das Highlands. Aparentemente, a polícia escoltava Mick até essas fazendas isoladas. Ao abrir a porta da casa, Mick, com uma seringa cheia de sedativo pesado, corria na direção do agricultor enlouquecido, aplicava a injeção e ajudava a colocá-lo na ambulância. Obviamente, estava destinado ao mundo louco do rock'n'roll.

De alguma forma, depois de ganhar um jogo de cartas com Marc Bolan, ele acabou indo trabalhar para o Pink Floyd e sua empresa, a Brit Row, a responsável por termos entrado em contato com Mick. Havia rumores de que ele havia enfrentado sozinho a máfia em Los Angeles quando trabalhava para o Pink Floyd no início dos anos 1970. Um mafioso teria apontado uma arma para Mick no estacionamento do Forum, em Inglewood, insistindo que a equipe do Floyd fizesse o que ele mandasse "ou então...". Mick respondeu de maneira bem escocesa com um "beijo de Glasgow", ou seja, quebrou o nariz do bandido, que fugiu correndo para casa. Com ou sem arma, era impossível intimidar Mick Kluczynski. Ele era da Escócia. Ninguém tinha contado à máfia o que aconteceu da última vez que os romanos tentaram passar por cima dos escoceses. Até o Imperador Adriano construiu um muro para se proteger dos homens selvagens das Highlands!

Antes do primeiro show, um dos vestiários do time de futebol serviu como nosso camarim. Para um país relativamente pobre, a Argentina investia muito dinheiro e atenção em seus astros do futebol, então havia uma série de salas de aquecimento suntuosas e o melhor massagista que já conheci. O fisioterapeuta da equipe era um homem pequeno e magro, mas abençoado com mãos milagrosas. Naquela noite, subi ao palco quase flutuando após suas massagens.

Nesse momento, Mick entrou com uma atualização dos acontecimentos.

– As coisas estão ficando um pouco fora de controle, rapazes.

– O que houve, Mick? – perguntou Simon.

– Acabou de rolar uma briga com os seguranças que estavam impedindo as pessoas de saírem das arquibancadas para entrarem no campo. Havia alguns cães, mas parece que se acalmaram. Vocês vão ficar bem, sem problemas.

Eu não compartilhava da certeza de Mick e, infelizmente, tinha razão. Muito ansioso, o público estava com a adrenalina a mil. Sob um ar noturno impregnado com o cheiro de maconha e o calor úmido sul-americano, subimos ao palco. Um rugido irrompeu e, quando Boris começou a poderosa batida que abre "Shake Dog Shake", o lugar explodiu. Toda a energia reprimida durante tantos anos foi liberada. Na terceira música, "Play for Today", ficou óbvio que o promotor havia tomado uma péssima decisão ao erguer aquele muro enorme na frente do palco. Primeiro, vi tochas amarelas flamejantes feitas de jornal enrolado voando sobre a barreira, algumas caindo diretamente nos cinegrafistas e seus equipamentos no fosso. Sempre que isso acontecia, um segurança corria com um extintor de incêndio, tentando apagar o ataque com pequenos jatos de pó branco. Como eles não conseguiam acompanhar as tochas, os cinegrafistas sensatamente bateram em retirada. Aguentaram duas músicas a mais do que eu esperava.

Então aconteceu. Uma pequena rachadura apareceu no topo da barreira bem em frente ao local onde eu estava. Como num cerco medieval, vislumbrei os rostos invasores através da fissura crescente nos painéis de madeira. Meu coração disparou como no dia em que eu caí de bicicleta na infância – aquele instante no qual sabia o que viria em seguida, mas não podia fazer nada para impedir.

Um pedaço daquela suposta proteção desapareceu no meio do público, fazendo o buraco aumentar. Agora eu conseguia ver muitos mais rostos, sorrindo, mas também com certa fúria. Estavam felizes por terem rompido a barreira, mas ainda indignados por terem sido bloqueados de ver a banda que pagaram para assistir. Um naco de madeira do tamanho do meu braço voou sobre o restante do tapume, acertando em cheio um dos seguranças. Seus colegas pegaram o pedaço e o jogaram de volta na plateia. Péssima ideia.

A multidão foi arrancando mais partes da barreira até formar um buraco considerável. Corpos voavam como flechas sobre o topo da estrutura, aterrissando no fosso. Os seguranças fugiram para salvarem a própria pele, deixando nada entre nós e os fãs enfurecidos. Tive a terrível percepção de que poderíamos realmente nos machucar ali. Arremessados para o fosso agora vazio, alguns fragmentos da barreira eram lançados com tanta força que atingiam o palco. De repente, toda aquela "proteção" desapareceu sob o ataque da multidão, como se uma máquina a tivesse triturado em pedaços minúsculos.

Olhei para Robert, à minha direita. Ele tinha um olhar firme e determinado no rosto. Não iria recuar ou desistir por causa da violência. Vi em sua expressão que tínhamos vindo tocar para os argentinos – e era exatamente isso que faríamos.

O público chegou à borda do palco, empurrando os últimos pedaços da barreira. Aquele pessoal agitado, que parecia prestes a explodir, recuou e fez o que havia se determinado a fazer: dançou ao som da música. Senti um grande alívio ao olhar novamente para um mar de rostos mais calmos. Percebi pelo comportamento de Robert sua perseverança em conquistar a plateia agora que a barreira havia sumido por completo. No meio daquela gente toda, eu conseguia contemplar expressões alegres direcionadas a mim. O poder amedrontador e aterrorizante deles se dissipou no ar quente e úmido enquanto os encantávamos com nossa música.

Porém, ainda não estávamos fora de perigo (mesmo que não houvesse mais madeira para atirar). Tínhamos mais um show para fazer, que também seria inesquecível.

O dia seguinte estava mais quente e com ainda mais umidade do que o anterior. Chegamos ao estádio tentando não pensar na violência que havíamos presenciado. O calor era tão forte que nossa equipe cobriu todos os teclados e os demais equipamentos eletrônicos sensíveis com cobertores espaciais de alumínio para resguardá-los dos efeitos escaldantes do sol sul-americano. Fizemos a passagem de som com toalhas brancas e frias cobrindo a cabeça para nos proteger dos raios ardentes. Seria um dia intenso.

Uma hora antes do show, estávamos sentados tranquilamente no subsolo do estádio, ao lado das salas de aquecimento. Parecia uma boa ideia desfrutar daquelas instalações, então Boris e eu estávamos justamente fazendo isso. Através das paredes do vestiário subterrâneo vinha um estranho som de uivos, acompanhado de um tipo de rugido ao fundo. Perguntei a um dos membros da equipe o que estava acontecendo no estádio.

– A polícia soltou os cães e está perseguindo alguns fãs que estavam no gramado e subiram para as arquibancadas.

– Bem, isso é uma estupidez – falei. Eles invadiriam o gramado assim que o show começasse, então por que tentar impedi-los? Só criaria mais confusão. Imaginei que vários capangas da junta militar haviam sido incorporados à força policial ou a empresas de segurança privada. E eles certamente careciam de treinamento, paciência ou disposição para lidar com públicos de show de rock, sobretudo com fãs hardcore do The Cure.

Boris e eu nos dirigimos à sala seguinte, mais próxima da entrada do palco. O som estava mais alto ali e era bastante assustador. Concentrei minha mente nas músicas que iríamos tocar e esperei que tudo ficasse bem.

Finalmente, a hora marcada chegou e fomos para o palco. Olhando para a multidão, pensei nos cristãos sendo lançados aos leões no Coliseu de Roma.

Começamos com a mesma música da noite anterior, "Shake Dog Shake", e as coisas pareciam mais calmas. Talvez tudo ficasse bem. Então notei algo pairando bem na minha frente, fora do alcance. Parecia um pequeno drone ao estilo de uma aeronave Harrier Jump Jet, mas, claro, não era um nem outro. Era um inseto, um maldito inseto pré-histórico enorme que pousou sobre o teclado bem na minha frente. Olhei para seus olhos vermelhos flamejantes e o corpo verde brilhante, sentindo aquele tipo de terror primordial que o homem da Idade da Pedra deve ter sentido ao ver algo assim pela primeira vez. Encarei o bicho intensamente, desejando que fosse embora. Sem chance. Ele parecia se divertir me atormentando. Não podia afastá-lo com as mãos porque estava tocando e temia que ele realmente me picasse. O inseto levantou voo a tempo de eu ver uma chuva de faíscas voando na escuridão atrás dos refletores do palco. Demorei alguns instantes para perceber que eram moedas jogadas. Outros itens começaram a voar em nossa direção. Pequenos brinquedos de feltro são aceitáveis, mas qualquer coisa com uma borda dura representa perigo. Uma vez, alguém jogou com carinho uma pequena cruz de metal para o Robert. Infelizmente, ela caiu dentro da bota dele e escorregou até o pé, que ficou todo arranhado e cheio de cortes – o que ele só percebeu após o show.

Ouvi um grito à minha direita e olhei para o Porl. Ele havia sido atingido por algo muito maior e mais pesado do que uma moeda. Era uma grande cruz de madeira e metal, que fez um corte em sua testa a ponto de escorrer sangue. Enquanto Porl era levado para receber cuidados médicos nos bastidores, Robert foi ao microfone e, sem rodeios, disse aos idiotas na plateia que eles parassem de jogar coisas ou o show seria interrompido. Isso exigiu muita coragem. Na minha experiência, a maioria do público fica feliz por você estar ali tocando, mas sempre há um punhado de imbecis que acha que é uma boa ideia causar problemas. Eles jogam coisas, começam brigas e quase sempre ficam posicionados umas três fileiras atrás, achando que não podemos vê-los por causa das luzes do palco. Errado, babacas! Nós conseguimos vê-los e percebemos suas intenções. Robert olhou diretamente para esses caras na terceira fila e os colocou em seu devido lugar. Não sei se entenderam o inglês do sul de Londres do Robert, mas tenho certeza de que a mensagem foi clara, porque eles se encolheram no meio da multidão.

Porl voltou com um grande curativo na cabeça e continuamos o show. Os cães também estavam de volta, assim como os seguranças. Eu podia vê-los pelo canto do olho na lateral do estádio. Tive um mau pressentimento, e, conforme prosseguíamos, uma calma inquietante tomou conta da multidão.

Pouco antes do segundo bis, estávamos todos na entrada do camarim, ansiosos, decidindo se deveríamos voltar ao palco. Além de ser a nossa primeira vez na Argentina, o The Cure nunca foi uma banda do tipo que deixa o público na mão. Não sei se é culpa católica ou apenas um senso de responsabilidade com nossos fãs, mas o The Cure, Robert em particular, sempre quis (e, pelo que sei, ainda quer) tocar o máximo possível de músicas e oferecer o melhor show aos presentes. Isso é algo pelo qual éramos conhecidos, então Robert queria que voltássemos, apesar do clima perigoso.

Com todos de acordo, voltamos. No meio de "10:15 Saturday Night", no entanto, Robert se virou e nos sinalizou para pararmos de tocar. Acho que já estava farto de coisas sendo jogadas nele, e, de fato, era assustador. Ele basicamente disse às pessoas que estavam fazendo aquilo que elas eram idiotas e estavam estragando tudo para os demais que queriam assistir ao espetáculo. A plateia explodiu em aplausos. O The Cure gera uma lealdade incrível entre os fãs porque eles sabem que a banda está ao lado *deles* e faz parte da vida *deles*. Por isso, são muito comprometidos com o The Cure. Queriam que o show continuasse. Eu percebi isso. Robert também. Ele se virou novamente e deu o sinal para Boris contar até três e seguirmos o bis. Quando saí do palco, senti o peso das moedas que tinham sido jogadas em mim nos bolsos da frente do meu terno cinza-azulado.

No dia seguinte, a manchete do jornal local dizia: "Três mortes em show de rock!". Foi o máximo que consegui entender com meu espanhol básico. Fiquei chocado e fui procurar nosso intérprete.

– Por favor, diga que isso não é o que estou pensando!

Ele leu rapidamente a notícia: um homem do lado de fora do estádio havia sofrido um ataque cardíaco quando sua barraca de cachorro-quente foi atacada por uma multidão. E dois dos cães policiais também morreram. Tudo muito triste e lamentável, mas não tão dramático quanto a manchete me fez acreditar. Saímos da Argentina com o coração pesado. Acho que, por algum tempo, os fãs de lá acreditaram que guardávamos um certo ressentimento de tocar no país e que havia má vontade da nossa parte por causa daqueles dois shows. Sei que não era o caso. O The Cure nunca teve medo de ir para a linha de frente, por assim dizer, se isso significasse que poderíamos tocar nossas músicas para pessoas que realmente queriam ouvi-las. Sempre acreditei que éramos sinceramente bem-vindos em Buenos Aires e que a insanidade daqueles dois shows foi apenas uma espécie de libertação da enorme repressão emocional e dos maus-tratos causados pela ditadura militar. Não tinha nada a ver conosco ou com nossos fãs, mas o que representávamos talvez fosse perigoso demais para o *status quo*, então tentaram semear inquietação e descontentamento. O poder do The Cure sempre me surpreendeu.

Meu alcoolismo piorou durante a turnê pela América do Sul, na Argentina e no Brasil. Os brasileiros têm um tipo de rum branco chamado cachaça, feito de cana-de-açúcar. E havia muita cachaça à nossa disposição, que, combinada com o calor e a umidade, era letal. Eu achei extremamente desorientador. Não à toa, há várias lacunas na minha memória sobre aquela turnê. Uma vez pensei que talvez estivesse realmente alucinando, o que foi, no mínimo, desconcertante!

Fomos levados a uma boate na cobertura de um prédio por um promotor local brasileiro após o segundo de nossos shows esgotados no Rio de Janeiro. Tudo parecia bastante normal, mas, para mim, o normal já era completamente insano. A realidade havia passado para um segundo plano diante das alucinações selvagens que ocorriam na minha vida diária. A bebida, as drogas e a ansiedade quanto à minha posição na banda comprometiam minha saúde mental. Estava se tornando rapidamente uma situação sem saída para minha psique fragmentada: quanto mais eu pensava no que estava acontecendo, menos conseguia lidar com a ideia de consertar, o que levava a mais ansiedade e mais automedicação. Estava preso num círculo vicioso sem enxergar um final. Apesar das minhas melhores intenções, não conseguia sair desse carrossel de reviravoltas emocionais violentas. E o pior era saber que eu era o maior responsável por fazer isso comigo mesmo.

Meu relacionamento com o restante da banda estava se deteriorando, pois tudo o que eles viam era alguém que não vinha fazendo a sua parte. Apesar de continuar como um componente igual no grupo, eu oferecia cada vez menos contribuição criativa. Além disso, minhas travessuras de bêbado estavam se tornando cansativas.

De volta à boate, eu tinha certeza de que tinha visto uma figura muito conhecida na história cultural britânica: ninguém menos do que Ronald Biggs, o famoso ladrão do trem pagador. Um homem mais velho, de terno branco, passou por mim e eu tive certeza – não, na verdade, eu tive absoluta certeza – de que era Ronald Biggs. Dei um puxão no Simon para dar a notícia.

– Ei, Si! Você viu quem era?

– Não, Lol. Quem?

– O maldito do Ronald Biggs! – falei, segurando meu enésimo copo de cachaça. Notei que Simon não acreditou em mim. – Sério! Era ele!

– Mesmo? Tem certeza, Lol?

– Vou procurá-lo para dizer oi.

Quando estava bêbado, eu tinha o hábito de me apresentar a qualquer celebridade aleatória que passasse por mim. Tanto Sir Clive Sinclair (inventor do computador doméstico ZX80 e do veículo elétrico C5) quanto a cantora Nina Hagen foram vítimas da minha camaradagem ébria. Sir Clive pareceu confuso com minha aparição diante dele em uma festa da Virgin Records na antiga loja Biba, em Londres.

– Siiir Clive Sinclair! Eu também amo computadores!

Já Nina levou numa boa quando me apresentei a ela em Atenas.

Fui procurar o cavalheiro de terno branco, um pouco mais velho, que tinha visto antes. Aquele que eu jurava ser o ladrão do trem pagador.

Corri de um lado para o outro na cobertura e, em dado momento, avistei um senhor descendo a escada e saindo da boate. Juro que ele se virou, olhou diretamente para mim e deu aquele famoso sorriso de Biggs antes de desaparecer no meio da multidão. Eu tinha certeza de que era ele, mas não consegui alcançá-lo a tempo. E ele sumiu.

O suposto encontro daquela noite permanece um mistério. Mesmo depois de conversar com pessoas que estavam lá, ninguém se lembra de tê-lo visto. E, como o próprio Biggs faleceu em 2013, nunca saberemos a verdade.

De volta a Londres, as coisas não estavam melhorando para mim. Continuei levando a vida como sempre, mas já não estava no controle. Eu costumava ir a um clube no Camden Palace às quintas-feiras com alguns companheiros. Mas, certa noite, bebemos tanto que nos envolvemos num acidente, arrancando a porta do carro de um amigo ao dar ré na rua e colidindo com um poste em frente ao bar. Parecia imprudente voltar lá depois disso.

Passei, então, a frequentar o bar de vinhos do meu amigo Pete, no final de uma rua em Queen's Park. Um almoço agradável seguido de alguns drinques a mais terminou comigo deitado, inconsciente, na calçada. Tenho uma vaga memória de ser agarrado por dois policiais corpulentos e jogado na traseira de uma van.

Acordei. Uma lâmpada no teto parecia balançar um pouco – ou será que era eu? Estreitei os olhos para a luz acima da minha cabeça e me apoiei no que parecia ser um banco de concreto. Eu me sentei e, à medida que meus olhos se ajustavam ao brilho amarelo-esverdeado da sala, percebi exatamente onde estava. Numa cela na delegacia.

De repente, o pequeno visor na porta se abriu e eu ouvi uma voz:

– Ah, já acordou, é?

Olhei na direção do som e vi o uniforme inconfundível de um guarda da Polícia Metropolitana. Ouvi o barulho da porta sendo destrancada. Um balde e um esfregão então foram empurrados para dentro da sala.

– Limpe esta bagunça e depois você pode ir embora.

Dei uma espiada no canto da sala, onde estava o vaso sanitário de aço inoxidável. Aparentemente, eu tinha tentado usá-lo ao chegar, mas minha mira estava péssima e não cheguei nem perto do alvo pretendido. Eu me ergui cambaleante. O cheiro de álcool misturado ao desinfetante no balde me fez vomitar. Pelo menos dessa vez consegui chegar ao lugar certo a tempo.

Limpei minha bagunça como me pediram e bati na porta.

– Terminei, seu guarda! – balbuciei, ainda um pouco bêbado. Tentei olhar para o relógio, mas notei que não estava mais no meu pulso. Humm… O que será que aconteceu com ele? Não tive tempo de pensar nisso, pois a porta de ferro da cela se abriu e o guarda apareceu no vão da entrada.

– Ok, saia agora e sente-se na cadeira junto à parede.

Fiz então o que me mandaram, tremendo um pouco no corredor da delegacia. Percebi que meu casaco também estava desaparecido. Eu me recostei na cadeira de plástico duro, tentando encontrar uma posição confortável naquela superfície rígida.

Meus ouvidos se ajustaram ao som de estática de rádio e de pessoas se movendo pela delegacia enquanto eu me perguntava o que havia acontecido para ir parar ali. Eu me lembrei de estar conversando com meu amigo Pete, me despedir dele e de começar a caminhar em direção à minha casa. Será que eu caí e bati a cabeça?

Toquei o lado direito da minha cabeça e senti um pequeno galo se formando. Olhei para os meus dedos. Nada de sangue.

– Ok, senhor, aqui estão seus pertences e seu casaco.

Bem, eles tinham recolhido tudo antes de me colocar na cela. Levantei o olhar e vi um policial em uma mesa do outro lado do corredor. Ele fez um gesto para que eu me aproximasse e me sentasse em frente a ele.

– Assine aqui. – Ele empurrou uma folha de papel na minha direção.

Eu me concentrei e li algo sobre um aviso e a devolução dos meus pertences. Assinei.

– Estou sendo acusado de algo? – perguntei com a voz rouca.

Parecia a coisa certa a perguntar nesse momento. Já tinha visto em muitos filmes.

– Não, senhor, estamos apenas lhe dando um aviso desta vez. – Ele olhou para outro policial sentado em um cubículo no corredor. – Você teve muita sorte. Vá para casa.

E, com isso, juntei meus pertences e empurrei a porta para sair. Não precisava de mais explicações. Às quatro da manhã, caminhei da delegacia até minha casa, morro acima. Enquanto isso, minha namorada, Lydia, finalmente descobriu onde eu poderia estar e ligou para a delegacia, apenas para ser informada de que eu tinha acabado de ser liberado. Ela dirigiu até lá para me encontrar, mas, por algum motivo, nos desencontramos. Ao voltar, ela me encontrou de bruços no carpete da sala de estar. Quando se aproximou, eu murmurava:

– Desgraçados, desgraçados...

De quem eu estava falando, não faço a menor ideia. Das vozes na minha cabeça, talvez?

AINDA ACHO QUE A *KISSING TOUR*, iniciada na segunda metade de 1987, foi a melhor produção que já tivemos como banda. Em termos de apresentação visual do The Cure, não acredito que tenha havido um show melhor enquanto eu fazia parte do grupo. Adorei a tela branca estilo teatro kabuki que pendia na frente do palco.

Como qualquer pessoa que assistiu àquelas apresentações pode te contar, o público ia ao delírio antes mesmo de nos ver!

A tela cobria o palco inteiro, de modo que os espectadores não conseguiam ver o que estava acontecendo. Assim que entravam na arena, a primeira coisa que viam era um enorme retângulo branco. Quando o show começava, exibíamos *Eyemou* nas cortinas claras, um filme dos lábios e do olho de Robert. Entrávamos furtivamente no palco, por trás das cortinas, e nos posicionávamos para o show. Ao começarmos com "The Kiss", sentíamos a empolgação crescendo na arena à medida que o público percebia que estávamos no palco e já tocando – mas ainda não podiam nos ver.

O melhor momento, na verdade, o clímax absoluto, ocorria quando Robert cantava os versos da introdução de "Kiss Me Kiss Me Kiss Me" e as cortinas kabuki caíam no fosso diante do palco em questão de segundos. De repente, lá estávamos nós: The Cure!

O público ia à loucura. Era maravilhoso vivenciar isso todas as noites durante a turnê. Na sequência, partíamos direto para "Torture", quando luzes verdes enormes, como holofotes tubulares, varriam a plateia. Essas luzes eram muito especiais e ainda não tinham sido amplamente utilizadas. O The Cure sempre esteve na vanguarda de novos tipos de equipamentos de iluminação, graças a nosso grande especialista, Mac. Robert costumava ter muito cuidado com os efeitos visuais usados nos nossos shows.

Fizemos mais de 60 apresentações naquela turnê, e, apesar dos meus problemas, foram algumas das minhas performances favoritas. Mesmo quando algo dava errado, as cortinas kabuki eram um grande entretenimento. Em algumas noites, eu olhava do palco para o fosso e via Mick balançando como Tarzan, puxando a tela rebelde que havia ficado presa nas estruturas de iluminação lá no alto.

Eu me lembro da ocasião em que tocamos no Santa Barbara Bowl e de como, do nível superior das arquibancadas, era possível avistar o oceano Pacífico. Era algo idílico que me fez recordar da primeira vez que estive na Califórnia, seis anos antes, mais feliz e saudável. Apenas eu, Simon e Robert. Agora a banda tinha dobrado de tamanho, assim como meus problemas.

É estranho olhar para trás agora e pensar nos nossos shows em alguns dos locais mais prestigiados do mundo: o Bercy, em Paris; o Madison Square Garden, em Nova York; o Forum, em Los Angeles; o Rotterdam Ahoy; e o Philipshalle, em Düsseldorf. Espaços de concertos grandes e majestosos. O melhor que o mundo tinha a oferecer. Tocar nesses lugares significava que havíamos definitivamente chegado ao topo.

Pode-se afirmar que isso era algo que me deixaria genuinamente feliz. Era a realização de um sonho de infância tocar no Madison Square Garden. Na minha adolescência, enquanto trabalhava de jornaleiro em Horley, sempre lia resenhas de shows no "Madison Square Garden, em Nova York" e deixava minha mente vagar, fantasiando sobre como seria tocar lá. Agora era realidade. Eu estava com apenas 28 anos e já tinha feito tantas coisas e visitado tantos lugares na última década. Mas a felicidade não pode ser fabricada ou perseguida como um objetivo. Ela é, na verdade, um subproduto de nossas outras experiências de vida. Não importava quantas pessoas comparecessem aos shows nem quantos discos vendíamos. No fundo, eu me sentia vazio. Minha solidão era um buraco imenso que meu vício não conseguia preencher. Tudo o que ele havia feito era me isolar das pessoas que eu amava, principalmente Robert. E o mais sério é que eu já não sabia mais quem eu era ou o que realmente queria. Para um observador casual que olhasse de fora, podia parecer que eu tinha tudo: fama, fortuna e todo o pacote que vem com isso, mas eu era uma casca vazia de homem e nada do que eu colocasse naquele vazio imenso me preenchia. Nenhuma quantidade de fama ou de adoração mitigava minha miséria, nem todo o álcool ou todas as drogas conseguiam me entorpecer.

A turnê terminou em Londres, na Wembley Arena – outro local icônico em que eu sonhava tocar desde garoto. Encerramos a *Kissing Tour* com três noites lá. Como era o fim de uma longa turnê, pensamos em fazer uma festa de encerramento. Um amigo meu era dono de um restaurante onde poderíamos relaxar, beber e comer alguma coisa com amigos e familiares. Não me lembro de nada. Nas fotos da festa, meus olhos são apenas pontinhos. Pareço um homem cuja alma foi drenada. É terrível e triste ver aquilo.

O último show do ano aconteceu em 9 de dezembro de 1987, com o cover de uma música que todos amávamos e nos fazia lembrar da adolescência: "Merry Christmas Everybody", do Slade. Mas não havia alegria no meu coração. Enquanto os canhões lançavam neve falsa sobre o público eufórico, eu desdenhei:

– Feliz Maldito Natal!

Seria o último show que eu faria com o The Cure em quase um quarto de século.

19

DESINTEGRAR

A XÍCARA DE CHÁ TREMIA DESCONTROLADAMENTE. Ou talvez fosse eu. Estava tremendo como se tivesse sido jogado no Tâmisa em pleno dezembro. Coloquei a delicada xícara de porcelana no pires com o padrão de andorinhas azuis e o chá quente derramou pela borda.

– Está tudo bem, senhor Tolhurst? – perguntou o psiquiatra. – Quer fazer uma pausa?

Os olhos da enfermeira e do psiquiatra transpareciam gentileza, mas também curiosidade, enquanto eu continuava derramando chá por toda parte.

Eu segurava uma mão trêmula com a outra, tentando conter os pequenos tsunamis de líquido, mas sem sucesso. Soltei a xícara e coloquei as mãos trêmulas no colo. Notei o médico anotando algo no bloco de notas e, em seguida, ele pigarreou.

– Vou dar uma sequência de números para você lembrar, está bem?

Eu assenti, tentando parecer tranquilo.

– Muito bem, 1337. Apenas memorize esses números. Voltaremos a eles mais tarde.

Ele sorriu com um ar paternal, mas eu provavelmente era apenas alguns anos mais jovem do que ele, então não o levava muito a sério. Meus olhos vagaram pela sala, pintada de amarelo-claro. Dizem que amarelo é a melhor cor para cura e recuperação, então deve ser por isso que muitos hospitais têm paredes amarelas.

Eu já tinha respondido corretamente várias perguntas sobre o primeiro-ministro atual, o presidente dos Estados Unidos e minha idade. Essas eram questões típicas feitas a pacientes com lesão cerebral, portanto presumi que estavam querendo avaliar o nível do estrago que eu havia causado a mim mesmo.

Nesse meio-tempo, eu repetia os números na minha mente como um mantra, enquanto o médico dava instruções à enfermeira.

– ... miligramas de Librium e uma injeção de vitaminas todos os dias.

Ele se virou para mim e explicou que o tremor era causado por *delirium tremens*. Nem precisava ter se dado ao trabalho, pois eu sabia bem do que se tratava, algo que vinha com força total quando eu ficava um tempo sem beber. O médico fechou o bloco de notas e o guardou na maleta preta. Fez um gesto para a jovem.

– A enfermeira vai responder a quaisquer outras perguntas que você tiver e garantir que fique confortável. Vejo você amanhã. Tenha um bom dia, senhor Tolhurst.

Com isso, ele se virou para sair, mas, no último momento, retornou lentamente, num movimento bem ensaiado, parte do repertório médico dele.

– E os números que te dei antes?

Abri a boca e, com uma voz fraca, quase infantil, que mal reconheci como minha, disse:

– Ér... um, três, três, sete!

Sorri triunfante, mas minha alegria foi breve, pois vi a tristeza refletida nos olhos do jovem médico ao olhar para o meu rosto. A enfermeira também saiu, fechando a porta atrás de si com um ruído suave. Finalmente, fiquei sozinho pela primeira vez desde minha chegada à unidade de desintoxicação para dependentes químicos no Hospital Lister, na Chelsea Bridge Road, Londres. Era 1988.

Os shows em Wembley já eram uma memória distante quando nos reunimos na casa de Boris, no interior de Devon, para gravar o material que se tornaria o álbum *Disintegration*. Fizemos uma sessão para tocar nossas demos caseiras, onde todos deram notas às músicas uns dos outros. Mais tarde naquele ano, antes do casamento de Robert e Mary, tivemos outra longa sessão na casa de Boris para gravar as demos escolhidas para o disco.

Entre essas duas sessões, decidi tentar tomar uma atitude em relação ao meu problema com a bebida. Minha vizinha, uma australiana, me deu uma sugestão:

– Lol, tenho um médico que consulto às vezes. Talvez ele possa te ajudar.

Aquele foi um período em que eu acordava todos os dias apavorado. Se começasse a beber, não sabia o que poderia acontecer ou como o dia terminaria. Não tinha absolutamente nenhum controle sobre mim mesmo.

Marquei uma consulta. Campbell era o nome do médico. Ele tinha um consultório muito agradável na Harley Street, o endereço mais prestigiado para médicos na Inglaterra.

– Então, senhor Tolhurst, como posso ajudá-lo? – perguntou o doutor Campbell após algumas perguntas médicas formais.

Descrevi em detalhes os eventos dos últimos anos e como meu comportamento havia se tornado errático sob a influência do álcool.

– Bem – disse ele, conferindo suas anotações –, você apresenta todos os sintomas de um alcoólatra. Está preso dentro da garrafa e precisamos tirá-lo de lá.

Alcoólatra? Eu sabia que tinha um problema com a bebida, mas não era um alcoólatra. Já tinha ouvido falar disso, claro, mas não via como se aplicava a mim. Meu pai, sim, ele era um alcoólatra.

O médico explicou pacientemente o que queria dizer e então soltou a bomba:

– Primeiro, você precisa de uma desintoxicação. Depois veremos sua reabilitação.

– Err… quando? – perguntei nervoso.

– Que tal esta tarde?

Aquilo foi um golpe forte. Eu vivia em total negação a respeito da gravidade da minha condição, mas agora tinha de encarar a realidade do que estava ouvindo. Com grande relutância, concordei em ir ao Hospital Lister.

DEPOIS DE ME APLICAR UMA INJEÇÃO DE VITAMINAS, a enfermeira saiu, me deixando sozinho no meu quarto no Lister. Eles haviam me dado um pouco de Librium mais cedo, o que ajudou a me acalmar, mas o efeito da injeção fazia minha cabeça parecer que estava borbulhando por dentro. Quando finalmente relaxei, dormi.

No dia seguinte, uma enfermeira me acordou bem cedo e informou que algumas pessoas do AA viriam me visitar. Eu não sabia exatamente o que isso significava, então apenas concordei, sem me comprometer.

Os dois homens que vieram ao meu quarto pareciam normais e foram muito simpáticos. O que me disseram, no entanto, me chocou.

Eles explicaram que, como alcoólatra, eu tinha uma doença de duas faces e nunca poderia beber novamente se quisesse ter uma vida feliz. Se bebesse, acabaria preso, internado em uma instituição ou morto. Também falaram que o alcoolismo era um mal astuto que fingia não ser o que era enquanto me levava à insanidade.

Agradeci-lhes por me dizerem o que havia de errado comigo e, munido dessa informação, senti que tudo o que precisava fazer era ser cuidadoso e observar certos sinais. Se eles tinham se recuperado, então eu também poderia e conseguiria controlar meu problema. Com força de vontade total, eu venceria a bebida.

Entretanto, em vez de seguir o bom conselho do médico e seguir para a reabilitação, decidi me dar alta do Lister depois de cerca de uma semana. Eu me sentia melhor, dizia a mim mesmo, agora que a névoa havia se dissipado e eu tinha recebido os conselhos valiosos do pessoal do AA. Eu ficaria bem.

Como se comprovou mais tarde, foi uma péssima decisão.

Uma decisão realmente, realmente ruim.

Fiquei sóbrio por algumas semanas depois de sair do Lister, mas eu realmente ainda não estava feliz. Decidi visitar meu amigo Pete em seu bar no fim da rua. Qual era o sentido de morar a uma curta caminhada de um amigo se eu não o visitasse de vez em quando?

Pete me recebeu de braços abertos e me deu a cerveja que pedi. Eu não havia contado a ninguém o que estava fazendo. O máximo que fiz foi dizer a Robert e Porl que pensava em "ir a algum lugar para me recuperar antes de voltarmos ao estúdio".

Eles já tinham ouvido isso antes. Certa vez, fui a um spa onde, com 63 quilos, deixei a equipe intrigada.

– Por que você está aqui, exatamente? Seu peso está ótimo.

Nunca revelei a verdadeira razão. Apenas disse que queria "um descanso" e, de fato, consegui. Não chegou a ajudar muito, já que havia um bar no spa! Eles só serviam vinho orgânico, é verdade, mas ainda assim era um bar. De qualquer forma, eu me exercitava religiosamente todas as manhãs, mesmo com uma ressaca debilitante.

A cerveja do Pete tinha um gosto bom e eu realmente não me sentia diferente. Então tomei outra, depois mais uma, até que vi o abismo se abrir diante de mim. Sabia que não voltaria por um bom tempo.

No final do verão, nos reunimos novamente na casa do Boris, em Devon, para a segunda sessão de demos de *Disintegration*.

– Boris – perguntou Robert com um brilho malicioso nos olhos –, a que distância fica isso daqui? – E exibiu um anúncio no jornal local sobre uma mesa de sinuca à venda.

– Não muito longe – respondeu Boris.

– Poderíamos buscar e colocar a mesa no corredor?

– Claro – disse Boris. – Tenho um reboque. Vamos.

Pegamos a mesa de sinuca naquele dia e a instalamos na casa do Boris. Juntamente com a adega cheia de cervejas, a velha casa estava começando a se parecer com um pub.

Oscar Wilde disse: "A vida imita a arte muito mais do que a arte imita a vida". A criação de *Disintegration* provaria isso. À medida que as músicas ficavam mais sombrias e intensas, minha vida seguia o mesmo caminho.

Nós nos mudamos para o Outside Studios, em Hook End Manor, que já foi a casa do bispo de Reading e, mais recentemente, propriedade de David Gilmour, do Pink Floyd. Um lugar bonito para eu finalmente desmoronar.

Desenvolvemos o hábito de gravar em estúdios residenciais fora do circuito principal, o que dava muito certo para nós, pois raramente éramos interrompidos. Além disso, terminadas as gravações, Robert podia levar as fitas para mixar em outro lugar.

Ainda que fosse uma ideia maravilhosa gravar no campo, eu, infelizmente, não conseguia apreciar o momento. Meu mundo estava ficando minúsculo. Passava muito tempo sozinho dentro da minha mente conforme *Disintegration* era gravado, pouco a pouco me desfazendo tanto física quanto psicologicamente. Vivendo num espaço diminuto dentro de mim.

Começávamos nossos dias no meio da tarde e, como já era final de ano, não havia muita luz diurna. Durante o inverno na Inglaterra, costuma escurecer por volta das quatro da tarde. Trabalhávamos no estúdio até mais ou menos as oito da noite, então fazíamos uma pausa para o jantar, uma longa e elaborada refeição durante a qual se conversava muito e se bebia muito. Depois trabalhávamos até quase o amanhecer, indo nos deitar só quando o dia estava prestes a nascer novamente.

Ao longo de várias semanas, essa foi nossa rotina durante seis dias, sobrando um livre para fazermos o que quiséssemos. O problema era que, quando acordávamos no dia de folga, não dava para fazer muita coisa, pois o sol já estava se pondo e logo estaria escuro no campo. A cidade mais próxima era Reading, não muito animada. Acabávamos, assim, permanecendo em Hook End Manor, o que significava jogar sinuca ou assistir à TV.

Fora do estúdio, a grama e as folhas marrons e úmidas da zona rural inglesa pareciam muito mais sombrias para mim do que antes. Meus dias eram passados basicamente na parte de trás do estúdio, num pequeno lounge ao lado da sala de controle principal, afundado em sofás de várias cores ligeiramente desgastados. Havíamos percorrido um longo caminho, mas algo dentro de mim não conseguia se libertar da névoa mental que permeava meu ser. Contribuí com uma ou duas ideias das nossas demos que entraram no álbum, mas a coisa mais difícil para mim era sair daquela lama de autopiedade em que me encontrava. No fundo, eu realmente queria contribuir com a banda que amava, mas meu ânimo estava tão baixo que não havia muito o que eu pudesse fazer. Então eu ficava sentado fora do estúdio, esperando a inspiração chegar.

Um dia, o rosto gentil e preocupado de Porl interrompeu minha reflexão:

– Pelo amor de Deus, Lol, é realmente triste ver você assim. Sabe, ninguém acharia má ideia se você voltasse ao hospital para se cuidar.

– Sim, vou voltar – respondi. – Mas só quando o álbum ficar pronto.

Eu continuava em negação sobre o que havia de errado comigo e acreditava que ainda podia controlar o que estava acontecendo e contribuir para o The Cure, a banda que tinha sido toda a minha vida. Ao mesmo tempo, passei a me ressentir com as pessoas que se intrometiam na minha vida pessoal. Ainda era a minha vida, não era?

O longo outono se arrastou até o sombrio final do álbum. Certa noite, houve um incêndio nos alojamentos do estúdio, que atingiu o quarto de Robert. Metade do corpo de bombeiros era composta de voluntários que estavam no pub quando o alarme disparou. Correndo do pub para o caminhão, os bombeiros amadores foram até o estúdio em chamas, onde todos nós ajudamos com os equipamentos e luzes de emergência, uma vez que toda a energia havia sido cortada quando o incêndio começou. Grandes nuvens de fumaça escura envolveram a casa antiga enquanto ficávamos do lado de fora, sob a garoa da madrugada, esperando a liberação para voltarmos após os bombeiros apagarem o fogo.

A casa inteira cheirava a madeira queimada no dia seguinte. O quarto de Robert, que tinha virado um emaranhado preto e carbonizado, ficava ao lado do meu, com uma porta conectando os dois. Eu costumava me sentir seguro ali, como uma criança pequena protegida do mundo, então Robert foi forçado a se mudar para outro quarto no lado oposto da casa. Agora, além de não ter ninguém a meu lado, o cheiro de madeira queimada impregnava minhas roupas, meu cabelo, tudo.

A casa parecia fria, com todas as janelas abertas dia e noite para dissipar o cheiro. Eu tremia à noite na cama. Cada respiração que eu dava era impregnada de ruína.

As sessões se arrastavam enquanto o gélido inverno se aproximava. Agora mal víamos a luz do dia, pois nos estendíamos até as primeiras horas da manhã para terminar as gravações. No início de um amanhecer frio, com o vento soprando pela casa, Robert me encontrou na cozinha. Eu segurava uma garrafa de uísque na mão e dava um gole. Tínhamos ficado acordados a noite toda. Ele me olhou com uma expressão triste.

– Você está completamente maluco! Nem mesmo gosta de uísque. Cada vez que toma um gole, faz uma careta!

Ele balançou a cabeça e, onde antes haveria um sorriso em seu rosto diante do comportamento louco de seu amigo, agora tinha um olhar de tristeza e preocupação. Era como se ele pudesse sentir que o fim estava se aproximando.

Quando as sessões terminaram, voltei para minha nova casa em Devon, no meio de Dartmoor, uma mansão digna de um rock star, se é que já existiu uma. Depois do fiasco da última turnê, decidi que o que eu realmente precisava era me mudar. Achei que isso resolveria todos os meus problemas. Imaginei que, morando no interior, não precisaria lidar com uma cidade cheia de gente que não me entendia. Comprei uma casa bem no centro do desabitado e selvagem Parque Nacional de Dartmoor, a 350 quilômetros de Londres. Largado, deprimido e na mais gloriosa solidão, continuei fazendo o que achava que tinha de fazer: buscar repetidamente o esquecimento.

Um dia, pouco antes do Natal, recebi uma ligação do escritório da Fiction. Era Ita, gerente administrativa do selo.

– Robert quer que você venha ouvir as mixagens do álbum com todos os outros membros no RAK, em Londres.

– Certo, estarei lá.

Reservei meu hotel habitual e, mais tarde naquela semana, peguei o trem. Nunca aprendi a dirigir porque sempre fui levado de um lugar para outro. Era também uma desculpa conveniente para nunca precisar ficar sóbrio. No trem, fiquei olhando pela janela durante as duas horas e meia de viagem até Londres. Uma única bétula prateada me lembrou da beleza fria, mas emotiva, do que havíamos criado nos primeiros dias do The Cure, o que me fez ser tomado pela tristeza.

Cheguei ao estúdio e entrei na sala de controle. Robert estava na mesa, ajustando os faders para todos nós ouvirmos as mixagens finais de *Disintegration*. Desabei no sofá no fundo do estúdio e ouvi a música. Era, e ainda é, um álbum fabuloso, mas eu me sentia muito distante dele. O que era uma dor insuportável para mim, que vivi e respirei o The Cure desde o início. Infelizmente, seria a última vez que me envolveria com meus amigos de infância e companheiros de banda de um modo artístico por um bom tempo.

Conforme a noite avançava, eu ia até a pequena geladeira do estúdio, cheia de cerveja, e gradualmente ficava mais e mais bêbado. Em algum momento, durante a reprodução, me levantei do meu assento no fundo do estúdio e anunciei a todos que o que estávamos ouvindo não era realmente um álbum do The Cure.

– Metade está bom, mas a outra metade é uma porcaria! – gritei. – Quero dizer, algumas músicas parecem o som do The Cure, mas outras não. – Então me atirei de volta ao assento do sofá num baque.

Honestamente, não sei bem o que eu quis dizer. Acho que me sentia tão mal por não ter conseguido me organizar o suficiente para contribuir com o álbum que acabei descontando nele. Depois de ter me calado durante todo o processo de gravação, agora eu achava que podia falar o que pensava? Meu *timing* não poderia ter sido pior.

Seguiu-se um longo e desconfortável silêncio enquanto ouvíamos o restante das faixas. Quando terminou, todos me evitaram. Não aguentei mais, saí correndo para a noite, num emaranhado de lágrimas e de incoerência.

No dia seguinte, acordei com uma sensação iminente de desgraça da qual não conseguia me desprender enquanto tentava juntar as peças da noite anterior. Eu tinha me equivocado totalmente com o que queria dizer. Não era tanto uma questão de estar certo ou errado. Sempre pudemos expressar nossas opiniões sem que fossem levadas para o lado pessoal. Mas, dessa vez, não acreditava que Robert seria capaz de ignorar minha rejeição embriagada por um álbum no qual ele colocara seu coração e sua alma. Finalmente tinha chegado o ponto de ruptura.

Um simples envelope branco com a caligrafia do Robert na frente chegou pelo correio. Eu não precisava abri-lo. Sabia o que havia dentro. Já fazia três semanas desde aquela noite desastrosa no RAK Studios, em Londres, quando fugi bêbado e transtornado para a longa e escura noite.

Passei as festas de fim de ano esperando que a notícia chegasse. Aquela já não era mais a época divertida que eu me lembrava de quando era criança em Horley, quando passava a noite de Natal no King's Head com Robert, Simon, Gary e todos os meus amigos de infância. Eu havia me refugiado numa casa imensa nos limites do Parque Nacional de Dartmoor. Os charcos selvagens e tempestuosos ficavam literalmente na porta da frente. Era um lugar bonito, indomado e absolutamente real. O cenário perfeito para desabar em silêncio.

Abri a carta, dobrada com precisão em três partes, e comecei a ler.

"Esta foi uma das cartas mais difíceis que já escrevi... Ora achei que estava muito dura, ora muito branda... Todo mundo na banda diz que, se

você vier para a próxima turnê, eles não irão. Então, você não deve participar da turnê que estou planejando... Por favor, não levante um muro entre nós, mas não tente mudar minha decisão, porque isso não vai acontecer..."

As palavras nadavam diante dos meus olhos enquanto eu tentava absorver seu significado: o fim da maior era da minha vida, a perda da minha segunda família. Fui à cozinha para contar a Lydia sobre o que havia acontecido. Ela ficou parada, meio atônita, em nossa adorável cozinha Smallbone, que ela tanto queria. Agora isso não parecia importar muito. Meu fiel cão Yarda encostou o focinho na minha mão e eu pensei: *Preciso sair daqui, limpar minha cabeça. Eu me sinto claustrofóbico e preso neste lugar.*

Coloquei o casaco, peguei a coleira do cachorro e disse a Lydia que voltaria em breve, saindo pela porta. Reparei que ela ficou me seguindo, mas eu só queria ficar sozinho com meus pensamentos. Depois de alguns minutos andando para lá e para cá pelo jardim em total silêncio, disse a Lydia:

– Sabe, vou subir até o Cleave com o cachorro.

Algo na quietude leal do meu cão era reconfortante. Talvez tendo sentido que eu precisava de uma longa caminhada pela colina rochosa, Yarda avançou pelo caminho lamacento e pedregoso que levava às densas florestas em direção a Lustleigh Cleave, uma grande fenda cheia de árvores mais parecida com o Noroeste do Pacífico dos Estados Unidos do que com o sudoeste da Inglaterra. Era um lugar de tranquilidade e espaço belíssimos, cercado por grandes e estranhas formações de granito havia séculos intocadas pela presença humana. Totalmente atemporal.

O cachorro e eu nos sentamos em uma das maiores pedras com vista para o vale. Era fim de tarde, com um sol de inverno pálido e fraco atrás das nuvens. Uma leve névoa pairava sobre o lugar. Eu podia sentir a pedra um tanto aquecida pelo sol, porém, o ar estava ficando rapidamente gelado com o entardecer, enquanto eu observava o Cleave.

Pensei que deveria sentir algo, qualquer coisa, mas não conseguia sentir nada. Apenas olhava para o horizonte, atordoado. Eu me deitei ao lado do cachorro e olhei para o céu cinzento enquanto a neblina passava pelos charcos. Um falcão planava alto no céu, à procura de presas.

Foi então que senti. Uma lágrima solitária escorreu por minha bochecha, quente e salgada. Como se fosse um sinal, o céu se abriu e a chuva fria de Dartmoor começou a cair. Eu teria ficado ali e deixado que ela me carregasse para as pedras de granito, se pudesse. Mas não podia. Precisava retornar para casa, nem que fosse apenas pelo cachorro, que agora estava ansioso e tremendo. Caminhamos de volta para minha casa e minha vida – ou o que restava dela.

Fiz o que a maioria dos alcoólatras faz nessa situação: tomei um refém. Eu me casei com Lydia. O casamento em si foi um espetáculo de excessos grandiosos. Convidei todos que conhecia ao redor do mundo e os hospedei às minhas custas na região de Dartmoor. O The Cure, minha outra família, estava em turnê, então nenhum deles compareceu – mais um lembrete sobre minha vida reduzida. Incrivelmente, consegui ficar quase sóbrio no casamento, mas, ao olhar as fotos daquele dia, vejo um homem assobiando na escuridão, na esperança de que essa mudança em sua vida fosse para melhor.

Passei quase todo aquele verão no pub local. Mesmo casado havia apenas poucos meses, as coisas não iam bem. Ou eu desmaiava em casa ou tentava superar Oliver Reed no pub. Um dia, levei minhas sobrinhas pequenas para um passeio no cortador de grama e consegui virar a máquina com elas em cima, jogando as meninas no chão. Milagrosamente, elas saíram ilesas, mas o que poderia ter acontecido me horrorizava.

Em meio àquele verão arrastado, decidi visitar Michael em sua casa em Sussex. De um modo horrível e vergonhoso, acabei me comportando como um típico bêbado na casa de um dos meus amigos mais antigos. No dia seguinte, fiquei mortificado com minhas ações, que só lembrava vagamente. Estava rompendo laços por toda parte.

Na sequência, voltei para Dartmoor de trem e tive uma espécie de epifania. Sempre adorei viajar de trem. Tornava uma jornada mundana de um ponto a outro muito mais emocionante. Nessas ocasiões, poder beber era apenas a cereja no bolo.

Naquele dia, porém, foi como um pesadelo acordado enquanto eu perambulava de vagão em vagão com as garrafinhas de bebida que havia comprado no bar do trem. Sem conseguir carregá-las de uma vez só, fiquei repetindo o trajeto. Cambaleante, eu caía em cima das pessoas, que primeiro riram do meu mau jeito, mas depois me empurravam e olhavam com reprovação conforme eu tropeçava violentamente pelo corredor.

Cheguei ao vagão com minha "fortuna" e vi meu reflexo na janela. Vazio e desintegrado, mal lembrando o jovem que eu havia sido. O homem que tinha paixão pela vida, pela beleza e pela arte e uma conexão que compartilhava com seus amigos. E lá estava eu, transformado num triste desastre. Um velho bêbado desprezível dentro de um trem.

Finalmente cheguei em casa. Miserável e derrotado. No dia seguinte, liguei para o doutor Campbell e perguntei se poderia vê-lo novamente. Disse a ele que, dessa vez, pretendia ir até o fim com a reabilitação.

– Estou acabado – admiti. – Preciso da sua ajuda.

Um ou dois dias depois, tudo foi organizado e embarquei de novo num trem para Londres. Meu destino final agora era a clínica de reabilitação Priory, em Roehampton, próxima ao Richmond Park, em Londres. No entanto, eu primeiro precisava passar pelo processo de desintoxicação no Hospital Lister. Na noite anterior à minha admissão, fiquei na casa do meu amigo Martin. Quase mudei de ideia, mas, no dia seguinte, ele me convenceu a ir e a não fugir para casa.

Após completar a desintoxicação, cheguei à Priory e descobri que não havia nenhum quarto disponível na unidade de dependência química. Eu teria de passar minha primeira noite em outra ala do hospital, onde as pessoas tinham problemas bem diferentes.

Eu não estava muito certo sobre o que aquilo significava e me senti um pouco desconfortável quando me colocaram num quarto com grades nas janelas. Assim que me instalei, comecei a desempacotar minhas coisas. Tarde da noite, percebi que estava alojado na parte do hospital onde as pessoas eram um pouco mais perturbadas, pois algumas delas gritavam em intervalos irregulares durante toda a noite.

Fui até o posto de enfermagem e descobri que havia uma sala de fumantes no corredor. Segui até lá para fumar um cigarro. Então apareceu ali uma jovem, talvez com uns 25 anos, que me transmitiu uma sensação de *déjà vu* de um dia, muitos anos atrás, no Hyde Park com Michael. Eu tinha cerca de 12 anos e nós dois estávamos tomando uma Coca-Cola enquanto assistíamos a nosso primeiro show. Assim como a garota na banca de refrigerantes naquela noite distante, essa mulher queria que eu lhe desse algo.

– Você tem um cigarro? – perguntou ela.

Ofereci-lhe um cigarro que acendi com meu isqueiro Zippo. Depois da pausa para fumar, voltei para o meu quarto e tranquei firmemente a porta, colocando uma cadeira embaixo da maçaneta. Nada de visitantes no meio da noite, obrigado.

Na manhã seguinte, fui informado de que meu novo quarto estava pronto e que eu poderia me mudar para a unidade de dependência química.

Imagino que fui correndo até lá.

Nas seis semanas posteriores, aprendi muito sobre o tinha de errado comigo há tanto tempo e como poderia me recuperar de "um estado mental e físico aparentemente sem esperança". A cada dia, eu me sentia um pouco mais forte e acreditava que estava onde deveria estar. Tinha a percepção de que as pessoas entendiam exatamente o que eu estava passando. Em uma reviravolta estranha e irônica, um dos conselheiros que simpatizou comigo e me ajudou a enxergar a luz foi um velho padre católico chamado Tom. Ele era um temível escocês de Glasgow que sabia como desmontar a soberba de alguém com uma ou duas palavras – especialmente a minha. Nós nos tornamos amigos e ele me abriu os olhos para uma nova forma de existência no mundo, algo que eu mal poderia ter imaginado antes. Saí da Priory um mês e meio depois, renovado, renascido e com uma saúde muito melhor do que eu havia tido em anos.

20

NOS TRIBUNAIS

Quando estava perto de completar um ano de sobriedade, comecei a pensar em fazer música outra vez. Minha saúde estava muito melhor do que esteve durante muito tempo e os velhos sentimentos tinham voltado: aquela vontade irresistível de criar, de fazer música outra vez.

A diferença, naquele momento, era que eu já tinha passado pelas engrenagens da indústria musical e estava um pouco cauteloso em voltar à batalha. Como diz o ditado: "Engane-me uma vez, vergonha sua; engane-me duas, vergonha minha".

Embora eu não estivesse mais com o The Cure, fiquei pensando se ainda tinha alguma ligação com Chris Parry e a Fiction Records. A última coisa que eu queria era voltar a fazer música e descobrir que alguma obrigação contratual imprevista me proibia de lançar um novo álbum ou sair em turnê. Como eu tinha sido expulso do The Cure, queria estar livre de tudo.

Apesar de estar sóbrio e sem consumir álcool ou substâncias que alterassem a mente havia mais de um ano – e de não ter desejo algum de fazer nada disso –, eu ainda não havia realmente iniciado o "tratamento" da minha doença, que é a parte mais importante da recuperação do alcoolismo. Para isso, precisava passar por uma análise intensa das causas mais enraizadas dos meus problemas. Minha bebedeira era apenas um sintoma de questões muito mais profundas que me levaram a buscar consolo no álcool em primeiro lugar. Eu ainda não tinha começado o trabalho árduo de resolver os reveses da minha vida e de me livrar de toda a bagagem emocional que carregava havia tanto tempo. Em outras palavras, eu tinha de considerar cuidadosamente o que se passava dentro de mim.

Um amigo meu, Chris Youdell, sugeriu um escritório de advocacia. Na última banda da qual fez parte, o vocalista tinha usado os serviços deles e considerado bem úteis.

– O que realmente quero descobrir – eu disse ao advogado – é se tenho obrigações contratuais, pelos termos firmados nos contratos de 1979 ou 1986, com Chris Parry, com a Fiction Records ou com o The Cure.

Estávamos num escritório abafado, superaquecido e com uma cortina de fumaça, numa praça qualquer no centro de Londres.

– Você sabia que, quando seu contrato foi renovado em 1986 – a voz do advogado cortou a névoa –, você passou de parceiro da banda a contratado da Smith Music?

– Como? – perguntei, embora tivesse entendido perfeitamente.

– Creio que podemos enviar uma carta pedindo explicações sobre isso, não acha?

A voz do advogado era insistente e persuasiva. Eu não tinha certeza a respeito do significado daquelas palavras, mas, quando ele insinuou que eu tinha sido prejudicado, encontrei o que realmente estava buscando.

Eu queria o alívio que imaginei que isso traria e, assim, coloquei em movimento os terríveis acontecimentos dos anos seguintes. Olhando pelas janelas embaçadas para o céu nublado e cinza, a vingança foi lentamente se aconchegando ao confortável nevoeiro da sala. Tudo, desde os tons marrons opacos dos móveis até a lareira crepitante, parecia projetado para transmitir a segurança paternalista de que eles resolveriam o que precisasse ser resolvido. Os advogados são os novos sacerdotes da certeza em um mundo irracional.

Infelizmente, aquela atitude temerosa, que reconheço como precursora dos piores excessos da condição humana, já havia mostrado suas garras. Meu pensamento distorcido, fingindo me levar a algum lugar bom, estava, na verdade, me destruindo. Nas profundezas da minha mente, eu sabia o que estava procurando... vingança. Grande, nojenta, barulhenta, sombria vingança. Eu tinha sido prejudicado e agora iria buscar o que era meu, seus desgraçados!

Eu não sabia, naquela época, que existem apenas dois grandes escritórios de advocacia para disputas relacionadas à música em Londres e que acabaria com um ou outro me representando. Quando jovem, ouvi muitas vezes a frase "nunca recorra à lei", mas a sabedoria dessas palavras só faria sentido para mim quando fosse tarde demais. Olhando em retrospecto, é fácil ver como fui seduzido pelas promessas insinceras deles, mas isso não justifica minhas ações. Eles obviamente tinham seus próprios interesses comerciais, enquanto eu atacava aqueles que tinham me ferido. Eu era incapaz de perceber que estava sendo o arquiteto da minha própria ruína.

Levou cerca de quatro anos desde aquela primeira carta até o momento em que Robert e eu entramos juntos no Royal Courts of Justice, os tribunais reais da justiça britânica. Esses quatro anos foram uma tediosa sucessão de cartas cruzando Londres, de um escritório de advogados para outro, seguidas logo depois pelas respectivas faturas. Por favor, deixe-nos ver este documento. E este outro? Uma montanha de papelada. Essa caça aos papéis culminou em várias semanas de reuniões em Londres de descrição e de preparação para o que aconteceria caso fôssemos para o julgamento no tribunal.

Eu não havia tido nenhum contato ou recebido qualquer comunicação de Robert nem de outra pessoa envolvida do outro lado. Até que uma noite, cerca de um mês antes da data do julgamento, o telefone tocou em minha casa em Devon por volta da hora do jantar. Aquilo era bem incomum. O telefone nunca tocava na hora do jantar.

– Alô, Lol, meu velho amigo.

Era Parry na linha. Perguntei o que ele queria.

– Quero falar com você sobre o processo. Não parece necessário. Talvez pudéssemos parar com isso agora, seguir nossos caminhos e esquecer tudo?

Imediatamente fiquei desconfiado.

– Ah, é? – perguntei.

– Poderíamos simplesmente parar, pagar nossos próprios advogados e deixar pra lá – respondeu Parry.

Olhando para trás, isso parece uma sugestão perfeitamente razoável. Porém, na época, senti que ele estava me pedindo para admitir a derrota, para me render justamente quando a batalha final estava se formando.

– Bem – falei, escolhendo cuidadosamente minhas palavras –, não sei se vejo dessa forma. Teria de conversar com meus advogados sobre isso.

Pude ouvir o som de frustração do outro lado da linha. Finalmente, a voz exasperada de Parry retornou:

– Bem, está certo, mas acho que você está cometendo um grande erro, Lol.

– Sim, Bill, acho que teremos de pagar para ver, não é?

E com isso me despedi.

Não demorou muito para que eu decidisse o que precisava ser feito na sequência. Embora eu tivesse passado muito tempo com Parry, principalmente quando ele enfrentava um momento difícil em seu casamento e depois com o divórcio, sentia que ele havia me excluído das discussões sobre o futuro do The Cure e nossos novos contratos. Embora, em retrospectiva, eu perceba que estava me tornando rapidamente um risco tanto para a banda quanto para sua gravadora, na época, não conseguia enxergar o papel que meu comportamento desempenhou no colapso. Egoísta e centrado em mim mesmo ao extremo, eu via o mundo através de uma lente míope. Sentia que havia sido injustiçado e que corrigiria isso – a qualquer custo.

Eu ainda tinha tempo para interromper o processo. Como gostaria de ter feito isso.

Alguns dias depois de eu ter falado com Parry, meu amigo Chris Mason me ligou. Ele tentou me convencer de que não só eu havia tomado uma decisão desastrosa, mas que aquilo seria como uma faca no coração do vínculo que Robert e eu compartilhávamos. Sua preocupação era com minha amizade com Robert. E ele estava certo, é claro.

– Esqueça toda essa besteira, Lol. Isso é sobre você e Robert e o vínculo de vocês. Não destrua isso.

E foi aí que eu apertei o botão de autodestruição.

Os Royal Courts dominam a paisagem da icônica Strand desde a década de 1870. Construídos num estilo gótico vitoriano, eles me lembravam os castelos da série de livros *Gormenghast*, o que não deixava de ser irônico para mim.

Caminhei até lá depois de deixar o escritório do meu advogado no Temple Inn, não muito longe do tribunal. Você precisa de um advogado específico (o *barrister*) para representá-lo no tribunal superior. Seu advogado comum (o *solicitor*) não pode apresentar o caso. Acho que isso foi originalmente projetado para que qualquer pessoa, rica ou pobre, tivesse uma boa representação no tribunal. Claro, os custos ainda estão embutidos: você não paga diretamente ao advogado, mas paga seu advogado comum para pagá-lo depois! A burocracia antiquada da Inglaterra nunca deixa de me surpreender.

Fui ao encontro do meu *barrister* em um típico dia cinzento de Londres, em suas "salas", como são chamadas no Inner Temple. Era uma cena típica de um livro de Charles Dickens, com jovens caminhando apressados e carregando pilhas de papéis em pequenos carrinhos para os casos que iriam a julgamento naquele dia. As ruas eram todas de paralelepípedos, o que aumentava o efeito antiquado, e havia ainda os guardas parecidos com besouros em casacos extravagantes que patrulhavam a área.

Na porta do prédio à minha frente, o nome do meu *barrister* estava escrito em uma caligrafia cursiva estilo flamboyant na parte interna da porta. Quando estavam trabalhando em seus escritórios, a porta se abria para fora, de modo que os nomes fossem visíveis. Era tudo muito secreto e estranho. No andar de cima, nas salas do meu *barrister*, o senhor Garnet estava me esperando. Ele era um homem de meia-idade muito educado e de fala mansa. Gostei dele imediatamente. Eu tinha muitos receios sobre como tudo poderia terminar, mas o sistema judiciário inglês foi projetado para fazer você acreditar, de maneira soporífera, que, mesmo que as chances estivessem contra você, o julgamento seria justo.

Embora haja julgamentos com júri para casos criminais no Reino Unido, é raro um júri ser nomeado para um caso civil, como era o meu. Eu seria ouvido por um único juiz. Julgamentos envolvendo juízes e astros da música estão gravados na história popular inglesa desde o famoso episódio dos Rolling Stones, por causa de drogas, no qual o juiz declarou que as acusações não deveriam ser muito severas – "Para não destruirmos uma borboleta debaixo da roda", uma forma poética de dizer que daria uma chance para Jagger.

Desde então, tornou-se comum os juízes fazerem piadas sobre as circunstâncias da vida dos músicos que estão julgando, indicando não estarem completamente fora do circuito. Meu juiz não foi exceção e fez observações espirituosas durante o julgamento.

Tudo isso ofuscava o que realmente estava acontecendo: ganhar dinheiro para o sistema jurídico. Fui informado a respeito de todo tipo de porcentagens e cenários da minha possibilidade de vitória, mas, no final, cheguei à conclusão de que as probabilidades eram realmente de 50 por cento. No entanto, não dependia de mim. Dependeria do juiz, e, com base no que ele decidisse, uma parte ganharia e outra perderia.

Cheguei vestido com um terno novo. Havia levado dois para o julgamento, pensando, de maneira um tanto antiquada, que deveria me vestir bem ao comparecer ao tribunal superior. Acho que isso era provavelmente mais um indicador do meu estado mental bastante deprimente na época.

Embora eu tivesse passado pela reabilitação na Priory e estivesse limpo e sóbrio, não tinha feito o trabalho árduo de mudar completamente a forma como pensava sobre o mundo, o que, por sua vez, traria paz, serenidade e recuperação de longo prazo para minha vida. Em vez disso, apontei dedos e culpei os outros. Estava pronto para tomar as ações mais destrutivas possíveis, levando meus amigos e "família da banda" ao tribunal.

E ficamos lá ao longo de três semanas. Passei três dias no banco das testemunhas, que foi a parte mais triste de todo o processo. Robert e eu éramos amigos desde a infância e agora estávamos nos enfrentando num tribunal. Não parecia certo para mim, mas eu havia passado tanto tempo para chegar a esse estágio que já estava no piloto automático. O processo legal é configurado para continuar até se tornar uma força avassaladora incontrolável, destruindo tudo em seu caminho antes de finalmente parar.

Foi absolutamente horrível me sentar a poucos metros dos meus melhores amigos e ter de evitá-los no corredor ou no elevador. Nossos olhares não se cruzaram uma vez sequer durante aquelas três semanas. Eu estava sendo movido pelo ressentimento, descendo direto por um buraco que eu mesmo havia cavado.

Finalmente, os terríveis dias de julgamento terminaram, com o juiz declarando que reservaria sua decisão. Isso significava que teríamos de esperar pelo veredito final. Eu realmente nem precisava mais saber. Já havia chegado a um veredicto no meu coração. Gostaria de nunca ter começado esse terrível processo.

Após uma espera interminável, o veredito do juiz chegou no outono de 1994, e não foi realmente uma surpresa para mim que eu tivesse perdido. Meus advogados queriam saber se eu queria entrar com um recurso, mas, no meu coração, já sabia que abordara as coisas da maneira errada. Eu tinha procurado uma solução externa e atacado aqueles que sentia terem sido injustos comigo, quando deveria ter olhado para dentro de mim mesmo.

21

DESESPERO NO DESERTO

Depois de perder o processo judicial, caí em um buraco sem fundo. Eu não tinha muita experiência de vida fora do The Cure. A banda havia definido toda a minha existência até então e, para ser sincero, era mais uma família para mim do que minha família de verdade.

Casado havia algum tempo, outras coisas terríveis tinham acontecido. Perdemos uma filha por causa de complicações durante o parto. No dia do nascimento dela, nosso médico não pôde estar presente e foi substituído, infelizmente, por um recém-formado que não tinha muita experiência. Consequentemente, quando uma situação incomum ocorreu no parto, decisões erradas foram tomadas, levando nossa bebê a sofrer uma grave falta de oxigênio por vários minutos, o suficiente para que ela só vivesse cerca de duas semanas.

Foram as duas semanas mais horríveis da minha vida. Fiquei na UTI neonatal rezando por um milagre que, de alguma forma, trouxesse a vida da nossa filha de volta. Mas isso não aconteceu. Quando esgotamos todos os testes e exploramos todas as opções, a levamos para casa em Dartmoor, onde ela faleceu dias depois. Após a perda de Camille India, parecia que nada mais daria certo novamente. Seria fácil afundar na lama da tristeza e da autopiedade, mas, meses mais tarde, Lydia engravidou novamente. Recebemos outra chance e tivemos um lindo filho a quem demos o nome de Gray.

Infelizmente, isso acabou marcando o fim do nosso casamento. Havia alguma coisa errada. Não tinha nem certeza se algum dia houve algo certo.

Para ser justo, me casei com Lydia no meu ponto mais baixo e não pensava com clareza quando a conheci. Eu não queria exatamente um relacionamento, mas uma pessoa para administrar minha vida, que estava saindo do controle. Joguei todo o meu fardo emocional sobre ela e abdiquei de toda responsabilidade. Lydia vinha de um histórico familiar bastante disfuncional também, então nossa união era uma receita para o desastre.

Depois do meu julgamento e da morte de minha filha, decidimos deixar a Inglaterra e nos mudar para o sul da Califórnia. Sempre fui feliz lá. Tinha boas lembranças do período em que era um jovem solteiro com o The Cure, então pensei que ajudaria ir para um lugar onde eu me sentisse contente.

Duas semanas depois que Lydia partiu com Gray, em novembro de 1994, peguei um avião para Los Angeles. Eu tinha ficado na Inglaterra para resolver algumas pendências, mas logo descobri que fugir para outro país não seria o suficiente para salvar nosso casamento. No dia em que cheguei a Los Angeles e fui ao nosso novo apartamento em West Hollywood, Lydia me informou que queria o divórcio. Ela não me deixou ficar com ela e Gray, então saí e fui visitar meu amigo Gary, que morava lá perto.

Nos seis meses seguintes, fiquei rodando pelas casas de amigos em Hollywood (obrigado, Gary, Beth, Chris e Tara) enquanto tentava colocar minha vida em algum tipo de ordem. Agora estava separado e, como a maioria dos homens na minha situação, fazia visitas ocasionais ao meu filho, que acabavam sendo o ponto alto da minha existência.

Uma das verdades universais do alcoolismo é que, para se recuperar, você precisa chegar ao fundo do poço, ao ponto em que sente que não há mais para onde cair. Em 1995, eu certamente havia atingido esse estágio.

Não tinha banda, nem esposa, nem casa própria e apenas cerca de 25 por cento da minha renda para viver. O juiz determinou que 75 por cento fossem destinados ao pagamento dos custos do julgamento e honorários advocatícios. Eu estava muito deprimido e, embora tecnicamente estivesse limpo e sóbrio, me sentia afundado em tristeza.

Tudo o que havia acontecido antes precisava ser destruído para que eu pudesse reconstruir minha vida e me tornar uma pessoa mais forte e melhor. Passei os anos seguintes me reinventando e renovando a parte de mim que tinha sido consumida pelos eventos da última década.

Ao refletir sobre essa época, percebo que facilmente poderia ter acabado no "clube dos estúpidos", como gosto de chamar, formado por músicos e artistas que morrem jovens por causa de drogas, álcool ou outros infortúnios. Para mim, agora está claro por que isso acontece. Você é jogado num mundo que parece uma existência normal apenas no nome. Isso geralmente acontece em uma idade jovem, quando o cérebro ainda está em desenvolvimento, mas, como não se tem a experiência para lidar com o mundo real, as armadilhas se tornam mais perigosas. Isso muito convém à indústria musical, pois é mais fácil para os caras do dinheiro te controlarem quando você está neste mundo irreal. Tenho muita sorte de ter conseguido sair dessa inteiro e com a maior parte do meu juízo intacta.

Demorei muito para perceber que o outro mundo em que vivi por tanto tempo não voltaria. Foi um lento processo de aprendizado sobre como lidar com as partes complicadas e problemáticas da vida – e não com o mundo vazio e glamouroso do rock'n'roll. Tive de encarar o fato de que eu não era alguém especial, afinal, somos todos iguais e estamos numa mesma jornada de descobertas. Paz e compaixão pelos meus semelhantes foram o caminho para seguir em frente. Só que, para chegar lá, precisei voltar ao ponto inicial, às razões pelas quais comecei a fazer música no começo de tudo. Parece óbvio agora, mas, às vezes, você perde a visão do todo porque foca as minúcias.

Minhas antigas ideias e modo de pensar precisaram ser queimados no caldeirão da experiência para eu descobrir quem era, no que acreditava e, mais importante, o que faria com tudo isso. Aprendi que precisava parar de lutar contra tudo e todos se quisesse encontrar algum tipo de paz. No início, foi uma lição difícil de aprender. Tive de aceitar a verdade que estava bem na minha frente. Precisava me desapegar. Completamente.

Estudei muito naqueles anos, lia o tempo todo e conversei com o maior número de pessoas que pude. Uma das coisas que amava na Califórnia era que, no início do século passado, o estado tinha sido o local onde várias comunidades utópicas começaram, o que é algo que sempre me intrigou. Minhas raízes punk hardcore poderiam ter desprezado isso, mas eu sempre senti que, sob a dureza do movimento punk, havia uma busca por significado no meio do vazio, algo como um *koan* do zen-budismo.[5] O que quer que isso fosse, eu esperava encontrar na Califórnia.

Em 1º de maio de 1995, totalmente farto de tudo, perguntei ao meu amigo Keith:

– Conhece algum lugar sem nada, sem prédios, sem pessoas, nada? Preciso sair daqui ou vou enlouquecer!

Ele pensou por um momento até que um sorriso lentamente surgiu em seu rosto.

– O Vale da Morte! Já esteve lá?

– Não.

– Bem, não tem nada lá, quero dizer, nada mesmo. Não há pessoas, nem prédios, nem postes de telefone. Você pode achar que está em outro planeta.

Por que não?, pensei. Não tinha como as coisas piorarem de qualquer maneira.

Então saí de Los Angeles. Parti no dia seguinte, cruzando as regiões poeirentas de Lancaster e Palmdale, lugares esquecidos cheios de pessoas esquecidas, lugares onde você não consegue se lembrar do próprio nome. Passei a noite em Mojave, num motel decadente dos anos 1970, ouvindo o som de caminhões cruzando o deserto à noite e meus próprios pensamentos ecoando no quarto laranja do hotel, depois de jantar "filés de frango à milanesa" (cobra à milanesa, talvez?). O carpete puído no chão

5. *Koan* é uma espécie de enigma ou paradoxo usado no zen-budismo para ajudar os praticantes a ultrapassar o raciocínio lógico e alcançar uma compreensão mais profunda da realidade, além de estimular a reflexão intuitiva e a iluminação. [N. E.]

combinava com as toalhas ásperas como lixa no quesito luxo. O antigo ar-condicionado na janela gemia para si mesmo em meio à poeira do deserto. Era o tipo de lugar em que, a menos que não houvesse outra opção, você não gostaria de passar mais do que algumas horas sozinho, porque aquilo te deixaria ainda mais deprimido.

Espiei pela porta e vi uma máquina de refrigerantes e uma de gelo do outro lado do estacionamento. Decidi pegar uma Coca-Cola e assistir a alguma porcaria na TV revestida de laminado imitando madeira marrom. O ar quente e seco lá fora me lembrou da primeira vez que estive na Califórnia, em 1981, um tempo mágico que eu nunca esqueci. As pessoas, os lugares e, particularmente, o clima deixaram em mim uma impressão duradoura. Não havia nada igual na Europa, segundo minha parca experiência do mundo até então. Eu já tinha visitado Nova York, mas parecia que estava num filme, era como Londres sob efeito de esteroides: suja, degradada e cheirando a urina. Com algumas poucas exceções, a maioria dos nova-iorquinos parecia perturbada, enquanto os californianos que conheci eram muito mais agradáveis. Mas aquele sentimento utópico já tinha desaparecido havia tempos quando cheguei. Tudo tinha desmoronado desde aquele momento dourado. Eu não tinha mais uma banda, nem esposa, minha filha estava morta e me afastaram do meu outro filho. Eu não tinha dinheiro nem futuro em vista.

Eu estava sóbrio, mas minha vida ainda era um lixo. A cerca de oito mil quilômetros de casa, nunca havia me sentido tão longe de tudo quanto naquela noite no deserto de Mojave. O que mais eu tinha a perder que já não tivesse perdido?

Coloquei as moedas na máquina, acionei a alavanca de plástico e esperei o som do refrigerante caindo para sinalizar que minha bebida estava servida. Enchi o pequeno balde de plástico arranhado com gelo e voltei para o quarto. Equilibrando o balde e a Coca-Cola em uma mão, destranquei a porta e deixei para trás a quente noite do deserto, retornando ao cheiro de produtos de limpeza e fumaça de tabaco.

Sentado sobre a colcha de nylon laranja, assisti na TV a mais um evangelista pregando que eu iria para o inferno se não lhe enviasse dinheiro. Eu não precisava que ele me dissesse isso; eu já sabia o que era o inferno. Finalmente desliguei a TV com o controle remoto pegajoso, lavei as mãos e o rosto na pia lascada, me deitei entre os lençóis ásperos de nylon e tentei dormir. O sono, no entanto, não vinha. Fiquei me revirando na cama completamente desidratado e, quando consegui adormecer, tive uma péssima noite. Minha cabeça era uma confusão de emoções que eu mal conseguia definir. Eu só sabia que precisava continuar em frente e encontrar alguma coisa que não fosse essa bagunça terrível na qual minha vida tinha se transformado.

Acordei no dia seguinte com o sol feroz espiando pelas cortinas de lona corroída que projetavam formas nas paredes descascadas do quarto. Liguei a cafeteira, tomei uma ducha e me enxuguei com a toalha fina e áspera que o hotel tinha fornecido. Vesti minhas roupas e dei um gole na bebida insípida que borbulhava no copo de isopor. O gosto parecia do próprio deserto empoeirado. Talvez eu conseguisse uma xícara de café melhor em algum lugar ao longo da estrada.

Saí em direção à claridade ofuscante, colocando meus óculos escuros, mais por necessidade do que por vaidade. Entrei no carro alugado, acelerei o motor algumas vezes e me senti satisfeito ao ver que estava tudo funcionando. Peguei a estrada asfaltada e parti, dirigindo o carro ao longo de mais um dia. Desde que cheguei à Califórnia, fiz uma coisa boa para mim mesmo: aprendi a dirigir e passei no teste de direção. Agora tinha a liberdade de ir para onde eu quisesse. Pelo menos isso me fez sentir bem.

O sol escaldante já estava subindo no horizonte e estilhaçando o dia com seus raios cortantes enquanto eu cruzava a rodovia rumo ao meu destino: o Vale da Morte. O calor subia em ondas tremulantes da única estrada que cruzava o deserto. A 90 metros abaixo do nível do mar, é o lugar mais baixo, quente e seco da América do Norte, um bom simulacro do inferno, já que a temperatura recorde no apropriadamente chamado

Furnace Creek (Riacho da Fornalha) foi de impressionantes 56ºC. O lugar mais quente da Terra.

Era como se eu fosse pegar fogo ou explodir. Então um fenômeno estranho aconteceu: enquanto dirigia pelo chão empoeirado, senti minha mente se desprender de toda a dor e de todo ressentimento dos últimos meses. Uma pequena fresta de luz parecia estar voltando a penetrar em minha alma. Eu me permiti desfrutar dessa liberdade, com a pressão aliviando à medida que os quilômetros passavam rapidamente. Coloquei o carro no modo automático e dobrei as pernas, acomodando-as sob mim no banco. Não havia absolutamente nenhum outro veículo à vista, e, com apenas um leve movimento do volante, podia me imaginar sentado num tapete mágico, cruzando o deserto. Abri um pouco a janela para sentir o ar escaldante e parecia que estava sendo purificado depois dessa provação. Escutava o som dos pneus do carro deslizando pela estrada, e, com o giro das rodas, um mantra minimalista entrou em movimento. Eu me deixei levar por essa nova emoção. Por que não?, pensei.

De repente, o carro fez um som alto. Então me dei conta de que tinha saído da estrada e estava deslizando pelo solo do deserto entre árvores de Josué e arbustos. Com cuidado, pressionei o pé no freio e parei ali mesmo, com a poeira subindo ao redor do carro. Felizmente, nada tinha quebrado, e a estrada estava a poucos metros.

Manobrei o carro lentamente de volta para a rodovia. Não havia necessidade de olhar para a esquerda ou para a direita, pois não tinha ninguém por quilômetros, mas, reflexivamente, fiz isso de qualquer forma. Nunca se sabe. E, naquele instante, percebi que nunca realmente soubera de nada. Senti como se não tivesse passado nem futuro, apenas o momento presente, com o sol quente do deserto e a estrada escaldante se estendendo à minha frente, me chamando para um destino desconhecido.

No segundo dia, cheguei ao Vale da Morte propriamente dito, dirigindo até abaixo do nível do mar, até o leito do deserto. Dizer que não há nada no Vale da Morte não é exatamente correto. Há muitas coisas bonitas para se admirar, nenhuma delas feita pelo ser humano, exceto a estrada pela qual eu dirigia, uma faixa de asfalto de duas pistas que terminava em poeira arenosa do deserto no acostamento.

Perdido em pensamentos, dirigi por mais algumas horas e cheguei à pousada Furnace Creek Inn. Foi uma visão e tanto após viajar pela desolação do parque nacional. Estacionei e entrei para tomar alguma coisa e perguntar se havia um quarto para a noite.

– Está tudo lotado hoje, senhor – disse o recepcionista.

Achei difícil de acreditar, considerando onde estávamos, mas, naquele oásis, havia um campo de golfe surpreendentemente verde, então supus que fosse verdade. Quando vi as motos Harley-Davidson estacionadas do lado de fora, sorri um pouco. Hell's Angels hospedados num resort de luxo? Os Estados Unidos eram um país cheio de contradições.

Perguntei na recepção do hotel se havia outras opções por perto.

– O Stovepipe Wells.

– Onde fica isso?

– Fica a cerca de meia hora de volta pela estrada, mas você precisa se apressar, pois eles distribuem os quartos por ordem de chegada ao anoitecer.

Voltei para o carro e segui pelo mesmo caminho que havia feito. Eu me lembrei de ter passado por Stovepipe Wells cerca de 40 quilômetros antes: um conjunto de pequenos prédios ao lado da estrada, a única indicação de que existia alguém além de mim naquele lugar.

Cheguei a Stovepipe Wells em cerca de meia hora e entrei no estacionamento próximo à placa que dizia "Registro de Quartos". O sol já estava mais baixo no céu, mas ainda fazia quase 40°C lá fora, com o ar seco crepitando. Alguns outros viajantes, cansados do deserto, aguardavam sentados num banco próximo à porta, incluindo um senhor idoso. O único espaço disponível para me sentar era ao lado dele. Então me acomodei no banco e nos apresentamos. Quando a porta se abriu para o registro, todos formamos uma fila, como numa distribuição de sopa comunitária durante a Grande Depressão. Era um lugar atemporal, onde meus pensamentos flutuavam numa confusão de imagens e sentimentos.

Assinei o registro, peguei a chave e fui para o meu quarto, que tinha uma pequena geladeira que nunca resfriava direito, sem TV nem telefone. Saí para dar uma volta e ver onde as pessoas jantavam em Stovepipe Wells. Estava completamente sozinho no lado de fora e senti minha mente começar a se livrar do tumulto cotidiano de Los Angeles, do caos do meu casamento destruído e da minha vida em ruínas. O deserto parecia estar exercendo sua antiga magia sobre mim.

Reparei que havia um salão de jantar, que era realmente a única opção, então subi os degraus e entrei no local. Era um lugar rústico, com vigas de madeira, que servia comida típica do interior e substanciosa. Jantei sozinho.

Depois, no banco lá fora, encontrei novamente o senhor que conheci quando fiz o check-in. E foi ali que tudo mudou para sempre para mim.

Começamos a conversar. Descobri que ele era de São Francisco e que sua esposa havia falecido recentemente. Ele tinha vindo ao deserto para explorar um lugar onde nunca estivera antes. Não queria passar seus dias "apodrecendo em casa". Após ele me perguntar de onde eu era, por causa do meu sotaque, contei-lhe toda a minha história, sem esconder nada. Ele ouviu calmamente, sem dizer uma palavra, apenas sorrindo e assentindo nos momentos apropriados. No final, quando minha torrente de ressentimentos e de desprezo por mim mesmo cessou, aconteceu algo estranho. Ele se levantou, apertou minha mão, colocou brevemente a dele na minha cabeça e disse:

– Vai ficar tudo bem, filho. Eu tenho uma longa viagem amanhã. Então, com licença, vou dormir. Boa noite.

Olhei para o relógio na parede lá fora quando ele se foi e percebi que havíamos passado uma hora juntos, sendo que eu falei durante a maior parte da conversa. Eu me senti leve e estranho, quase como se estivesse bêbado, mas não tinha tomado uma gota de álcool. Medindo meus passos com cuidado, saí para dar uma caminhada. Andei até os limites da propriedade como se estivesse numa corda bamba. No calor da noite, tirei todas as minhas roupas, exceto os shorts, para provar o vento seco na pele. Eu me sentia melhor assim. Olhei para cima e vi todo o céu, a lua e as estrelas num flash de eternidade acima, ao redor e dentro de mim. Cambaleei de volta ao meu quarto, seminu, e desabei na cama. Tive um sono inquieto naquela noite, suando e me revirando nas horas seguintes, absorto no tique-taque do relógio ou em fragmentos de músicas ou pensamentos na minha cabeça, tamborilando os dedos na cama em ritmos e mantras. Finalmente apaguei, acordando algumas horas depois para ver o primeiro brilho dos raios do sol entrando pelas persianas.

Minha boca estava seca e inchada. Eu me sentia exaurido, como ocorre depois de uma viagem de ácido. O que havia acontecido comigo? Tentei juntar as peças da noite anterior, mas elas pareciam estranhamente desfocadas. Nem mesmo conseguia lembrar o rosto do homem com quem passei uma hora conversando. Estranho. Mas havia algo mais: uma sensação de leveza e de empolgação que eu não sentia havia muitos anos. Abri a porta do quarto e, imediatamente, uma luz ofuscante tomou o batente. Aos poucos, meus olhos se acostumaram à claridade e senti que algo havia mudado.

Juntei minhas coisas e atravessei os corredores até a salão de jantar, onde tomei café e comi ovos. Então me preparei para dirigir de volta pela rodovia 190, pois havia prometido a mim mesmo que iria conhecer Zabriskie Point.

No dia anterior, eu sequer tinha pensado em ir até lá. Estava tão deprimido e desamparado, mas agora me sentia muito melhor, como se a energia vital tivesse subido pela minha coluna e saído pelo topo da minha cabeça. Uma hora depois, ao passar novamente por Furnace Creek, parei perto de um telefone público para ligar para minha amiga Tara, em Los Angeles, na casa de quem eu estava hospedado. Ela estava muito preocupada e achava que eu iria morrer no deserto quando parti três dias antes. Mas eu não estava morto. Na verdade, precisava contar a ela quanto me sentia vivo naquele instante.

Ao chegar a Zabriskie Point, observei a vastidão daquela paisagem tão parecida com a da lua. Quem sabe o filósofo Michel Foucault tenha tido a mesma experiência que eu no deserto – talvez não tenha sido o ácido, mas o lugar em si, que tenha lhe proporcionado aquela viagem tremenda. Eu podia sentir uma mudança acontecendo. Não era mais um melancólico errante. Eu me sentia vivo novamente. Toda a beleza da natureza ao meu redor no Vale da Morte ajudou a me curar.

Liguei para Tara novamente naquele mesmo dia.

– Acho que estou pronto para voltar para casa – disse ao telefone. – Estou me sentindo muito melhor.

Ouvi o suspiro esperançoso dela do outro lado da linha.

Entrei no carro e voltei para Los Angeles. Quando entrei na rodovia 15 e avistei a civilização, senti muito claramente que havia encontrado um tipo de liberdade com relação ao meu antigo eu. Podia sentir a diferença. Era palpável.

No dia seguinte, conheci Cindy.

Eu não havia pensado em estar com outra pessoa desde minha separação de Lydia. Eu era como um fantasma solitário, vagando pelos bulevares e avenidas da Cidade dos Anjos. De vez em quando, conseguia passar um tempo com meu filho, Gray, que agora morava com a mãe em Venice Beach, numa casa próxima aos canais. Mas nunca era suficiente. Algumas noites, eu caminhava pelos canais na esperança de vê-lo brincando no jardim, mas, na maior parte do tempo, vagava sozinho. Eu me sentava no terraço do apartamento de um amigo para ler livros e andava por aí. Peregrinava quilômetros pela zona oeste de Los Angeles. Às manhãs e tardes, a maioria das ruas secundárias ficava vazia. Isso me agradava, pois eu não precisava interagir com ninguém. Ocasionalmente, cachorros entediados saíam para rosnar ou latir para mim, mas, na maioria das vezes, eu passeava sem ser incomodado, imerso em meus próprios pensamentos enquanto navegava cuidadosamente pelas calçadas do bairro, desviando de grandes pedras de pavimento quebrado, espalhadas como lápides partidas.

Algumas noites, quando sentia que deveria dar privacidade a Tara, eu me forçava a ir a um bar ou café para ver gente e tentar fazer parte da raça humana novamente. Não funcionava. E eu acabava ainda mais ressentido ao ver os rostos felizes e sorridentes das pessoas. Presenciar casais jovens e apaixonados era particularmente irritante.

Por isso, fiquei um pouco apreensivo no dia seguinte ao meu retorno do deserto, quando Tara disse:

– Minha amiga Cindy virá esta tarde. Você deveria conhecê-la. Acho que vocês têm muito em comum.

Cindy apareceu naquela tarde e conversamos. Dentro de uma semana, nos vimos novamente e saímos para um encontro. Um encontro! Meu primeiro em muitos anos. Então aconteceu algo incrível: nos apaixonamos.

Penso com frequência naquela época e em como tudo aconteceu. Eu tenho certeza de que uma das razões pelas quais nossa relação e nosso casamento estavam destinados a dar certo foi o fato de Cindy ter conhecido Lol, o homem, e não Lol, o cara do The Cure.

Eu havia sido despido de todos os adereços do mundo do rock, por assim dizer, portanto, a pessoa que ela conheceu e por quem se apaixonou era o verdadeiro eu. Isso não significa que você não possa ser alguém autêntico e fazer parte de uma banda. Porém, há uma certa tendência que faz com que as pessoas se aproximem de você de uma maneira diferente do que fariam com os outros, o que acaba afetando os relacionamentos e o que ambas as partes esperam da situação.

Sei que essa é uma das razões pelas quais o relacionamento de Robert e Mary dura há tanto tempo, pois ela o conheceu muito antes de ele se tornar Robert Smith, o rock star. Ela o conhecia quando ele era só Robert Smith, o garoto da nossa turma de colégio.

Eu não tinha nada para impressionar ou deslumbrar Cindy quando ela me conheceu, além da pessoa diante dela. Ou seja, conheceu o verdadeiro Lol e foi por ele que se apaixonou. Cindy também estava num momento da vida em que a autenticidade era muito importante para ela. Não estava disposta a aceitar algo superficial ou falso.

Com o amor que encontrei, comecei a transformar minha vida. Primeiro, eu precisava encontrar um lugar para morar, já que ficava hospedado com meus amigos Chris e Tara durante a semana e com meus outros amigos, Gary e Beth, nos fins de semana. Era vital dar um descanso a eles. Depois de ser hóspede em suas casas por cerca de meio ano, eles precisavam retomar suas vidas.

Pouco antes de conhecer Cindy, eu havia dado entrada em um pequeno apartamento em Brentwood, para onde deveria me mudar em cerca de um mês. Quando a conheci, no entanto, os planos mudaram: quase imediatamente fomos viver juntos na nossa própria casa na zona oeste de Los Angeles. Parecia um lugar feliz e criativo, com uma boa atmosfera para criar meu filho, Gray, de forma a minimizar as rupturas que ele havia enfrentado em sua jovem vida. Eu estava determinado a lhe proporcionar a infância mais estável possível. Já havia testemunhado vários amigos, sobretudo músicos, passarem por casamentos conturbados e situações difíceis na criação dos filhos, então não desejava submeter o meu filho a algo assim. Não era culpa dele que sua mãe e eu não tenhamos conseguido fazer nosso casamento funcionar. Ele merecia a melhor criação que eu pudesse lhe oferecer. Eu tinha uma preocupação muito grande em relação a essa questão.

Claro, quando você se divorcia, há dois lados a serem considerados. Lydia sentiu que queria deixar Los Angeles e se mudar para Hailey, uma cidadezinha em Idaho.

Eu não fiquei nada contente com isso, pois queria muito manter Gray em Los Angeles perto de mim. Achava importante que o pai dele estivesse disponível, diferente do que aconteceu com o meu.

Infelizmente, meu advogado me informou:

– Se ela tiver um emprego para ir e uma rede de apoio em Idaho, o juiz permitirá que ela leve Gray. Você pode me pagar todo o dinheiro que tiver só para descobrir que seu filho irá embora de qualquer maneira.

Eu já tinha passado por uma experiência desgastante com o sistema judiciário e não estava interessado em repetir aquilo. Meu advogado sugeriu pedirmos uma revisão da situação de Gray em seis meses e, caso ele estivesse sofrendo de algum modo, poderíamos peticionar novamente ao tribunal. Não era o ideal, mas nada num divórcio realmente é.

Os anos seguintes foram difíceis para Cindy e para mim, pois o processo judicial e o divórcio me deixaram quase sem dinheiro. Tivemos de lutar para manter um teto sobre nossa cabeça e comida na mesa. Embora pareça um clichê, foram alguns dos anos mais felizes para nós como um casal recém-casado, pois cada obstáculo que superávamos parecia uma vitória muito mais incrível do que se estivéssemos numa situação financeira melhor. Também aprendemos a nos valorizar pelo que éramos como pessoas e não pelo que havíamos feito em nossa vida. Acho que isso fortaleceu muito nosso casamento.

Os anos de 1996 a 1999 foram preenchidos, em sua maioria, pelos eventos cotidianos e belos que constituem uma "vida normal". Eu me acostumei com minha nova residência permanente em Los Angeles. Em 1999, quando Gray tinha oito anos, ele voltou de Idaho para Los Angeles, o que me tornou pai em tempo integral. Levava nosso filho à escola e fazia todas as coisas que ele precisava que um pai fizesse. Sou imensamente grato por ter tido o tempo e a oportunidade de realizar isso, pois hoje tenho uma relação muito próxima com meu filho, diferente da que tive com o avô dele. Termos passado juntos os anos da sua infância foi uma bênção que sei que muitos pais músicos não tiveram.

É claro que isso significou que eu não era mais um músico em atividade. Às vezes surgiam pequenos projetos, mas, até que Gray chegasse à adolescência, procurei não viajar nem sair em turnê. Sabia do estrago que isso já havia causado em outras famílias. Ao contrário do meu pai, participei da vida do meu filho e estava sempre disponível para acompanhá-lo em excursões escolares e coisas do tipo. Sou muito agradecido por ter sido assim. Talvez isso seja o que me foi dado no deserto de Mojave: a capacidade de quebrar o ciclo de disfunção familiar e me tornar um verdadeiro pai. A medida real de um homem.

22

HOUSE BY THE SEA

Minha primeira tentativa frustrada de uma nova carreira musical foi com a efêmera banda Presence. Eu a tinha formado logo após deixar o The Cure, junto com Gary Biddles, que havia trabalhado conosco e depois com Simon durante o período em que ele se ausentou da banda. Michael também esteve envolvido no início. Quando ouço as músicas agora, percebo que era um grupo fora de seu tempo. Acho que, se tivéssemos gravado esses discos alguns anos mais tarde, talvez houvesse uma chance melhor de termos sobrevivido. Acredito que o maior obstáculo para nosso sucesso foi o peso que eu carregava. Se fosse uma banda nova, que ninguém conhecesse, quem sabe a resposta do público tivesse sido diferente. Mas éramos ou muito parecidos com o The Cure (que surpresa) ou não parecidos o suficiente. Não tínhamos chance alguma.

A verdade é que, quando conseguimos o contrato para o segundo álbum com a Island Records, em 1993, eu já estava cansado da ideia de estar em uma banda. Apesar de ter gostado de fazer os dois discos do Presence, *Inside* e *Closer*, gravados respectivamente em Londres e Los Angeles, eu não sentia o mesmo que sentia quando estava no The Cure. Faltava a alegria, a emoção e a paixão que o The Cure tinha, quando até os momentos ruins eram bons. No final, tudo ficou uma loucura, mas pelo menos eu me sentia vivo. Não posso dizer com sinceridade que esse foi o caso na minha nova banda. Tenho muita admiração pelas pessoas envolvidas, mas acho que nosso destino já estava selado desde o começo.

Eu tinha algum dinheiro, pois foi antes do processo judicial, então financiei o primeiro álbum. A partir disso, conseguimos um contrato com a Smash Records, sediada em Chicago, por meio da Island Records, de Chris Blackwell. O segundo álbum, que a Smash decidiu não lançar, foi gravado no Sound City Studios, em Van Nuys, Califórnia, com produção de John Porter, famoso pelo trabalho com o The Smiths. O Sound City hoje é um capítulo muito conhecido da história da música graças ao documentário feito por Dave Grohl sobre o estúdio. Naquela época, estava bastante decaído e antiquado, mas ainda assim tinha um som inegavelmente especial.

Tentamos manter a banda ativa após gravar o álbum, mas logo recebi a ligação da gravadora, dizendo que tinham decidido não lançar o disco num futuro próximo. Eu me recolhi e, por um tempo, levei uma vida tranquila apenas cuidando do meu filho.

Mais tarde, acabei me dando conta de que precisava fazer algo criativo novamente. Eu não conseguia existir sem isso. Meu filho estava crescendo, com mais estabilidade e segurança em sua vida, então precisava de mim um pouco menos. Como muitos pais, embora achasse difícil desapegar, sabia que chegaria um momento em que ele teria de voar sozinho e que eu deveria permitir que isso acontecesse. É um processo natural.

Eu estava experimentando várias ideias e sons e tinha passado muito tempo tentando me educar sobre a nova música eletrônica. Sempre tive um grande amor por todos os tipos de música experimental, particularmente os pioneiros dos sintetizadores, como Morton Subotnick, além de adorar as máquinas eletrônicas de Don Buchla. Então me perguntei: será que eu poderia tentar criar algo que fosse um desdobramento disso?

Havia uma veia um pouco menos vanguardista disso no The Cure, com faixas como "The Walk", quando havíamos gravado um disco quase totalmente eletrônico, exceto pelos vocais e um pouco de guitarra.

Então comecei a fazer música novamente. No início, fui devagar, mas, à medida que ganhava confiança, finalmente voltei ao estúdio. Essa era outra coisa que meu alcoolismo havia destruído: a convicção sobre minhas habilidades como músico criativo. No Presence, eu havia conseguido me esconder atrás dos outros músicos. Sozinho na multidão. Agora, no entanto, eu me sentia forte o bastante para me expressar com minha própria voz. Deus sabe que eu tinha acumulado experiências mais do que suficientes nos últimos anos para escrever a respeito delas.

Contratei um novo empresário, Jay Frank, e adotei uma nova perspectiva de vida. Um dia, eu estava no jardim de casa, tentando pensar em vocalistas para as músicas que eu tinha. Cindy estava andando pelos cômodos, cantarolando como de costume. Ela é uma pessoa muito mais expressiva do que eu. Eu estava sentado sob o sol californiano quando, de repente, como um raio, surgiu a ideia: Cindy deveria ser a cantora. Foi então que nasceu Levinhurst. O nome era uma junção de nossos sobrenomes.

Passei a maior parte de 2002 compondo as músicas que se tornariam o primeiro álbum, *Perfect Life*, ao lado de meu novo parceiro, Dayton Borders. Jay havia encontrado um ótimo engenheiro de som, Meghan Gohil, um cara maravilhoso e um bom amigo. Gravamos a maior parte do disco no estúdio de Meghan em Hollywood. Em seguida, Cindy veio para cantar nas faixas finalizadas que Dayton e eu tínhamos criado.

Foi ótimo finalmente trabalhar com minha própria agenda, e com uma confiança renovada, em parte, por descobrir que minha esposa tinha uma voz incrível para cantar.

Escrevi a maioria das letras de *Perfect Life* em poucas sessões. Queria expressar quanto minha vida havia mudado positivamente desde que cheguei à Califórnia e a Los Angeles. É por isso que se chama *Perfect Life*. Aprendi uma das lições mais importantes da minha jornada: que, para a vida ser perfeita, você precisa aceitá-la como ela é e viver o momento, em vez de olhar para trás ou para frente. Você só precisa viver – e foi isso que finalmente comecei a compreender. Demorou para que eu aprendesse essa lição em um lugar conhecido justamente por seus excessos. Para cada *yin*, há um *yang*. Acho que isso descreve Los Angeles muito bem. Há um lado sombrio de sonhos despedaçados, mas também é um lugar maravilhoso de esperança.

Levamos *Perfect Life* para a estrada por um tempo, fazendo uma pequena turnê pelos Estados Unidos. Com o Presence, tinha feito alguns shows na América do Norte e no Reino Unido, mas agora parecia que estava na estrada pela primeira vez desde que saí do The Cure. Demorou apenas 15 anos! Tocamos pela Costa Oeste e depois fomos mais longe, chegando até Nova York, minha primeira vez lá desde que montei um set de DJ como Orpheus. Isso foi alguns anos antes, um experimento divertido, mas que não levou a lugar algum.

Perfect Life recebeu ótimas críticas, incluindo uma de Joanne Greene, no *All Music Guide*: "Brilhando com atmosferas delicadas, repleto de efeitos sutis e maleáveis, *Perfect Life* é, de fato, quase perfeito". Confesso que foi bom ler isso após anos no limbo.

O álbum gerou atenção suficiente para ser notado por Rob Gordon, da What Are Records. Junto com Jay, viajei para Boulder, Colorado, para conhecê-lo. Já havia falado com ele em um evento na conferência de música *South by Southwest* e tínhamos nos dado bem de cara. Demorou alguns anos, mas o relacionamento que estabelecemos com Rob Gordon naquele dia levou a um dos meus álbuns favoritos desde *Pornography*.

House by the Sea foi a primeira vez que fiz algo completamente meu. Criei a maior parte das faixas a partir de fragmentos de música eletrônica desenvolvidos ao longo dos anos e que estavam espalhados pela casa – que, claro, é a *casa à beira-mar* do título.

Tanto Robert quanto eu moramos em casas perto do mar. Para mim, é a natureza terapêutica da água. Na Inglaterra, as ondas que quebram na costa criam uma atmosfera melancólica. Na Califórnia, é diferente, mas guarda semelhanças. Gosto especialmente do ar úmido que paira à noite como uma névoa fria sobre as áreas costeiras. É ao mesmo tempo sombrio e misterioso, mas também encantador, como um veludo cinza.

Foi essa sensação que tentei capturar no álbum *House by the Sea*. Mais do que isso: é uma espécie de exploração de um pai e marido criativamente à deriva. O álbum ajudou a trazer foco para minha energia e meu propósito novamente. Não é fácil sustentar uma carreira musical ao longo de décadas, mas me sinto abençoado por ter conseguido fazer exatamente isso. É um estilo de vida que me dá uma liberdade indescritível. E ainda moro numa casa à beira-mar. Sempre quero morar.

23

THE PALACE

Suponho que meu vigor renovado tenha sido inspirado, em parte, pelos eventos do inverno de 2000. Na época, o The Cure tinha embarcado em uma breve turnê pelos Estados Unidos para promover seu novo álbum, *Bloodflowers*. O show em Los Angeles aconteceu no The Palace, em Hollywood, um antigo teatro que eu conhecia bem.

Alguns meses antes, eu havia escrito uma longa carta para Robert. Era uma admissão de culpa em relação ao nosso rompimento e aos problemas legais subsequentes, na qual eu também expressava minha intenção de consertar as coisas entre nós. Afinal, éramos amigos antes da banda, portanto, imaginava que também poderíamos ser amigos novamente depois dela. Apesar de toda a dor e destruição, eu queria acreditar que ainda havia um coração pulsante de amizade verdadeira.

Na carta, descrevi o que havia descoberto nesses últimos anos na Califórnia e expliquei que tinha uma doença progressiva e fatal que certamente me mataria se eu não tomasse medidas para tratá-la. No entanto, eu havia encontrado uma solução, e parte dela era fazer as pazes com as pessoas que eu havia prejudicado. Em outras palavras, corrigir os erros que cometi.

Já tinha feito muitas das reparações da minha lista e constatado que era um processo maravilhoso – libertador e redentor de uma maneira que eu nunca havia experimentado antes. Na verdade, me deu uma nova vida. Resolvi enfrentar a mais difícil de todas assim que pudesse, que, obviamente, seria com Robert. Na carta, expliquei que, na próxima vez que o visse, gostaria de conversar e de fazer as pazes pessoalmente. Descobri que essa era a melhor e mais significativa forma de fazê-lo, tanto para mim quanto para a pessoa com quem estava me reconciliando. Palavras em uma carta podem ser poderosas, mas o encontro frente a frente é sempre preferível.

Robert me respondeu e pediu que eu fosse encontrá-lo quando o The Cure tocasse no The Palace, em 19 de fevereiro de 2000. Cindy e eu nos dirigimos para o teatro naquela noite sem ter combinado nada com Robert. Apenas chegamos ao local quando o público estava prestes a entrar, sem número de contato ou qualquer tipo de credencial. Eu realmente não tinha pensado nisso, pois nunca precisei me preocupar em entrar no local de um show do The Cure antes!

No entanto, ao chegar ao portão de acesso aos bastidores, percebi que precisaria convencer quem quer que estivesse trabalhando de segurança sobre minha identidade. Não vi nenhum dos antigos integrantes da equipe do The Cure atuando no evento e logo percebi que chegar até Robert seria uma experiência humilhante e difícil. Sorria enquanto aguardava no portão dos bastidores. Parecia que eu deveria chegar do jeito certo para o nosso primeiro encontro depois de tudo, então engoli meu orgulho e bati no portão.

– Sim? O que você quer? – perguntou um segurança desconfiado.

Eu disse quem era e quem eu queria ver. Ele correu para encontrar um membro da equipe do The Cure para verificar as alegações que eu dizia. Logo apareceu alguém, mas era uma pessoa com quem eu nunca havia trabalhado antes, então não me reconheceu. Com razão, estavam céticos sobre eu ser quem dizia ser. É surpreendente quantas pessoas apareciam em shows do The Cure alegando ser nossos irmãos, primos, tios distantes ou até, em casos extremos, nós mesmos, para obter acesso às áreas sagradas dos bastidores de um show!

Então, com um olhar de reprovação, consequência de já ter lidado com muitos impostores, foram avisar Robert e checar se eu era real. Enquanto isso, alguns fãs que estavam na fila me notaram parado ali.

– Ei, Lol! – disseram, com alguns até trazendo coisas para eu autografar. Enquanto eu começava a conversar com eles, uma chave virou, fazendo eu me sentir como um adolescente em Crawley novamente, na primeira vez que alguém me disse quanto gostava da nossa música e sobre a diferença que ela fazia em sua vida. Relaxei e conversei com as pessoas que haviam se dedicado por inteiro à banda. Os fãs leais do The Cure sempre serão especiais para mim de uma maneira pela qual serei eternamente grato.

De repente, no portão dos bastidores, o membro desconhecido da equipe estava de volta, ofegante, pois havia corrido diretamente do local onde Robert estava. De modo apressado, ele destrancou o portão de ferro.

– Caramba, desculpe, Lol. Eu não percebi que era você, cara! – disse ele enquanto mostrava suas credenciais para o segurança, que parecia confuso, e para o agora grande grupo de fãs variados que tinha vindo me desejar boa sorte e dizer olá.

– Até mais, a gente se vê por aí, Lol!

– Sim, vocês vão me ver! – respondi, e dei um abraço no mais próximo. Obrigado, fãs do The Cure, vocês são os melhores.

Subimos a escada até o camarim e lá eu vi Robert pela primeira vez desde que estivemos em lados opostos no tribunal. Sem que fosse necessário dizer uma palavra, nos abraçamos. Ele então se virou e disse a todos os outros na sala:

– Vocês se importariam de nos deixar a sós por um momento?

Todos começaram a sair em fila até restarmos apenas nós dois. Juntos novamente após tantos anos. A única lâmpada no cômodo pendia de um fio sem lustre, lembrando o início de toda aquela loucura. Assim que o espaço ficou vazio, falei:

– Preciso me desculpar com você, Robert, e gostaria de fazer isso agora, se você não se importar.

– Ok – ele respondeu.

Então despejei tudo sobre minha parte no que havia acontecido comigo, sobre quanto lamentava ter magoado ele e o The Cure, e que, se houvesse uma maneira de reparar minhas ações, eu faria o que ele julgasse necessário. O cheiro de Lysol subia do banheiro recém-limpo, e eu senti a mão do meu amigo no meu ombro.

– Ei, vá com calma, está tudo bem. Temos tempo para tudo isso.

Enquanto falava, olhei para cima e vi o rosto sorridente de Robert. Percebi que já havia sido perdoado. O filho pródigo finalmente poderia voltar para casa.

ASSISTI AO SHOW NA PISTA DO THE PALACE.

A última vez que estivera naquele lugar fora alguns anos antes, durante uma convenção sobre o The Cure para a qual fui convidado. Parecia estranho na época, como se estivesse invadindo outra vida, sem muita certeza se era a coisa certa a fazer. Eu gostava de conversar com os fãs, o que sempre vale a pena, mas meu coração estava inseguro. Eu ainda não havia aprendido a equilibrar todas as minhas emoções sobre o The Cure, especialmente sobre Robert, de uma forma que o público pudesse apreciar.

No início do segundo bis, ouvi Robert dizer:

– Esta é para o Lol! Chama-se "The Figurehead"!

Foi bom saber que estava de volta às boas graças da banda que eu amava e sempre amei, apesar de todo o caos e dor que havia provocado.

Depois do show, conversei com todos no camarim e renovamos nossos laços de amizade. Simon continuava exatamente o mesmo. É uma das pessoas mais autênticas que existe. Desde a adolescência, quando nos conhecemos, ele sempre foi fiel a si mesmo e às suas crenças, o que não é pouca coisa em um meio cheio de impostores e de gente falsa. Simon é genuíno. Foi bom me reconectar com ele após o desastre no tribunal, quando passamos três semanas sentados a poucos metros um do outro sem trocar uma sílaba. Absurdo é a única palavra que chega perto de descrever quão estranho foi tudo aquilo.

Quando o camarim começou a esvaziar, Robert me perguntou se eu gostaria de sair com todos eles. Estavam indo a um clube para beber e ele queria saber se Cindy e eu poderíamos acompanhá-los.

Entrei na van da banda. Era algo simples, mas, como o pequeno passo de Neil Armstrong na lua, foi um momento gigantesco para mim. Eu estava voltando para as pessoas que conhecia e amava. Tudo parecia certo de novo.

No clube, foi interessante observar as expressões das pessoas que se aproximavam para conversar com a banda, principalmente aquelas que conheciam a história do processo judicial. Eu via os olhos delas irem do rosto de Robert para o meu e voltarem, procurando pistas sobre por que estávamos ali sentados lado a lado em Hollywood e não prestes a brigar. Esta é uma das razões pelas quais evito conhecer pessoalmente meus ídolos: tenho medo de me decepcionar com a realidade de suas vidas mundanas.

Não culpo aqueles que gostam de saber os mínimos detalhes sobre quem cria a música pela qual são apaixonados, mas eu, particularmente, não quero ver as falhas. Prefiro manter minhas ilusões, obrigado. As pessoas têm várias ideias sobre o The Cure que não correspondem à realidade. Tenho certeza de que aquela noite no clube, após o show no The Palace, deve ter espantado muitas delas, mas não havia motivo para preocupação. Tudo estava bem. Marcou o início de uma nova fase na minha amizade com Robert.

Mais tarde naquela noite, Robert e eu tivemos uma conversa profunda no hotel dele, na Sunset Strip.

– Sabe – ele disse –, a coisa mais triste foi quando saímos do tribunal depois que o juiz deu o veredito. Passamos de carro bem ao seu lado, sentado na calçada. Acho que você não nos viu. Parecia tão triste e desolado.

– Sim. Acho que foi quando finalmente percebi que os únicos vencedores foram os advogados.

– Quando contei ao meu pai sobre o caso, ele disse: “Bem, você estava pagando o Laurence?”. E eu respondi: “Claro!”. Não conseguia entender por que você continuou com aquilo!

– Sabe, eu também não entendia direito – respondi. E continuava não entendendo. Pelo menos, havia conseguido sair do buraco de raiva e de destruição que cavei para mim mesmo, o que era a única coisa que importava naquele momento.

Robert e eu conversamos por horas, construindo as bases para o perdão e a cura. Quando saí do hotel, dirigi meu carro por Los Angeles até minha casa à beira-mar, enquanto o sol nascia no horizonte. Sentia como se um peso enorme tivesse sido tirado dos meus ombros. Com o tempo, isso se manifestaria plenamente, com um evento ainda mais maravilhoso e curador.

24

REFLECTIONS

A PORTA DO ESTÚDIO SE ABRIU E, de repente, parecia que os últimos 20 anos haviam passado num piscar de olhos. Era maio de 2011. Eu tinha retornado ao mundo do The Cure. Lá estava Simon, curvado sobre seu baixo, vestindo jeans pretos justos e botas, exatamente como da primeira vez que o vi tocar com sua primeira banda, Lockjaw, há 35 anos. O cabelo estava penteado para trás, no melhor estilo rock'n'roll. Ele quase não havia mudado ao longo de todos esses anos, ainda com uma aparência incrivelmente jovial, mesmo estando na casa dos 50 anos. Depois de uma rápida olhada ao redor, vi o cabelo desgrenhado de Robert, acompanhado de uma barba ralinha com fios grisalhos e costeletas prateadas que acrescentavam certa seriedade a seu visual, lembrando um chefe de clã afegão, com as várias camadas de suéteres e camisas que ele usava.

Cumprimentei Robert e, com a guitarra ainda pendurada no pescoço, ele me abraçou.

– Bem-vindo de volta, Lol! Fez boa viagem?

Assenti. Na verdade, eu tinha acabado de desembarcar de um voo de Los Angeles para Londres e viajado de carro até a cidade costeira de Brighton, no sul da Inglaterra, onde o The Cure ensaiava para os dois shows na Sydney Opera House, que acabariam se tornando a turnê *Reflections*. Estava um pouco cansado por conta do fuso horário, mas animado demais para me preocupar com isso. Eu vinha pensando nesse momento quase o tempo todo nos últimos meses, desde que Robert respondeu à minha ideia de celebrarmos o 30º aniversário de *Faith*, sugerindo que tocássemos os três primeiros álbuns do The Cure na íntegra, na Austrália. Parecia a forma perfeita de reconciliar o passado: voltar às nossas origens musicais e celebrar esses discos.

Quando cheguei a Brighton, não fazia ideia do que esperar. Acho que todos estavam um pouco apreensivos, imaginando se talvez o tempo e a distância tivessem tornado impossível nos reunirmos novamente. Será que conseguiríamos dividir o palco e reviver a antiga magia?

No final, ninguém precisava ter se preocupado. Tocar música juntos parecia tão natural que era como se nenhum tempo tivesse passado. Estávamos rindo e brincando em questão de minutos. As provocações começaram já no primeiro ensaio completo, com todos posicionados como estaríamos no palco, em vez de em um círculo, como no estúdio.

– Simon, acho que passei boa parte da minha vida no palco olhando para sua bunda! – brinquei, já que ele sempre ficava um pouco à direita e à frente de mim.

– Isso mesmo, Lol! – respondeu ele, com um sorriso largo, deslocando o baixo um pouco para o lado, revelando que havia colado uma foto de seu mais recente ídolo do ciclismo, recortada de uma revista, na parte de trás do instrumento. Quanto mais as coisas mudavam, mais elas permaneciam as mesmas.

Os ensaios correram bem, e, depois de uma semana, acho que todos já tínhamos as músicas na ponta dos dedos. Então partimos para Southampton para ensaiar com as luzes e toda a parafernália de um show ao vivo, no Gaumont, um grande teatro da era vitoriana, a cerca de 110 quilômetros ao longo da costa.

Estar de volta à Inglaterra e tocar todas aquelas músicas antigas do The Cure, enquanto revisitava os anos da minha adolescência ao longo da orla de Brighton, foi muito emocionante para mim. Após os ensaios, todos voltavam para casa, mas eu já não tinha mais uma casa na Inglaterra, então fiquei num hotel à beira-mar. De manhã, adorava caminhar ao longo da famosa praia de pedrinhas de Brighton. Ela guarda tantas memórias para mim, pois costumávamos vir de Crawley até ali com frequência – ficava à mesma distância de Londres, mas era muito mais acessível do que a capital. Apenas meia hora de carro ou um pouco mais de trem. Adorávamos visitar Brighton sempre que possível. Era só seguir reto pela rodovia A23, passar pelos místicos pilares de pedra na entrada de Brighton e contornar o Brighton Pavilion, aquele estranho palácio real de inspiração indiana que, junto às ruelas tortuosas e à praia pedregosa, conferiam à cidade uma excentricidade que nos fascinava na juventude. Vimos várias bandas aqui e, às vezes, íamos a clubes menores, como o New Regent, que recebia grupos como Sham 69, U2 e XTC num pequeno pub.

Ao entardecer, as luzes dos antigos hotéis georgianos se derramavam sobre a Marine Parade – tons quentes de amarelo e azul fluorescentes. Um turbilhão de imagens da minha juventude veio à mente na brisa fresca da primavera, trazendo algumas lágrimas nostálgicas. Vi um cartaz rasgado anunciando um show solo com Suggs, do Madness, preso ao velho parapeito de ferro que cercava o paredão à beira-mar. Foi quando percebi quanto tempo eu havia ficado ausente.

Sempre fui inquieto. Fugi para Paris e depois para a Califórnia quando o The Cure acabou para mim. Robert nunca foi de viajar muito além das turnês e, basicamente, sempre viveu a vida inteira a uns 40 quilômetros da casa dos pais dele. Somos como água e vinho. Diferente de mim, Robert sempre teve um motivo para voltar para casa; enquanto eu não tinha uma casa para onde ir depois que minha mãe morreu. Eu amava estar na estrada em turnê. Simplesmente subir no ônibus e ir para o próximo show, a próxima cidade, o próximo país – era tudo o que eu sempre desejei.

Caminhei ao longo do calçadão, olhando para o mar cinzento em direção ao horizonte embaçado pelo céu carregado. Uma leve névoa salgada gelava meu rosto enquanto eu me lembrava do píer onde havia desfrutado da diversão inocente dos verões da adolescência. O cheiro de peixe com batatas fritas vinha da loja ao lado da doceria que vendia os famosos doces "Brighton rock", com a palavra "Brighton" correndo de ponta a ponta. Veio a imagem em minha mente de estar aqui quando pequeno com minha avó, seu abraço de lã lavanda me confortando enquanto olhávamos para o mar.

A princípio, não tinha certeza do que estava vendo no crepúsculo do início da noite. Parecia uma caligrafia japonesa desbotada em uma tela formada pelo céu. Desci os degraus rasos até o caminho da praia e, depois, até a área cheia de pedras. Quando cheguei mais perto, pude distinguir algo que parecia um enorme esqueleto de dinossauro negro na água. Finalmente percebi que era o West Pier, que havia sido fechado em 1975 e, mais tarde, parcialmente destruído por um incêndio. Os membros carbonizados das estruturas de suporte eram tudo o que restava daquela antiga construção. Eu me lembrei vagamente de ter ouvido falar sobre o misterioso incêndio que engolfou o píer alguns anos atrás, mas vê-lo ali, diante de mim, foi um choque. Senti o apelo do passado, simples e puro, atravessando os anos enquanto eu estava na praia. Fiquei pensando em como tudo terminaria conforme vagava pela orla. Seria tarde demais para fazer as coisas darem certo de novo? Será que havíamos nos distanciado demais? Será que tínhamos mudado demais? O som das ondas me lembrava que a mudança era constante e que sempre estaria conosco.

Não conseguia parar de chorar. Era tudo demais para mim. À medida que as lágrimas salgadas escorriam pelo meu rosto, percebi que não havia como conter o turbilhão de emoções que me inundava, as ondas que ameaçavam me submergir enquanto eu encarava a pequena tela na parede à minha frente.

Eu estava no coração da Sydney Opera House, aquele ícone da arquitetura modernista tardia dos anos 1970, que instantaneamente identifica Sydney, Austrália, para o restante do mundo. Com os olhos marejados, continuei olhando para a tela piscante da TV acima da minha cabeça. Eu esperava no labirinto do subsolo da Opera House, prestes a subir ao palco com meus amigos mais antigos pela primeira vez em quase um quarto de século. Estava sozinho no nosso camarim, embora a presença de outros não fosse suficiente para conter as lágrimas e o dilacerante fluxo de sentimentos que cruzavam meu corpo. Meu Deus, sentimentos reais! Nunca pensei que os experimentaria novamente!

Eu tinha 52 anos e já havia conhecido tanto a felicidade quanto a tragédia em minha vida, mas nada me preparou para o ataque brutal que minhas emoções estavam sofrendo agora. Uma mistura de alegria e luto por tudo o que havíamos vivido juntos.

Na televisão de tela plana acima de mim estavam meus antigos companheiros de banda, Robert e Simon, dois homens que eu conhecia desde a infância, além de Roger O'Donnell (chamado para a banda no meio da jornada) e Jason Cooper, o "novato". Ele era desconhecido para mim até este mês, mas logo provou ser uma adição maravilhosa a este grupo notável de músicos. O The Cure, os *imaginary boys*, praticamente inventores do rock alternativo, fundadores de uma irmandade mundial da diferença e, como Robert Plant graciosamente declarou, "a última grande banda de rock inglesa".

Depois de mais de 20 anos no deserto e de um exílio autoimposto nos arredores do deserto de Mojave, na Califórnia, eu estava de volta. O filho pródigo havia retornado mais uma vez ao seio de sua família. Isso foi o resultado de uma série de circunstâncias improváveis e, suponho, do destino. Não questiono mais essas coisas. Já vi o suficiente da vida para saber que tudo é possível e que a verdade sempre será mais estranha do que a ficção. Mal notei a sala vazia enquanto viajava pelo ontem e pelo agora em uma visão alucinante e vertiginosa de tudo o que me trouxe até este momento. Como cheguei aqui? Para entender o presente, embarquei de volta ao passado.

Imagino que muitos de nós tenham guardado na mente um momento perfeito, um lugar perfeito em nossa vida, quando fomos supremamente felizes, realizados e nos sentimos intensamente vivos. Se tivermos sorte, vivemos isso mais de uma vez. Eu tive essa sorte e bênção em várias ocasiões. Mas também conheci a dor e o desespero profundo que acompanham o fato de não viver a vida segundo os seus próprios termos.

Os primeiros anos do The Cure foram um período extremamente belo de tantas maneiras que nunca imaginei que seguiria outro caminho. Parecia que estava destinado a ser assim para sempre. Éramos jovens recém-saídos da adolescência e, ainda assim, havia a sensação de que o universo tinha decidido que deveríamos ser nós os escolhidos. Eu, é claro, estava mais do que feliz em seguir essa sentença. Viajar pelo mundo com meus melhores amigos, fazendo o que queríamos, era um sonho realizado. No entanto, não acredito que nenhum de nós tivesse a sabedoria para prever como as coisas poderiam se desenrolar no futuro. Se tivéssemos o conhecimento do que aconteceria, isso teria feito diferença? Teríamos mudado algo? Provavelmente não. Estávamos sendo puxados por uma força inexorável rumo à grandeza ou ao esquecimento. Ou talvez ambos.

– Saída da banda à direita do palco ao final desta música!

Minha reflexão foi interrompida pelo estalo dos walkie-talkies da equipe de filmagem, que estava ali para registrar o empreendimento monumental que era a turnê *Reflections*, um show gigantesco que apresentava nossos três primeiros álbuns tocados de forma consecutiva, na íntegra, pela primeira vez na história. As ordens do diretor de filmagem cortaram meus devaneios e me informaram que meus companheiros estavam prestes a se juntar a mim no camarim durante o intervalo entre os sets dos álbuns, tendo acabado de completar o segmento de *Seventeen Seconds*, nosso segundo disco, sob aplausos entusiasmados da plateia em Sydney.

Apressadamente, enxuguei o rosto marcado por lágrimas enquanto os recebia com abraços calorosos e tapinhas nas costas por um trabalho definitivamente bem-feito. Esperava que eles não percebessem o turbilhão que estava ocorrendo dentro de mim durante aquela última hora, mas, ao cumprimentá-los, notei um olhar gentil, porém preocupado, cruzando o rosto de Simon, então eu soube que ele entendia.

– Está tudo bem, Lol? Você é o próximo!

Simon tinha enfrentado suas próprias turbulências emocionais com a banda. Portanto, não deveria ser surpresa que ele fosse tão perceptivo, como um irmão seria.

Eu tinha apenas mais alguns momentos de preparação para a parte final do show. Agora era a minha vez, após quase um quarto de século, de pisar novamente no palco, de dançar alegre mais uma vez com meus amigos de infância. Inseri delicadamente meu ponto nos ouvidos, me isolando de qualquer ruído externo e focando minha atenção no que precisava ouvir da música que estávamos prestes a tocar. Ativei o som do monitor pessoal no rádio preso ao meu cinto e, conforme subíamos a escada para o palco, pude ouvir a plateia australiana inquieta, ansiosa para ouvir *Faith*, o último álbum dos três que tocamos neste show triplo.

Enquanto fazíamos uma pausa momentânea nos bastidores do enorme palco da Opera House, tirei um dos pontos brevemente para ouvir o restante da banda conversando durante a espera do apagar das luzes principais. Desejamos boa sorte uns aos outros e, ao colocar o ponto de volta no ouvido, as luzes diminuíram. Por um breve instante, antes do rugido da plateia ansiosa, houve um silêncio completo e absoluto naquele breu, como estar em uma praia à meia-noite ouvindo o ir e vir das ondas na escuridão. Então, a adrenalina irrompeu e... hora do show!

Caminhei a passos largos para o palco da Opera House em direção à minha posição designada: no lado esquerdo, atrás do meu conjunto de percussão e teclados. Olhando para aquele mar de rostos, fui instantaneamente inundado pela pura alegria que sempre senti ao me apresentar como parte do The Cure. Era uma sensação de absoluto êxtase que me tirou o fôlego enquanto eu permanecia lá parado sobre o chão de madeira do palco. Quase havia esquecido como era essa sensação. Em meus ouvidos, pude sentir as primeiras notas graves e quase lânguidas da introdução do baixo de Simon à música de abertura, "Holy Hour".

Levantei o bastão de percussão bem acima da cabeça e o desci com força para tocar a primeira nota de sino ressonante da música. Dei tudo de mim para permanecer de pé diante das forças emocionais insanamente poderosas que corriam por meu corpo. Oh, deuses! Eu me sentia como Thor com seu martelo! Naquele instante, enquanto aquele poder imensurável me surpreendia, os últimos vestígios de dor e da bagagem espiritual que eu carregava se lançaram para longe de mim como estrelas cadentes no vasto e cavernoso espaço da Opera House. Senti enfim que estava livre. Foi um momento de absoluta transcendência.

O restante do show foi um maravilhoso borrão de som e luz. Enquanto olhava para a plateia, vi diversos rostos familiares sorrindo de volta para mim, muitos envelhecidos como eu, mas ainda completamente reconhecíveis das profundezas de minhas memórias. Sempre fiquei muito à vontade no palco com o The Cure. Era tão confortável quanto estar na minha própria casa, o que, suponho, era de fato. Sim, estava finalmente de volta ao lar.

Como Einstein, acredito que o tempo é relativo ao que está acontecendo com você e à velocidade na qual está viajando. Para mim, esse show de três horas e meia passou num instante. Fui transportado sem esforço para outra dimensão de existência onde fiquei completamente preso ao momento. Eu estava cem por cento presente, como um surfista no topo de uma onda, hipnotizado pela música e por tocá-la como uma experiência única. Eu sabia que o público podia sentir esse poder notável, pois avistava isso de cima do palco em cada rosto da plateia. Era um belo ciclo de retorno de amor, de mim para eles e de volta para mim. Amor pelos meus irmãos de banda e, finalmente, um amor por mim mesmo que se espalhou do palco para a noite escura australiana e seguiu adiante pelo universo infinito.

25

FANTASMAS

Para muitas pessoas e, principalmente, na cultura popular, Los Angeles é o lugar onde as pessoas vão para serem descobertas ou destruídas. Para mim, não tem sido nem uma coisa nem outra. Encontrei uma vitalidade e uma força que acredito que não teria conseguido alcançar se tivesse ficado na velha e animada Inglaterra. Os ingleses são mesquinhos e implacáveis demais para minha natureza sensível. Reconheço que essa é uma razão válida para permanecer lá, para ser forjado no fogo da antipatia inglesa. Porém, para mim, não funciona. Acho que já tive o suficiente disso na minha vida.

Eu me mudei para cá não apenas por uma troca de cenário, mas para tentar refazer toda a minha perspectiva. Foi por isso que vim para a Califórnia – e acredito que abracei isso de uma maneira muito profunda.

Após a turnê *Reflections*, houve um longo período de reflexão pessoal para mim. Foi maravilhoso voltar à estrada com o The Cure, assim como foi absolutamente incrível estar no palco tocando as músicas antigas. Senti que minha amizade com Robert, Simon e Roger foi renovada, além de ter tido a oportunidade de conhecer Jason. Consegui reparar os danos feitos nas minhas relações com todos, mas agora era hora de seguir com minha vida.

Olhando para minhas transgressões nos últimos anos, percebi que muito pode ser aprendido ao reconhecer os próprios pecados e então corrigir os erros. É um clichê dizer que saímos muito melhores depois do processo, mas é verdade. Isso me permitiu avançar e, ao fazê-lo, voltar a produzir algo que eu amava. Mais do que pela experiência em si, me sentia grato pelo autoconhecimento e pela paz que isso me trouxe.

Embora eu tenha sugerido a Robert que fizéssemos algo para comemorar o 30º aniversário de *Faith*, em 2011, foi ideia dele tocar os três álbuns – *Three Imaginary Boys*, *Seventeen Seconds* e *Faith* – na íntegra no mesmo show. Juntos, fizemos isso acontecer, exatamente como nos velhos tempos.

Ao retornar para casa, me dei conta de que uma luz havia sido acesa e de que eu precisava fazer algo criativo novamente. Não era suficiente para mim apenas sair de cena. Sentia uma espécie de inquietação que precisava ser resolvida. Não importa o que aconteça depois desta vida, nosso tempo aqui é limitado. Houve várias mortes de pessoas envolvidas com o The Cure: Malcolm Ross, nosso tour manager; Mick Kluczynski, nosso gerente de produção, e Billy Mackenzie. A mais difícil para mim, no entanto, foi a morte de Gary Biddles, nosso amigo de Horley, que havia se mudado para a Califórnia na mesma época que eu. Quando ele trabalhava para a banda, era o tipo de pessoa que levantava o ânimo de todos na estrada. Era um cara encantador e adorável, o que não impediu que o fim chegasse cedo demais para ele.

Ele vinha lutando contra o alcoolismo desde que me lembro. Gary tinha acabado de concluir seu maior período de sobriedade em uma década – quase seis meses – quando recaiu novamente. Com alcoólatras, às vezes é assim. Acho que o corpo dele, limpo havia pouco tempo, não conseguiu suportar a pressão de todo o álcool que ele havia colocado em seu sistema e acabou se desligando de vez.

Sua longa e dolorosa jornada havia terminado, embora todos que o conheciam desejassem que não tivesse sido dessa forma.

– Puta merda, Gary – eu tinha dito a ele anos antes. – Não quero ir ao seu funeral!

Mas lá estava eu. Escrevi uma elegia para ele, um tributo aos seus melhores dias, pois, apesar de toda dor e tristeza, tivemos ótimos momentos juntos ao longo dos anos.

Em meio à capela lotada de pessoas que o conheciam e o amavam, uma lágrima escorreu pelo meu rosto enquanto me despedia dele. No meu exílio californiano, ele era um elo com o lugar de onde eu vinha e por onde passei, minha conexão com o passado e uma triste nota de onde poderia ter chegado, não fosse pelas graças do universo.

O dia após o funeral de Gary foi de um lindo e quente clima de primavera no deserto, do tipo que sempre me encheu de esperança e alegria desde que o experimentei pela primeira vez em 1980. Parecia um sinal positivo. Sem meu amigo, sem todas as armadilhas do sucesso, mas com um amor recém-descoberto pela vida e uma determinação de aceitar as circunstâncias, independentemente de como se apresentassem, eu acreditava em dias melhores.

Depois da tristeza pela morte de Gary, busquei algo de bom que pudesse surgir disso. Tentei descobrir exatamente o que seria, mas não sabia ainda que formato teria. Eu já havia feito mais um álbum como Levinhurst, dessa vez com o acréscimo de outro *imaginary boy*, Michael Dempsey.

Foi uma experiência ótima trabalharmos juntos como homens mais velhos e descobrir que ainda gostávamos das mesmas coisas, podendo nos reunir para criar novamente. Mas ainda sentia um vazio, algo que eu não conseguia identificar com exatidão.

Meu filho, agora adulto, tinha se mudado para São Francisco para estudar e continuar sua vida. Alguns anos antes, a mãe dele, Lydia, havia sucumbido ao próprio problema com a bebida e, pouco antes de completar 50 anos, seu fígado parara de funcionar. Meu filho era como eu: órfão de mãe ainda jovem. Claro, ele ainda tinha sua madrasta, Cindy, que o amava muito, assim como ele a ela, mas era um sinal de que teria de amadurecer rapidamente, à medida que a vida seguia seu curso.

Meu parceiro Rob Steen me ligou de Nova York e perguntou se eu queria conhecer um amigo que estava vindo para Los Angeles, um editor de livros.

Conversei sobre isso com Cindy naquela noite.

– Parece um *timing* divino – disse ela. – Você sempre quis escrever um livro.

Pensei sobre isso, depois refleti mais um pouco e finalmente percebi que era uma maneira de seguir em frente, um novo caminho a percorrer. Eu sabia que havia algo que eu precisava escrever, não apenas a história da banda, mas uma história de redenção.

26

NA PRAIA

"No meio do inverno, descobri, enfim,
que havia em mim um verão invencível."
– *Albert Camus, "Retorno a Tipasa"*

O FURACÃO HAVIA PASSADO e já estava quase indo embora. O furacão Flossie tinha sido rebaixado para tempestade tropical, então já era possível viajar de avião de uma ilha para outra novamente. Cindy e eu tínhamos ido a Lahaina, em Maui, quando fomos surpreendidos por uma chuva torrencial. Era tão intensa que parecia que tínhamos mergulhado no oceano de roupa e tudo. Precisei me trocar no banco traseiro do carro.

Estávamos em Maui para uma curta viagem de férias. Havíamos planejado assistir ao The Cure em Honolulu – primeiro show da banda no Havaí. Escrevi para Robert dizendo que iríamos, caso a tempestade permitisse. Ele respondeu por e-mail com algo como "não se preocupe com a tempestade, venha nos ver de qualquer forma". Eu queria muito reencontrar Robert e o restante da banda. Não os via desde o fim da turnê *Reflections*, mais de um ano antes. Então Cindy ligou para a companhia aérea, comprou as passagens para Honolulu e reservou um hotel para passarmos a noite do show.

Dirigimos até o aeroporto em Maui e pegamos o avião para Honolulu. Pelas janelas, os resíduos sombrios de Flossie deslizavam pelo céu.

Foi um voo curto, de 30 minutos, seguido de uma rápida corrida de táxi até nosso hotel.

De pé na varanda do meu quarto, observando a praia de Waikiki no calor sufocante da noite, meu telefone tocou. Era uma mensagem do tour manager do The Cure, Nick, com instruções sobre onde pegar as credenciais para ver a banda nos bastidores pós-show.

Tomamos banho e pegamos um táxi para o local da apresentação. Ela foi sublime, como todas do The Cure sempre foram, independentemente de eu estar envolvido ou não. Os havaianos, que nunca tinham visto a banda ao vivo, adoraram. Depois do show, Cindy e eu fomos ao camarim. Robert e eu nos abraçamos – havia muito o que conversar, incluindo a trágica morte de Gary. Tínhamos coisas demais para dizer um ao outro.

Ele nos convidou para irmos até o hotel dele, à beira-mar em Waikiki, para continuarmos conversando. Ficamos acordados a noite inteira e, no final, descemos até a praia para ver o sol nascer. Já próximo do raiar do dia, o The Cure e muitos membros da equipe e fãs estavam reunidos na praia. O brilho do amanhecer anunciava o sol nascente. Como um manto escuro, o mar avançava sem parar, sempre à frente, quebrando suavemente na areia macia.

Sempre amei o Havaí, desde a primeira vez que visitei o lugar no início dos anos 1990. Algo no ar suave, quente e agradável e nas cores vibrantes me fascinava e nunca me deixou esquecê-los. Além dessa sensação maravilhosa que tenho toda vez que vou para lá, estava feliz de poder ficar na companhia do meu amigo mais antigo.

Robert e eu ficamos parados lá na areia macia, um pouco afastados dos demais. Ele tinha acabado de sair da água após um mergulho noturno. Colocou os braços sobre meus ombros e falou baixinho em meu ouvido: "Somos homens mais velhos agora e, sendo homens mais velhos...". Sua voz então foi se apagando.

Olhei para ele e, daquele jeito que só velhos amigos se comunicam, entendi o que queria dizer. Como em uma outra noite tardia, a um milhão de milhas de distância, em nossa juventude, lá nos Jardins Milton

Mount, entendíamos um ao outro. Era um dia diferente e tudo o que havia acontecido antes estava silenciosamente desaparecendo de nossas memórias. As emoções cruas que nos afastaram foram esquecidas, toda a dor e sofrimento tinham evaporado. Tudo o que restava era Robert e eu na hora que antecede o amanhecer, dois *imaginary boys* na beira da praia.

VOLTEI PARA CASA EM LOS ANGELES depois daquela noite na praia no Havaí. A tristeza havia desaparecido, substituída por gratidão por tudo ter, enfim, dado certo. Senti que tínhamos passado por tanta coisa para chegar a esse ponto que, definitivamente, era o momento de fazer algo a respeito.

Então escrevi para Robert, dizendo exatamente isto: "Não tenho talentos além de tocar no The Cure e escrever. Não sei pintar nem fazer qualquer outra coisa criativa, mas tenho uma história para contar". Lembrei que, quando começamos, havíamos decidido que o meio de expressão não era tão importante quanto o ato de se expressar. Contei a ele que seria a história dos *imaginary boys* – o que aconteceu, minhas reminiscências sobre as memórias do porquê e do onde. Tentaria dar algum sentido a tudo. Comecei assim uma jornada em território desconhecido, sem um mapa.

NO OUTONO DE 2015, voltei à Inglaterra para finalizar minha pesquisa para este livro. Depois de tantos anos longe, uma realidade diferente havia mudado minha percepção do lugar onde nasci e cresci – o lugar onde os *imaginary boys* começaram. Enquanto Cindy e eu viajávamos pelo país, visitando amigos e familiares, me ocorreu um leve desconforto simplesmente por *estar* ali. Não conseguia identificar bem o que era, mas me sentia estranho. Como se tudo o que vivenciava estivesse um pouco desfocado.

Claro que foi ótimo rever velhos amigos, como Chris Mason, responsável pelas promoções na Polydor, com quem havia me reconectado recentemente. E também Dave Allen, produtor de vários discos do The Cure. Gente que eu não encontrava havia quase 25 anos.

As ruas de Londres pareciam iguais, mas, ao mesmo tempo, diferentes. Era um lugar que deveria ser totalmente familiar para mim, porém, parecia muito estranho agora. Eu me perguntava se talvez fosse eu quem tivesse mudado ou se as experiências que vivi depois de partir tivessem causado algum tipo de alteração na minha percepção.

Cindy e eu pegamos um trem para Crawley. A cidade continuava muito parecida como eu me lembrava da juventude. Quando chegamos, as folhas de outono rodopiavam no estacionamento da estação de trem, um vórtice de tons de marrom e amarelo misturando-se à sujeira das ruas. As mesmas ruas que inspiraram os *imaginary boys* a deixarem aquele lugar esquecido por Deus para sempre.

Achei que, depois de todo esse tempo, eu teria uma compreensão melhor do que exatamente nos fez sair e nos afastar dessa cidade quando éramos jovens. Por que queríamos tanto mudar nosso mundo?

Fui ver meu irmão, Roger, que ainda mora em Crawley. Passamos muitas horas conversando sobre a família, sobre a cidade, sobre o que significava para ele viver ali agora, como um homem mais velho.

Caminhando pela cidade, parecia que a esperança ainda era roubada diariamente. Cindy e eu passamos por um pub, um dos muitos que eu frequentava na adolescência. Os mesmos tipos de pessoas que costumávamos encontrar tantos anos atrás ainda estavam lá. Pareciam vazias, entediadas e deprimidas, como sempre. É algo difícil de descrever, mas eu reconheço quando vejo. Apatia e hostilidade misturadas numa só coisa. Vivendo na desesperança nesse pequeno pedaço frio de rocha próxima ao oceano Atlântico. Em resumo, essa é a minha cidade natal.

No dia seguinte, pegamos um voo do aeroporto de Gatwick de volta para Los Angeles. Fizemos o check-in e passamos por todas as formalidades habituais. Estava sentado com Cindy na sala de embarque, aguardando a chamada, perdido em meus pensamentos sobre o passado, o presente e o que fazer com tudo isso.

Cindy olhou por cima de sua revista e me cutucou.

– Ei, não é...?

Então ouvi uma voz familiar.

– Olá, Lol!

Eu me virei para ver a figura que se aproximava de nós. Era Porl Thompson! Fazia quase dez anos que não o via. Eu me perguntei o que ele estava fazendo ali.

Ele se sentou e, depois que o choque mútuo passou, começamos a conversar sobre seus planos. Porl me contou que estava indo para a Califórnia para viver no deserto e pintar. Havia decidido fazer a viagem no dia anterior e tinha acabado de comprar a passagem!

Fiquei impressionado. O fato de, sem que nenhum de nós soubesse, termos reservado o mesmo voo, no mesmo horário, no mesmo aeroporto, sem nos vermos por uma década! Sincronicidade ou o quê?

Embarcamos no avião e, enquanto decolávamos sob o céu do outono, tive uma forte sensação: me dei conta de que nada disso – o livro, a jornada de volta depois da autodestruição – era sobre mim ou mesmo sobre Robert. Era sobre algo que nos foi dado e que mudou a vida de muitas pessoas e, mais uma vez, mudou a minha. The Cure, *A Cura*. Entendi que, não importava o que acontecesse agora, aonde quer que eu fosse neste planeta ou o que estivesse fazendo, o sonho de uma banda que tivemos tanto tempo atrás, a chave para escapar de nossa vida monótona, sempre estaria dentro de mim, fazendo parte de quem eu sou. Entendi, de uma vez por todas, que, ao recapturar aquele sentimento de tanto tempo atrás, eu poderia banir o desespero. Poderia perdoar todos por tudo, inclusive a mim mesmo. Finalmente, eu poderia estar curado.

AGRADECIMENTOS

AMOR VERDADEIRO:

A minha esposa, Cindy, cuja crença altruísta e esperança são o motor que deu vida a este livro. Você é maravilhosa para mim.

A meu filho, Gray, por sua ajuda em me permitir concretizar isto, a história de seu pai. Tenho muito orgulho de você e do seu caminho na vida.

A minha sobrinha Cailey, que mora comigo e que amo como se fosse minha própria filha.

Aos outros dois *imaginary boys*, Robert e Michael: sou verdadeiramente abençoado por ter dividido o palco e vivido momentos fantásticos com vocês.

A Simon Gallup e Pearl (Porl) Thompson: amigos de verdade.

A meus camaradas: Roger O'Donnell, Jason Cooper, Boris Bransby-Williams, Andy Anderson, Matthieu Hartley e Phil Thornalley. Estiveram nas trincheiras comigo quando mais precisei.

GRATIDÃO:

A Peter McGuigan, da Foundry Literary + Media – por sua visão, orientação e entusiasmo.

A Ben Schafer, da Da Capo – por sua confiança, edições e caminhadas.

A Caspian Dennis, da Abner Stein – por sua impecável agência no Reino Unido.

A Richard Milner, da Quercus – por seu incentivo e edição.

A Jim Ruland, meu mentor de escrita – por sua orientação construtiva e ajuda em refinar meu trabalho até encontrar uma voz que valesse a pena ser ouvida.

A Rob Steen – por dar o pontapé inicial.

A Deirdre Smerillo – por cruzar os t's e pontuar os i's.

A Pat Carpenter, da Quercus – pela direção de arte no Reino Unido.

A Sara DeNobrega e Mary Mallison – pelo controle financeiro.

A Marion Gibb – pela gestão de royalties.

A Pearl Thompson – pelo retrato no Mojave, logo e arte das estrelas.

A Brennan Wheeler – pelos escaneamentos artísticos e direções criativas.

A Pamela Des Barres – por encorajar minhas ambições de escrita.

A Max Bean e John Lopez, do Scout Idea Ranch – por me proporcionarem o espaço para escrever e um ano inesquecível.

A Allison Van Etten – pela cafeína e camaradagem.

COM AMOR:

A Martin Judd e Steve Forrester – por sua amizade e amor duradouros.

A Chris Mason – pelo coração e ajuda ao longo do caminho.

A Tom, Adam, Brennan, George, K.C., Jeff, Joel e Kevin – por compartilharem sua sabedoria, força e esperança comigo.

A minha família ao redor do mundo – por me acolherem com carinho e cuidados.

Richard e Jill Smith
John e Margaret Taw
Frankie Bell
Richard e Anne Carroll
Lydie Goubard
Richard Bellia

MENÇÕES HONROSAS:

A Chris Parry – por nos ajudar a nos tornar o The Cure.

A Ita Martin – por sua contribuição nisso também.

A Gerald Greene e Martin Hopewell – verdadeiros cavalheiros.

A David M. Allen – meu amigo erudito.

A Mike Hedges – o primeiro lorde dos sons.

A Angus 'Mac' MacPhail – verdadeiramente fantástico homem das luzes.

A Tim Pope – direção visionária.

A Sue Berry – pelo encorajamento e perguntas.

A Doug Dearth – por muitas boas ideias.

A Duff McKagan – pelas palavras de sabedoria.

A Mike Ferrucci – por compartilhar seu conhecimento.

A Meghan Gohil – pela assistência inestimável, sonoramente e além.

A Stefan Goldby – direção digital. Tudo é questão de química!

A Jay Frank – por seu apoio e amizade ao longo dos anos.

A Marjy Taylor – por colocar o show na estrada.

A G. Wilson – Guru do Fit.

A Craig Parker e COF – por espalharem a palavra.

No processo de escrever este livro, consultei várias fontes que desejo agradecer aqui:
www.cure-concerts.de (The Cure Concerts Guide)
Ten Imaginary Years (Zomba Books)
www.allmusic.com (All Music Guide)
www.facebook.com/picturesofyouus/ – Autumn Jade

IN MEMORIAM

Gary Biddles; Mick Kluczynski; Malcolm Ross; Billy Mackenzie; David 'Sandy' Sandels; Brian Adsett.

Leia o QR Code e conheça outros
títulos do nosso catálogo

@editorabelasletras
www.belasletras.com.br
loja@belasletras.com.br
54 99927.0276

Este livro foi composto em Adobe Hebrew e impresso em papel pólen natural 70 g pela gráfica Coan em maio de 2025.